国家社科基金
后期资助项目

慈善教育论纲

An Outline of Charity Education

石国亮　著

图书在版编目（CIP）数据

慈善教育论纲／石国亮著．—北京：中央编译出版社，2020.10
ISBN 978-7-5117-3874-5

Ⅰ.①慈… Ⅱ.①石… Ⅲ.①慈善事业－研究－中国 Ⅳ.①D632.1

中国版本图书馆 CIP 数据核字（2020）第 187328 号

慈善教育论纲

责任编辑	李小燕
责任印制	刘　慧
出版发行	中央编译出版社
地　　址	北京西城区车公庄大街乙 5 号鸿儒大厦 B 座（100044）
电　　话	（010）52612345（总编室）　（010）52612340（编辑室） （010）52612316（发行）　　（010）52612369（网站）
传　　真	（010）66515838
经　　销	全国新华书店
印　　刷	北京紫瑞利印刷有限公司
开　　本	710 毫米×1000 毫米　1/16
字　　数	281 千字
印　　张	17.75
版　　次	2020 年 10 月第 1 版
印　　次	2020 年 10 月第 1 次印刷
定　　价	75.00 元

新浪微博：@中央编译出版社　　　微　信：中央编译出版社（ID: cctphome）
淘宝店铺：中央编译出版社直销店（http://shop108367160.taobao.com）（010）52612322

本社常年法律顾问：北京市吴栾赵阎律师事务所律师　闫军　梁勤
凡有印装质量问题，本社负责调换，电话：（010）52612322

国家社科基金后期资助项目
出版说明

后期资助项目是国家社科基金设立的一类重要项目，旨在鼓励广大社科研究者潜心治学，支持基础研究多出优秀成果。它是经过严格评审，从接近完成的科研成果中遴选立项的。为扩大后期资助项目的影响，更好地推动学术发展，促进成果转化，全国哲学社会科学工作办公室按照"统一设计、统一标识、统一版式、形成系列"的总体要求，组织出版国家社科基金后期资助项目成果。

全国哲学社会科学工作办公室

目 录

导论 慈善何以成为一门教育学科 ………………………… 1
    一、通过教育来行善与作为一种慈善行为的慈善教育 ……… 2
    二、慈善需要教育与作为一门教育学科的慈善教育 ………… 6
    三、建构慈善教育框架的初步设想 …………………………… 8

第一章 慈善的现代转型与慈善教育的兴起 ……………… 12
  第一节 慈善是中西方文化的共同传统 ……………………… 12
    一、我国丰富的慈善思想和悠久的慈善传统 ………………… 13
    二、西方的教会慈善传统及其发展 …………………………… 20
  第二节 慈善现代转型中的观念变迁与知识扩散 …………… 22
    一、传统慈善向现代慈善的转型 ……………………………… 23
    二、慈善观念现代转型中的问题 ……………………………… 25
    三、现代慈善观念的传播 ……………………………………… 27
  第三节 每个人都有慈善自传 ………………………………… 29
    一、从富人慈善走向人人慈善 ………………………………… 29
    二、慈善是一种生活方式 ……………………………………… 32
  第四节 慈善是一门学问 ……………………………………… 33
    一、慈善的专业化 ……………………………………………… 33
    二、慈善家守则 ………………………………………………… 35
    三、发展慈善教育势在必行 …………………………………… 35

第二章 慈善教育的内涵、使命和价值 …………………… 37
  第一节 慈善教育的内涵 ……………………………………… 37

一、慈善对教育的诉求……………………………………… 38
　　二、慈善教育的本质和特点………………………………… 39
　　三、慈善教育与道德教育的关系…………………………… 42
　第二节　慈善教育的使命……………………………………… 44
　　一、什么是慈善……………………………………………… 45
　　二、为何要慈善……………………………………………… 46
　　三、如何慈善………………………………………………… 47
　第三节　慈善教育的价值……………………………………… 48
　　一、慈善教育在国家层面的价值…………………………… 49
　　二、慈善教育在社会层面的价值…………………………… 54
　　三、慈善教育在个体层面的价值…………………………… 56

第三章　慈善教育的实施依据和社会背景……………………… 60
　第一节　慈善教育的理论依据………………………………… 60
　　一、人的本质和人的发展的学说…………………………… 61
　　二、社会期望行为的理论…………………………………… 63
　　三、公民教育的思想………………………………………… 67
　第二节　慈善教育的思想和实践基础………………………… 68
　　一、慈善的拨乱反正………………………………………… 69
　　二、我国慈善教育的初步探索和实践……………………… 74
　　三、重视慈善教育是境外慈善事业发展的基本经验……… 77
　第三节　慈善教育的社会环境………………………………… 79
　　一、社区人和社会人的生活圈子…………………………… 80
　　二、我国慈善事业面临的形势……………………………… 84
　　三、中外慈善意识和行为的反差…………………………… 88

第四章　慈善教育的愿景、现状和发展战略…………………… 91
　第一节　慈善教育的愿景……………………………………… 92
　　一、以善促善………………………………………………… 92
　　二、人人慈善………………………………………………… 94
　　三、向慈善强国迈进………………………………………… 97
　第二节　慈善教育的现状……………………………………… 98
　　一、慈善教育的探索不断扩大，但覆盖面和影响力仍然有限…… 98

二、慈善教育的形式不断丰富，但尚未形成完整的体系 … 105
　　三、慈善教育的环境不断优化，但制约因素依然存在 …… 108
　第三节　慈善教育的发展战略 …………………………………… 110
　　一、以慈善文化"五进"为重点推动全面覆盖战略 ……… 110
　　二、慈善教育知行相互促进的双轮驱动战略 ……………… 112
　　三、慈善教育专业支持战略 ………………………………… 113
　　四、慈善教育"互联网+"战略 …………………………… 114
　　五、慈善教育的社会支持网战略 …………………………… 116

第五章　慈善教育的课程、教材和教师 ……………………………… 118
　第一节　慈善教育的课程设置 …………………………………… 119
　　一、课程科学化与学校道德课程的发展 …………………… 119
　　二、我国开设慈善教育课程的背景 ………………………… 122
　　三、学校慈善教育课程的设置方式 ………………………… 125
　第二节　慈善教育的教材开发 …………………………………… 127
　　一、教材开发的现状 ………………………………………… 128
　　二、整体规划大中小学慈善教育教材体系 ………………… 129
　　三、慈善教育教材的主要内容 ……………………………… 131
　第三节　教师与慈善教育 ………………………………………… 133
　　一、慈善教育的师资来源 …………………………………… 133
　　二、慈善教育师资的培训 …………………………………… 135
　　三、教师的言传与身教 ……………………………………… 136

第六章　非正式教学与慈善教育 ……………………………………… 138
　第一节　非正式教学是了解慈善最常见的方式 ………………… 139
　　一、慈善非正式教学的兴起 ………………………………… 139
　　二、慈善非正式教学的意义和功能 ………………………… 142
　　三、慈善非正式教学的变迁 ………………………………… 144
　第二节　慈善非正式教学的实施 ………………………………… 147
　　一、贯彻主体性原则 ………………………………………… 147
　　二、与课程教学相配合 ……………………………………… 149
　　三、与社会生活相统一 ……………………………………… 150
　第三节　扩大慈善非正式教学的覆盖面和影响力 ……………… 151

一、当前慈善非正式教学存在的主要问题 …………………… 152
　　二、启动和推进慈善文化教育"五进"战略 ………………… 154
　　三、建立健全慈善非正式教学的长效机制 …………………… 161

第七章　回归生活世界的慈善教育 ………………………………… 163
　第一节　回归生活世界的慈善教育理念 ………………………… 164
　　一、教育回归生活世界的理念 ………………………………… 165
　　二、慈善教育回归生活世界的意涵 …………………………… 168
　　三、慈善教育回归生活世界的途径 …………………………… 170
　第二节　家长是孩子慈善教育的启蒙老师 ……………………… 172
　　一、家长对孩子慈善的影响是最深远的 ……………………… 173
　　二、家庭慈善教育的实施路径 ………………………………… 176
　　三、从家庭教育到慈善教育的合作机制 ……………………… 180
　第三节　同辈群体的慈善激励 …………………………………… 182
　　一、同辈群体慈善激励的理论基础 …………………………… 182
　　二、同辈群体在促进青少年慈善教育中的作用 ……………… 186
　　三、慈善养成中同辈群体作用的发挥 ………………………… 188
　第四节　社区慈善和志愿服务的带动作用 ……………………… 190
　　一、社区是慈善教育的基本场所 ……………………………… 190
　　二、社区慈善教育的路径 ……………………………………… 193
　　三、社区慈善教育的优化 ……………………………………… 195

第八章　慈善教育中的典型示范 …………………………………… 199
　第一节　示范效应及其在慈善教育中的影响 …………………… 200
　　一、示范效应及其理论基础 …………………………………… 200
　　二、示范效应在我国的应用 …………………………………… 202
　　三、示范效应理应在慈善教育中发挥作用 …………………… 204
　第二节　公众人物慈善的示范效应与行胜于言的应然要求 …… 206
　　一、领导干部在慈善教育中的带头示范 ……………………… 207
　　二、"追星"与明星慈善的示范效应 …………………………… 211
　　三、富人慈善及其带动作用 …………………………………… 217
　第三节　慈善先进典型的选树与推广 …………………………… 223
　　一、选树慈善先进典型的背景和意义 ………………………… 223

二、慈善先进典型的选树 …………………………………… 224
　　三、慈善先进典型的推广 …………………………………… 228

第九章　新媒体时代的慈善教育 ………………………………… 230
　第一节　慈善教育中的媒体责任 …………………………………… 230
　　一、媒体的社会责任 ………………………………………… 231
　　二、慈善教育需要媒体责任的发挥 ………………………… 234
　　三、"善经济"时代的媒体和慈善教育 …………………… 236
　第二节　媒体中的慈善与慈善中的媒体 …………………………… 237
　　一、媒体对慈善的宣传与监督 ……………………………… 238
　　二、媒体慈善报道中的知识引导 …………………………… 242
　　三、慈善教育中的媒体参与 ………………………………… 243
　第三节　慈善教育的网络化与微慈善的兴起 ……………………… 245
　　一、网络社会的崛起 ………………………………………… 245
　　二、慈善教育的网络化 ……………………………………… 246
　　三、"微时代"与微慈善 …………………………………… 248
　第四节　新媒体时代的优秀慈善文化产品 ………………………… 250
　　一、新媒体时代公众的接受偏好 …………………………… 251
　　二、慈善教育从"内容供应"向"产品供应"的转变 …… 252
　　三、与专业力量和市场力量合作生产优秀慈善文化产品 … 253

主要参考文献 ………………………………………………………… 256
后　记 ………………………………………………………………… 270

导论　慈善何以成为一门教育学科

> 与公共生活的另外两个重要部分（商业和政治）或者私人生活的另一重要部分（家庭）不同，慈善直到最近才成为一门教育学科。
>
> ——罗伯特·L. 佩顿，迈克尔·P. 穆迪

慈善是一个亘古常新的话题。作为社会文明程度的体现，"慈善行为几乎与整个人类社会相伴随。从远古时代部族内部对弱者的关爱和辅助，到现代社会国家机构、社会组织和个人构成的慈善动员网，慈善从未绝迹，一以贯之"①。慈善不仅能够给受助者提供直接帮助，它本身还具有教育的意蕴。对于施予者，行善是其进行自我道德修养的过程，一个人只要是参与了慈善，他就开始了道德积累过程。② 同时，慈善行为能够对受助者和旁观者产生一定的教育作用。生活在一定社会关系中的个人在接受了他人的善行后会受到施予者的感召，由感激而产生慈善的动机；旁观者在了解了慈善行为后也会受到积极的影响，进而以慈善施予者为榜样，做出相应的慈善行为。慈善行为本身的这种教育功能更多体现的是慈善行动的感染力，是一种自发的慈善教育。尽管它不是慈善施予者主观为之，但是它在客观上产生了教育的效果。正是从这个意义上，我们不仅将慈善作为公民道德建设和社会主义精神文明建设的重要途径，也将其作为培育和践行社会主义核心价值观的有效载体。然而，慈善教育与慈善自身的教育功能完全是两回事，慈善教育的意涵包括传统的通过慈善来促进教育发展和现代意义上通过教育来促进慈善发

---

① 任平：《论马克思主义慈善观》，载《学术研究》2010 年第 5 期。
② 习近平：《之江新语》，浙江人民出版社 2007 年版，第 252 页。

展这两个方面①。人们今天讨论的慈善教育，也是本书要讨论的慈善教育，已经是适应慈善现代转型的客观要求、与现代慈善观念相一致的慈善教育②，也就是讨论如何通过慈善教育来促进慈善的现代转型、促进人人慈善的实现。

一、通过教育来行善与作为一种慈善行为的慈善教育

理解现代意义上的慈善教育，首先需要从慈善的历史长河中探寻它是如何发展成为一门教育学科的。这是一个根本性问题。只有回答了这个问题，我们才有讨论慈善教育的基础。

从历史的角度来看，慈善教育始于一种慈善行为。我国古代就有多种形式的帮助贫困学子实现读书梦的善举，如宋代出现的为宗族子弟提供教育的义学、义塾③。这种慈善行为一直延续，及至近代，一些民间善士开始设立专门的慈善学校来推动对贫困学子乃至残障学子的教育，如近代实业家、慈善家张謇创办的通州师范学院、河海工程专门学校等。回顾我国慈善发展史可以发现，在慈善迈向近现代的过程中，有两个相互联系的显著特点：一是慈善经历了从官办慈善到民间慈善的过程，"随着慈善教育理念越来越被重视，各类慈善教育机构纷纷问世，不断扩大和充实慈善活动的内容，成为近代慈善事业的重要组成部分"④。二是越来越多的有识之士提出对贫民教、养并重的观点，他们筹资兴办教育，通过教育来行善，慈善教育成为中国近代慈善事业的一项重要内容。⑤"以教代养"的新慈善方式的出现，是慈善机构积极救治的表现，是"让社会整体得到慈善救济的利益"⑥，最有代表性的就是当时慈善事业中人称"北熊南张"的熊希龄和张謇。1917年11月20日，熊希龄在北

---

① Scott, Janelle. The Politics of Venture Philanthropy in Charter School Policy and Advocacy. *Educational Policy*, 2009, 23（1）：106 - 136.
② 我国的慈善教育还应与中国特色社会主义发展要求相契合，与中华优秀慈善传统和人类慈善文明优秀成果相承接。
③ 王善军：《宋代族塾义学的兴盛及其社会作用》，载《中国史研究》1999年第2期。
④ 刘平海：《近代慈善教育的当代启示》，见 http://www.bjscszh.com/? viewinfor - 1202 - 0 - 30363. htm。
⑤ 刘平海：《近代慈善教育的当代启示》，见 http://www.bjscszh.com/? viewinfor - 1202 - 0 - 30363. htm。
⑥ 李喜霞：《论民国时期的慈善公民教养观及其实践》，载《宁夏社会科学》2017年第1期。

京西安门内府右街培根女校旧址正式开办北京慈幼局。两个月后，慈幼局分设男女两所，以培根女校旧址为一所，专收女生，另在北京二龙坑郑王府花园新辟一所，专收男生，很快就收养了灾区孩子1000余人。北京慈幼局只是一个临时性慈善机构，原本规定只开办5个月。为了继续救助无家可归的灾区孩子，熊希龄考虑建设永久性的儿童教养机构，也就有了1920年10月3日举行开院式的著名的香山慈幼院。① 1906年，张謇创办了当时全国规模最大的新育婴堂，收养和教育儿童。1916年，张謇又创办了近代第一所由中国人自办的盲哑学校，即"狼山盲哑学校"，后又筹设盲哑师范传习所，为盲哑学校培养合格师资。② 在"北熊南张"的影响和带动下，通过慈善发展教育成为当时社会的新风尚。

在慈善现代转型之前，人们为什么青睐通过教育来行善呢？这是因为，传统慈善多是以扶危济困为主旨的。然而，物质扶贫只能解一时之困，"授人以鱼，不如授之以渔"，让受助者掌握谋生之术才是长久之道。"授之以渔不仅指生活所需之技术，更包括技术之上的生存理念和生活信念，即精神扶贫，才是慈善之精髓和宗旨所在。慈善教育即属于精神慈善之列。这里所指的慈善教育，并非对大众进行慈善概念的传授以及慈善言行的规约，而是指创办慈善教育"③，它属于一种慈善行为。治贫先治愚，扶贫先扶智。从这个意义上说，慈善教育是慈善的最高境界，通过教育来行善能够发挥慈善更大的价值。

现代慈善是随着工业社会的来临而出现的，它已经远远超越了传统慈善的内涵，从扶危济困发展到教育、文化、医疗、卫生、体育事业、环境保护、气候变化等方面。④ 现代慈善的领域之广，已经使其参与到社会生活的方方面面。通过教育来行善已经成为一种传统，为人们所传承，专注于从事教育领域的慈善组织越来越多。以基金会为例，截至2020年9月13日，全国共有登记的基金会8217家，其中名称中含有

---

① 参见周秋光：《熊希龄与慈善教育事业》，湖南教育出版社1991年版，第48—56页。
② 参见高鹏程、李震：《张謇与清末民初南通的慈善事业》，载《南通工学院学报（社会科学版）》2004年第2期。
③ 朱佳发：《慈善教育是慈善的最高境界》，载《珠江商报》2014年7月15日第A9版。
④ 王守杰：《论慈善事业从传统恩赐向现代公益的转型》，载《河南师范大学学报（哲学社会科学版）》2010年第1期。

"教育"二字的有 2066 家①，占到四分之一。历史制度主义在对政治行为进行分析的过程中，曾提出"历史相关"的著名论断②，即一个国家的历史遗产将会对该国家公民的行为产生终极性与根本性的影响。延续 5000 多年的中国文化注定了中国人民血液中慈善的基因，在其塑造中国人民的民族性格中，也悄然地将慈善的理念注入民族的品格之中。可以想象的是，中国公众在漫长的历史延续中所保留的慈善基因将伴随中国后物质主义的转型而逐步显示出来。

从当前慈善涉及的领域来看，教育是慈善家投入最大的领域。近年来，我国慈善捐赠中教育的占比非常大。2015 年的慈善捐助中，31.29% 流向教育，教育领域接受的捐赠超过医疗领域，居第一位③；2016 年的慈善捐助中，30.44% 流向教育，仍然占据接受捐赠领域的首位。④ 2015 年对 150 家企业（含国有企业、民营企业、外资及港澳台企业各 50 家）的调查显示，在 136 家有慈善参与的企业中，102 家企业对教育给予了慈善捐赠。⑤ 以个案来看，通过教育来行善也是慈善事业的一个重点，最为有名的莫过于希望工程。中国青少年发展基金会于 1989 年 10 月发起实施的希望工程助学项目，通过在贫困地区设立学校、改善教学条件等方式，帮助上不起小学的学生完成学业。这项工程曾经得到邓小平的支持——他手书了"希望工程"，并于 1992 年 6 月 10 日和 10 月 6 日两次以"一位老共产党员"的名义向希望工程捐款 5000 元（第一次 3000 元，第二次 2000 元）。江泽民、胡锦涛曾为希望工程题词，指导希望工程发展。习近平总书记一直十分关心希望工程，1995 年任福州市委书记时就曾发起"千家企业建千校"爱心活动。其中，对捐建的延安杨家岭福州希望小学，习近平两次给师生们回信，两次专程到学校看望师生。如今，希望工程已经发展成为我国社会参与最广泛、最富有影响力的民间慈善事业。截至 2019 年 9 月，全国希望工程已累计接受捐款

---

① 数据均来自中国社会组织公共服务平台，http://www.chinanpo.gov.cn/search/orgcx.html。
② Pierson, Paul, and Theda Skocpol. Historical Institutionalism in Contemporary Political Science. *Political Science: The State of the Discipline*, 2002, 3: 693–721.
③ 中国慈善联合会：《2015 年我国捐赠额破 1100 亿创历史新高》，载《中国民政》2016 年第 23 期。
④ 皮磊：《2016 年全年捐赠总额达 1392.94 亿元》，载《公益时报》2017 年 11 月 7 日第 2 版。
⑤ 杨团主编：《中国慈善发展报告 2016》，社会科学文献出版社 2016 年版，第 132—158 页。

152.29亿元，资助家庭经济困难学生599.42万名，援建希望小学20195所。①。希望工程这一慈善教育模式的开展，不仅帮助学生完成了学业，而且在社会上广泛传播了慈善和希望的种子，推动了人们慈善意识的提升和慈善实践的参与。2019年11月20日，在希望工程实施30周年之际，习近平总书记寄语希望工程，充分肯定了希望工程取得的显著成绩、发挥的重要作用、展现的社会价值，深刻指明了希望工程在新时代的前进方向。他指出："在党的领导下，希望工程实施30年来，聚焦助学育人目标，根植尊师重教传统，创新社会动员机制，架起了爱心互助和传递的桥梁，帮助数以百万计的贫困家庭青少年圆了上学梦、成长为奋斗在祖国建设各条战线上的栋梁之材。希望工程在助力脱贫攻坚、促进教育发展、服务青少年成长、引领社会风尚等方面发挥了重要作用。"②

客观地说，经济社会的发展、人们生活水平的提高和国家经济实力的增强，九年制义务教育在全国的普遍推行和相应的助学及扶贫措施的实施，已经使贫困人口对慈善教育的需求大为减少。然而，由于我国尚处于从传统社会向现代社会转型的过程之中，尽管人们的生活水平有了极大改善，但是根据我国的贫困标准（每人每年2300元），截至2017年底仅农村地区的贫困人口仍然有3046万人。③ 因此，在未来相当长的一段时间内，扶贫仍然是我国面临的一项重要任务。教育仍然是扶贫的重点领域，2016年国务院印发的《"十三五"脱贫攻坚规划》，教育扶贫占据了相当大的篇幅，规划中专门有一节论述"社会组织和志愿者扶贫"，要求发挥社会组织和志愿者的力量，广泛动员社会资源参与脱贫攻坚④。由此可见，引导和支持慈善组织等社会力量通过教育实现精准扶贫，仍然是一项紧迫的任务。与此同时，我们还必须看到，目前我国尚未普及高中教育，加之高校扩招、大学学费政策的调整和研究生收取学费，高

---

① 杜沂蒙：《共青团中央召开会议学习习近平总书记寄语希望工程重要精神 纪念希望工程实施30周年》，载《中国青年报》2019年11月22日第1版。

② 《习近平寄语希望工程强调 把希望工程这项事业办得更好 让广大青少年充分感受到党的关怀和社会主义大家庭的温暖》，载《人民日报》2019年11月21日第1版。

③ 中华人民共和国国家统计局：《中华人民共和国2017年国民经济和社会发展统计公报》，载《人民日报》2018年3月1日第10版。

④ 《国务院关于印发"十三五"脱贫攻坚规划的通知》，载《中华人民共和国国务院公报》2016年第35期。

中生、大学生以及研究生对慈善教育仍然有较大的需求，慈善教育仍然是促进教育公平、实现社会正义的有效途径。因此，在未来较长时间内，作为一种慈善行为的慈善教育不仅会普遍存在，而且仍然会在慈善事业中占据相当重要的位置。

二、慈善需要教育与作为一门教育学科的慈善教育

经济社会的发展为现代慈善的发展奠定了坚定的物质基础，并且促进了现代慈善在规模上的壮大，从现实来看，一些大型的慈善基金会管理的资产规模高达几十亿甚至上百亿，慈善活动的开展范围也跨越国界遍布全球，如比尔和梅琳达·盖茨基金会（Bill & Melinda Gates Foundation）的资产达528.5亿美元[1]，在全球致力于改善健康状况、消除极端贫困。现代慈善所达到的这种空前强大的规模既推动了慈善事业发展步入新阶段，也对慈善本身的运作提出了更高的要求。如何实现慈善资产的保值增值，如何将慈善资源用到最需要的地方，如何对慈善开支进行监管……这些不仅涉及财务管理，而且涉及慈善决策、慈善运作和管理。要实现慈善事业的健康发展，一方面要有专业人士组织和管理慈善事业，另一方面要有社会公众普遍支持和参与慈善。前者需要慈善专业人才，后者需要社会公众具备慈善意识和基本的慈善素养。无论慈善专业人才的培养还是社会公众慈善意识和慈善素养的塑造，都离不开教育，这就呼唤慈善作为教育内容的出现。事实上，伴随慈善事业发展对慈善教育需求的出现，慈善教育也应运而生。早期的慈善教育主要是通过渗透式教学的形式嵌入其他学科领域范围，如慈善教育的部分内容渗透到道德教育、公民教育等学科体系之中。慈善事业的繁荣和慈善教育的逐渐发展，不断敦促专门慈善教育的产生。但从实践过程来看，慈善真正作为一门独立的学科进入学校课程体系，是较为晚近的事情，即"慈善直到近年才成为一门教育学科"[2]。

慈善开始从一种行为向一门教育学科发展与慈善的现代转型密切相关。这是因为，一方面，慈善现代转型对慈善提出的专业化要求不断提

---

[1] 比尔和梅琳达·盖茨基金会官方网站，https：//www.gatesfoundation.org.cn/Who-We-Are/General-Information/Financials。

[2] 〔美〕佩顿、穆迪：《慈善的意义与使命》，郭烁译，中国劳动社会保障出版社2013年版，第20页。

升，促使慈善要寻求通过教育提升从业人员和社会公众的慈善能力。慈善的现代转型催生了现代慈善组织，慈善的组织化运作必然需要对慈善组织进行经营和管理，而慈善组织的非营利性使其运作有别于政府和企业，当慈善组织的规模达到一定程度时，必然需要专门的从业人员来从事专职工作，这些专门的从业人员必须经过相应的专业化的教育。现代慈善的运作也使得公众必须具备一定的慈善素养才能真正了解慈善项目或慈善组织的工作，慈善普及教育就显得十分重要。如果不对公众进行慈善普及教育，仅凭公众个人对慈善的兴趣而任其自由发展，那么，在慈善氛围不浓厚的情况下，难以培养出公民的慈善意识，更难以弘扬慈善文化。另一方面，慈善现代转型中遭遇的各种质疑，尤其是慈善募捐过程中受到的慈善丑闻的影响，使得一部分慈善界、教育界人士开始意识到应该通过教育、培训和倡导来提升人们对慈善的认识、推进慈善的发展。[①] 随着慈善科学化运动的推进，在慈善日益专业化和职业化的今天，慈善教育已经进入学校的课程体系，成为学校教学的重要组成部分。同时，慈善本身对价值和行动的强调也要求慈善教育不仅要作为一门理论知识出现在学校课堂中，更要有相应的慈善实践将慈善的理念、知识、技术转换为行动。一切与慈善有关的理念只有体现在行动上才能真正改变社会，使世界变得更美好。

作为一门教育学科的慈善教育，包括三种类型：一是慈善专业教育；二是慈善职业教育；三是慈善普及教育。现代慈善的组织化运作和专业化发展都决定了慈善的发展离不开专业人才，随着国家职业分类大典中对与社会组织相关的职业的认可，慈善组织从业人员的职业化发展已经成为必然趋势。因此，必须通过慈善专业教育和慈善职业教育来培养慈善专业人才，建设慈善工作人才队伍，促进慈善的专业化发展和职业化发展。然而，慈善事业要实现持续健康发展，必须依靠全体社会成员的普遍参与，慈善的现代转型要实现的是人人参与的全民慈善，慈善普及教育的开展就是要促进人们增强慈善意识，促使人们将慈善意识转换为慈善行为，从而实现慈善的可持续发展。尽管从发达国家慈善事业的发展来看，当慈善事业较为成熟时，其对慈善专业人才的需求量巨大，如

---

① Falk, Katherine. Teaching the Next Generation about Philanthropy: A Case Study of the AFP New Jersey Chapter's Youth in Philanthropy Program. *New Directions for Philanthropic Fundraising*, 2002, (36): 55-72.

美国在非营利部门工作的就业人口达到 1300 万，占就业人口的 10%。①但是从我国的现实来看，即使对慈善专业人才的需求量很大，其在全体就业人口中所占的比例并不高。在这种形势下，发展慈善专业教育和慈善职业教育固然紧迫，但是受众面并不广泛，而慈善普及教育是针对全体社会公众的，它是培养人们普遍的慈善意识、传递慈善知识、弘扬慈善文化、培育慈善氛围、形塑慈善行为的基础性教育。同时，随着慈善专业化的发展，慈善普及教育也必然涉及并推动慈善专业教育和慈善职业教育的发展。在我国慈善现代转型的大背景下，推进慈善普及教育是推动以善促善，促进人人慈善的基础，也是促进人们通过普及教育接触专业教育和职业教育的基础。综合考虑上述因素，本书讨论的主题是慈善普及教育。为行文简洁，如无特殊说明，本书中所说的慈善教育即为慈善普及教育。

三、建构慈善教育框架的初步设想

呈现在我们面前的景象是，慈善教育已经从一个学术讨论层面的议题发展成为教育学科中的一种新的教育实践。2014 年 11 月 24 日，新中国历史上第一个以中央政府名义下发的有关慈善的文件《国务院关于促进慈善事业健康发展的指导意见》，明确提出了慈善教育的任务，即"着力推动慈善文化进机关、进企业、进学校、进社区、进乡村，弘扬中华民族团结友爱、互助共济的传统美德，为慈善事业发展营造良好社会氛围"②。2016 年制定的《慈善法》第八十八条则明确规定："国家采取措施弘扬慈善文化，培育公民慈善意识。学校等教育机构应当将慈善文化纳入教育教学内容。国家鼓励高等学校培养慈善专业人才，支持高等学校和科研机构开展慈善理论研究。广播、电视、报刊、互联网等媒体应当积极开展慈善公益宣传活动，普及慈善知识，传播慈善文化。"③由此可见，推行慈善教育已经成为一种国家行为。发展慈善教育，势在必行。

---

① 徐彤斌：《美国政府对公益慈善事业的管理与启示》，见杨团主编：《中国慈善发展报告 2011》，社会科学文献出版社 2011 年版，第 305 页。
② 《国务院关于促进慈善事业健康发展的指导意见》，载《中华人民共和国国务院公报》2015 年第 1 期。
③ 《中华人民共和国慈善法》，法律出版社 2016 年版，第 24 页。

诚然，作为教育的一个类型，慈善教育可以借鉴其他类型教育的原理和方法，但是慈善的本质决定了慈善教育具有自身的特点。教育学科发展的实践表明，慈善教育的原理和方法不会自发形成，它需要相关理论研究者、教育者和实务者自觉地进行长期的建构。尽管当前无论是学术界还是实务界，都对发展慈善教育提出了呼吁，逐渐开始对发展慈善教育产生共鸣，并且产生了一些慈善教育的研究成果①，但是，整体而言我国目前尚未出现对作为一门教育学科的慈善教育的系统分析与研究。这对慈善教育实践的发展和慈善教育的学术研究，都是一大缺憾。笔者秉持一直怀有的对公益慈善的兴趣和热情，不揣浅陋，撰写了《慈善教育论纲》一书，目的是想引起更多的人关注慈善教育、投身慈善教育、研究慈善教育，共同推动慈善教育学科在我国的发展。

由于慈善教育在我国还处于探索阶段，尚未出现对慈善教育进行整体构建的尝试和努力，而建构慈善教育的框架是一项宏大的工程，借鉴国外慈善教育的经验，结合自己对慈善相关领域的关注、思考、研究和教学经验，笔者尝试提出一些建构的设想。

慈善教育从一种行为发展到一门学科既是慈善发展的客观需要，也顺应了当今社会专业化发展、社会分工细化的要求。在我国社会转型的背景下，面对现代性带来的风险社会、社会流动性增强造成的陌生人社会、老龄化加速产生的老龄社会，人人慈善蕴含着丰富的正能量，是应对社会转型、促进社会更好发展的重要方式。从历史的角度来看，慈善在中西方都有着深厚的渊源，这些丰厚的慈善文化积淀，为我们今天发展慈善事业奠定了坚实的社会基础，同时也是弘扬慈善文化的主要内容。历史上传承下来的慈善文化不仅为我们寻求到了慈善的根源，也为我们发展慈善提供了自信。当面对历史积淀而成的慈善文化时，我们更有信心在物质财富日益积累的今天发展好慈善事业。因此，慈善教育首先要从历史角度入手，追根溯源，从传统文化中寻找到慈善的根源，

---

① 如，彭腾、阚小良：《慈善教育与教育慈善——在人力资本和慈善文化发展中消除贫困》，载《福建行政学院学报》2010 年第 2 期；郑富兴：《当代学校慈善教育应当具有三种意识》，载《思想理论教育》2012 年第 12 期；沈韬、陈国庆：《慈善人性与慈善教育》，载《教育评论》2013 年第 3 期；石国亮：《慈善文化进学校：意义、挑战与路线图》，载《长白学刊》2015 年第 2 期；陈立栋：《慈善教育之于高校思想政治教育的重要意义》，载《学校党建与思想教育》2016 年第 3 期；石国亮：《崇德向善：慈善教育的意义与使命》，载《中国青年社会科学》2016 年第 5 期。

并且沿着慈善发展的轨迹,将现代意义上的慈善教育的形成和发展阐述清楚。

开展慈善教育需要明确慈善教育的内涵。慈善属于道德的范畴,慈善教育的嵌入式教学主要是以道德教育为主体进行渗透,但是不能因此而对慈善进行泛道德化评判。① 慈善教育在本质上就是通过将慈善的相关理念、内容、知识传授给人们,使人们更好地实现全面发展,使社会更好地实现和谐发展。慈善教育要向人们阐明现代慈善的范畴,使人们建立对慈善的正确认知;要使人明白慈善在现代社会的意义和使命,增强人们参与慈善的意愿;要教育人们采取科学的方式开展慈善,促进慈善效果的有效提升。要促进慈善教育的开展,还应该从国家、社会、个人三个层面分析慈善在当今社会的价值。

慈善教育的开展不是异想天开,也不是突发奇想,它有着丰富的理论支持、坚实的思想基础、深厚的历史基础和紧迫的现实需求。开展慈善教育既符合马克思主义关于人的本质和人的全面发展的学说,也符合社会期望行为理论的价值追求,还与当代公民教育的思想不谋而合。中国共产党人对慈善认识的拨乱反正,是我国慈善事业兴起和发展的思想基础,而改革开放以来特别是近年来我国慈善教育的探索,以及境外慈善教育的实践和经验,则为慈善教育的开设奠定了实践基础。我国社会转型对慈善的需求,我国慈善发展的现状与需求的差距,都对慈善教育提出了现实要求。

从国家战略高度来思考慈善的发展可以发现,在当前开展慈善教育要逐渐通过以善促善来实现人人慈善,最终推动我国成为慈善强国。从我国慈善教育的发展情况来看,尽管慈善教育的探索不断增多、慈善教育的形式逐渐丰富、慈善教育的政策环境越来越宽松,但是慈善教育远远没有达到以善促善、人人慈善的愿景。为此,应该通过推进慈善文化进机关、进企业、进学校、进社区、进乡村,通过知行双轮驱动,通过发展慈善专业教育,通过实施"互联网+"战略,通过建构慈善教育社会支持网等战略措施,促进慈善教育的全面开展。

具体到慈善教育的途径,应该通过开设慈善教育课程、开发慈善教育教材、培育慈善教育师资等方式促进慈善教育在学校的开展;通过贯

---

① 石国亮:《论慈善与道德的关系及其他》,载《浙江社会科学》2014年第2期。

彻主体性原则、与课程教学相配合原则和与社会生活相统一原则,以慈善教育的多元形式为依托,促进慈善非正式教学的深入发展;坚持慈善回归日常生活的原则,通过家庭教育、同辈群体影响和社区营造等方式,促进生活情境下的慈善教育发展;以官员、明星、富人及其他公众人物为榜样,通过示范效应带动人们的慈善参与;发挥媒体的舆论导向功能,合理使用新媒体,建构慈善教育的舆论氛围,促进慈善教育在全社会的推进。总体而言,要通过将慈善教育的内容融入学校教育、融入工作场域、融入社会生活,通过典型示范和环境塑造,全面推动慈善教育的系统开展。

  慈善教育在我国的开展缺乏充足的实践经验和理论支持,上述内容只是根据当下我国慈善的发展现状和慈善教育的实施情况提出的一些设想。作为对慈善教育框架建构的一次尝试,这些设想还是初步的。慈善教育的框架是一个充满生机与活力、不断吸收慈善创新发展成果的开放的体系,随着慈善教育在我国普及,慈善教育的框架将在实践中不断丰富和发展。

第一章　慈善的现代转型与慈善教育的兴起

慈悲不应带有强制性，慈悲应该像自天而降、滋润大地的雨露。
——莎士比亚

现代化是到目前为止对人类历史影响最为深远的一场变革，它推动了人类社会从传统农业社会向现代工业社会的转变，也是推动人类走向现代文明的重要力量。在马克思看来，"所谓现代化过程，实质上是指16世纪以来尤其是西方工业革命以来在世界范围内出现的现代工业和科学技术为动力所引起的传统农业社会向现代工业社会的巨大转变，进而引起社会生活全面变革的过程，是新的文明出现的过程。"[①] 从传统社会向现代社会转型，是不以人的意志为转移的，它对人类社会生活的方方面面都产生了深刻的影响。伴随着人类社会从传统到现代的转型，慈善事业的发展也经历了这样一个转型的过程。事实上，慈善之所以直到近年来才成为一门教育学科，是慈善的现代转型使然。换句话说，慈善的现代转型是慈善教育兴起的时代背景。本书对慈善教育的探讨正是建立在慈善现代转型基础之上的。因此，讨论慈善教育，首先必须对慈善的现代转型及其带来的深刻影响进行全面分析。

第一节　慈善是中西方文化的共同传统

人类文明有着非常悠久的历史。有历史就有传统，因为传统就是历史的继续和延伸。传统文化是历经时代的不断变迁而保留下来的文化，

[①] 丰子义：《现代化的理论基础——马克思现代社会发展理论研究》，北京大学出版社1995年版，第58—65页。

是现代文化的根源。中西方都有着久远的历史,在漫长的历史过程中形成了不同的文化,慈善是深植于文化传统之中的①。尽管中西方文化存在差异,但是两种文化中都蕴藏着丰富的慈善文化传统。慈善文化在我国源远流长,无论儒家的"仁爱""民本"思想,还是道家"上善若水"的思想,抑或是佛教"慈悲为怀"的信仰观念,都显示了慈善在诸种文化思想中的重要地位。历朝历代民间出现的"义仓""义学""义诊""善堂"等,都是这些思想的体现和延续。西方文化中同样存在着丰富的慈善文化,这些慈善文化借助宗教的力量得以不断传播和发展,并且在今天超越了宗教文化本身,成为现代公民的责任共识。也就是说,慈善是中西方文化的共同传统,只不过中西方慈善传统的形成存在明显差异。还必须认识到,传统不仅是历史的遗产,它还继续存在于现实之中。因此,慈善文化传统不是凝固不变的雕像,而是不断更新的水流。慈善文化传统是现代慈善转型的历史基础,而慈善的现代转型又赋予慈善以新的时代精神和时代内涵。

一、我国丰富的慈善思想和悠久的慈善传统

从我国慈善的发展来看,我国既有丰富的慈善思想和文化,又有悠久的慈善传统。要追寻我国的慈善思想,就应该从我国的文化入手。我国著名慈善家熊希龄曾经说:"吾国立国最古,文化最先,五千年来养成良善风俗者,莫不出儒、释、道之说所熏陶。"② 因此,要寻找传统文化中的慈善因子,也应该从儒家、道家和佛家的思想中找寻。

儒家文化对我国影响深远,其思想也是在漫长的历史过程中逐渐丰富和发展起来的,早在先秦时期,儒家思想就已经出现,后来经过历朝历代思想家的不断开拓,儒家思想不断累积,内容不断丰富。概括而言,儒家文化以"仁爱"为中心,构筑起包括民本思想、大同思想、义利观在内的慈善思想体系。③ 早在《周易》中就有"积善之家必有余庆"的记载,它鼓励人们要行善积德,这样才能使家庭更美满。儒家思想的最

---

① Osili, Una, and Çağla Ökten. Giving in Indonesia: A Culture of Philanthropy Rooted in Islamic Tradition. In P. Wiepking and F. Handy (eds.). *The Palgrave Handbook of Global Philanthropy*. Palgrave Macmillan UK, 2015, pp. 388–403.
② 周秋光主编:《熊希龄集》(下),湖南出版社1996年版,第2002页。
③ 周秋光、曾桂林:《儒家文化中的慈善思想》,载《道德与文明》2005年第1期。

主要代表人物孔子和孟子，对慈善有着自己的认知。孔子思想以"仁"为核心，孟子在此基础上将其发展为"仁爱"，《孟子·离娄》中将其解释为"仁者爱人"。孔子主张试行"仁政"，反对"苛政"，这是最广泛意义上的"善"。孟子从慈善产生的心理基础入手，认为同情心是每个人都具备的，人只有具备了同情心，才能做出善行。《孟子·告子》中则认为"恻隐之心，人皆有之"，《孟子·公孙丑》中认为"人皆有不忍人之心，今人乍见孺子将入于井，皆有怵惕恻隐之心——非所以交于孺子父母也，非所以要誉于乡党朋友也，非恶其声而然也"①，"恻隐之心，仁之端也"②。也就是说，同情心是人人都有的，是仁的发端。人们从同情心出发，看到将要掉进井口的孩子才会施以援手，才会"老吾老以及人之老，幼吾幼以及人之幼"③。正是人的同情心，才使人能够推己及人，从而产生博爱思想。

儒家强调民本思想，重视人民的作用，《尚书》中就指出"民为邦本，本固邦宁"④，孟子则认为"民为贵，社稷次之，君为轻"⑤。要做到"民为贵"，就需要像荀子所提倡的那样"选贤良，举笃敬，兴孝悌，收孤寡，补贫穷"⑥，而对鳏寡孤独、贫穷弱者的关爱正是慈善的重要内容。由此可见，民本思想本身就蕴含着对慈善内容的强调。此外，儒家的民本思想还突出表现在其对富民的强调上。孟子认为"有恒产者有恒心"⑦，因此要"制民之产"。而一定的物质基础是人们做出慈行善举的基础，试想一个饥寒交迫、身无分文的人，自顾且不暇，怎么有时间和精力去做慈善？因此，孟子提出，使人民富足、有恒产，使人民有一定的经济基础，人们才有可能去体恤别人，进而做出慈善行为。

儒家追求大同理想，孔子"不患寡而患不均"⑧，希望能够建立一个"人不独亲其亲，不独子其子，使老有所终，壮有所用，幼有所长，矜寡孤独废疾者，皆有所养"⑨ 的社会。儒家所追求的大同社会的理想，是

---

① 《孟子·公孙丑上》。
② 《孟子·公孙丑上》。
③ 《孟子·梁惠王上》。
④ 《尚书·五子之歌》。
⑤ 《孟子·尽心下》。
⑥ 《荀子·王制》。
⑦ 《孟子·梁惠王上》。
⑧ 《论语·季氏》。
⑨ 《礼记·礼运》。

世界上有文字可查的最早表达公益慈善伦理的思想,充分体现了儒家致力于关爱和扶助社会弱者的道德情怀和伦理追求。①

儒家思想重义轻利,《论语》中记载,"子罕言利"②,孔子很少提及"利",在孔子看来,"君子喻于义,小人喻于利"③,也就是说,孔子认为君子看重的应该是道义,而不是利益,小人才看重利益而不顾道义。孟子继承并发扬了孔子的这一观点,在与梁惠王的对话中,梁惠王询问孟子千里迢迢来到魏国能够给国家带来什么"利",孟子回答:"王,何必曰利,亦有仁义而已矣"④。孟子进一步解释,如果国王追求"利"而不追求"义",那么大夫也会被鼓励追求利,老百姓也会争相夺利,最后欲壑难填,国家就会陷入危险之中。只有重视仁义,轻视利益,才能实现国家的长治久安。同样,对老百姓而言,如果每个人都只关心自身的利益,不在乎仁义、道义,那么对鳏寡孤独等社会弱势群体,就不会有人去抚恤,也就不会有人仗义疏财、扶危济困,那么,社会就完全会成为一个人人追求私利的社会,最终只能陷入"一切人反对一切人的战争"。儒家的义利观与仁爱思想的统一,构成了儒家慈善伦理的基础。

道家思想崇尚"道",道是一切的根本,"德"是从道中衍化出来的。《道德经》第八章提出"上善若水,水善利万物而不争,处众人之所恶,故几于道"。最高级的善行就好像水一样,它滋润万物而不与万物相争,处于众人所厌恶的地位,所以就接近于道。这意味着行善能够接近道。《道德经》第四十九章指出"善者吾善之,不善者吾亦善之,德善",无论是对于善良的人还是对于不善良的人,都以善良之心相对待,这才是真正有品德的善行,这符合"以德报怨"的理念。《道德经》第六十七章中记载"我家有三宝,持而保之,一曰慈,一曰俭,一曰不敢为天下先","慈"即慈爱、慈善,它被列为三宝之首。《道德经》第二十七章提出"圣人常善救人,故无弃人;常善救物,故无弃物"。也就是说,圣人拥有博爱,对一切人和物都持有慈爱之心。老子还提出"损有余而补不足",即从"有余"的部分中拿出一部分来去补"不足"的那一部分,在现实生活中则意味着富足之家应该拿出一部分钱财来去救

---

① 夏明月、彭柏林:《论儒家的公益慈善伦理思想》,载《伦理学研究》2012 年第 3 期。
② 《论语·子罕》。
③ 《论语·里仁》。
④ 《孟子·梁惠王上》。

援贫困之家。庄子在老子这一思想的基础上，进一步将其明确为"富而使人分之"，就是富裕了之后要把财产广泛地分给贫困人家，使人们能够普遍摆脱穷困。由此可见，道家思想中对扶助贫弱的认知。在道家思想基础上延伸出来的道教，有着丰富的济世救人思想。道教的重要经典《太平经》十分注重劝善，"积善不止，道福起"①、"子说积善"②，在对待财物上，《太平经》中指出，"财物乃天地中和所有，以共养人也。此家但遇得其聚处，比若仓中之鼠，常独足食，此大仓之粟，本非独鼠有也，少内之钱财，本非独以给一人也；其有不足者，悉当从其取也，愚人无知，以为终古独当有之，不知乃万户之委输，皆当得衣食于是也。"③ 财物应该是属于天下所共有的，财物不充足的人，应该从中拿取，而愚昧的人们常常以为财物就是自己所独有，这种思想是不可行的，因为在道教看来，"积财亿万，不肯救穷周急，使人饥寒而死"④ 是一种罪责。《太平经》中倡导"善有善报恶有恶报"，这种善恶报应是会波及子孙的，所以才会出现"力行善反得恶"的现象，这是"承负先人之过"⑤ 造成的。《太上感应篇》是道教著名的劝善书，该书开篇即言"善恶之报，如影随形"⑥，劝人们要"悯人之凶，乐人之善，济人之急，救人之危"。《文昌帝君阴骘文》是道教的另一本劝善书，它延续善恶报应的观点，要人们广做善事，"措衣食周道路之饥寒，施棺椁免尸骸之暴露"，"家富提携亲戚，岁饥赈济邻朋"，"剪碍道之荆榛，除当途之瓦石"，"修数百年崎岖之路，造千万人来往之桥"等，广泛地积善行德，才能得到神灵的保佑，并且为子孙后代积累福报。尽管道家思想和道教教义中倡导的慈善观念有所差异，道教中的这些思想带有明显的诱导性和"天职观"⑦，但作为土生土长的宗教，道教在我国民间具有深厚的群众基础，道教的这些劝善的理念也被人们广泛认可和接受。

世界三大宗教之一的佛教从西汉时期传入我国，经历东汉、三国到

---

① 杨寄林译注：《太平经今注今译》，河北人民出版社2002年版，第33页。
② 杨寄林译注：《太平经今注今译》，河北人民出版社2002年版，第167页。
③ 杨寄林译注：《太平经今注今译》，河北人民出版社2002年版，第574—575页。
④ 杨寄林译注：《太平经今注今译》，河北人民出版社2002年版，第570页。
⑤ 杨寄林译注：《太平经今注今译》，河北人民出版社2002年版，第59页。
⑥ 佚名：《太上感应篇》，黄正元图注，张兆裕编著，北京燕山出版社1995年版，第9页。
⑦ 彭柏林、左一：《论道家和道教的公益伦理思想》，载《云梦学刊》2014年第1期。

魏晋南北朝时代，逐渐盛行起来，到隋唐时代而达到高潮。① 佛教倡导慈悲为怀，慈悲精神贯彻佛教教义，成为佛教徒投身慈善事业的理论基础。② 佛教强调"慈为与乐，悲为拔苦"，让人们获得快乐即为慈，为人们去除痛苦即为悲。也就是说，与儒家思想和道家思想的慈善观念不同，佛教认为慈善的根本目的是让困苦者离苦得乐。③ 从佛教的教义来看，佛教中的缘起法、慈悲心、业报论、布施观和福田说共同构成了一套较为完整的中国佛教慈善思想理论体系。④ 佛陀的缘起法，将缘起法具体解释为十二分支——无明、行、识、名色、六入、触、受、爱、取、有、生、老死。⑤ 这是十二个互为条件的因果链，揭示了人生现象，但佛陀以此认为只有生起慈悲心，才能解除人世间的痛苦。慈悲是佛教思想体系的核心概念，是佛教的根本，佛教修行的目的就是要使芸芸众生能够从苦难中得到解脱。业报论，即因果报应论，是佛教宣扬善有善报恶有恶报的重要理论观点，佛教认为一切事情的发生有其因果律，善果来自善因，恶果来自恶因。因此，佛教鼓励人们要通过行善来追求善果。佛教认为通过布施，正如播种善良的种子，可以收获福田，亦即通过布施来修福田。总体而言，佛教教义中的缘起法、慈悲心、业报论、布施观和福田说相辅相成，构成了佛教向信徒广泛宣扬的行善积福报的思想基础。

在儒道释之外，其他思想学术也对慈善多有论述，如墨家的"兼爱"和"赏善罚恶"等思想，墨子认为社会矛盾的根源在于人们"不相爱"，因此要通过"兼相爱交相利"的方法来改变这样的社会现实，通过"兼爱"，纠正"偏爱"，实现国家的有效治理。总之，我国的传统文化中蕴含着丰富的慈善思想，这些慈善思想激励着一代代的中国人主动投身慈善事业，为改善人们的生活状况、促进社会的发展起到了积极作用。

从我国古代的慈善发展来看，受生产力水平低下的影响，政府的社会救助一直占据主导地位。历代统治者对救灾都给予高度重视，救灾逐

---

① 张岱年：《试论中国文化的新统》，载《中国文化研究》1994 年第 2 期。
② 郑碧强：《佛教慈善思想的内涵》，载《中国宗教》2007 年第 6 期。
③ 潘德荣、张晓林主编：《人间佛教的都市发展模式——以上海玉佛寺为例》，宗教文化出版社 2009 年版，第 147 页。
④ 林志刚：《中国佛教慈善理论体系刍议》，载《世界宗教文化》2012 年第 5 期。
⑤ 冯相磊：《佛陀十二缘起理论略探》，载《中国佛学》2012 年总第 32 期。

渐实现制度化。随着社会生产力的发展，到汉朝时已经出现赈济族人的义举，继而出现了一定地域范围内邻里互助的救助行为。但是，这些善举多是建立在同族血缘关系或地缘关系基础上的，并未惠及所有人。至魏晋南北朝时期佛教盛行，僧人在济贫、祈雨、赈灾、除害等方面发挥了重要作用，对帮助穷困百姓、受灾群体起到了很大作用。到隋朝时出现了最早的义仓①，之后义仓制度不断得到发展，唐朝时期义仓分布广泛，几乎遍布全国州县，义仓在赈灾济民、农业借贷等方面发挥了重要功能。② 北宋建立后，面对满目疮痍的国家现状和百废待兴的状况，延续了唐朝的义仓制度，但是义仓制度在北宋仅延续了51年，而在整个南宋时期则一直持续了下去。③ 义仓在社会上发挥了赈济水火、助育幼儿、借贷种粮、充作桌本等作用④，对社会的稳定发展意义重大。因为义仓赈济便利、不费官方财力，元朝政府继承了义仓制度，并且不遗余力地推动义仓发展。⑤ 义仓在备荒赈灾中发挥了一定的积极作用，但是因为管理不善、官员挪用等问题，义仓的作用有限。⑥ 明朝中叶以后，随着经济社会的发展，义仓也逐渐重新建立起来，直至清朝义仓制度一直延续下来。义仓是官方允许并加以监管的粮仓，但是义仓主要是依靠民间力量置办的赈灾备荒的仓库，它体现的是民间力量积极参与社会慈善活动，是我国古代民间慈善的重要组成部分。

除了义仓这类主要针对救灾开展的慈善活动外，民间慈善也积极投入其他形式的慈善活动中，主要包括义庄、善堂、义学等。随着生产力的发展，在北宋时期出现了以宗族慈善为主的义庄。范仲淹最早提出了以宗族的族田为经济基础来救助贫困族人的想法。范氏义庄收入的主要来源是义田，其次为增殖收入。义田主要用于保障族人基本生活，同时还专门有义学田，为族人学习文化教育提供资助。⑦ 不独范氏一族，整个宋朝时期宗族义学都非常盛行。科举制度发展到宋朝已臻完善，通过

---

① 蔡东藩：《南北史通俗演义》（下），山东人民出版社1981年版，第303页。
② 潘孝伟：《唐代义仓研究》，载《中国农史》1984年第4期。
③ 许秀文、阎荣素：《论宋代义仓》，载《河北学刊》2006年第5期。
④ 孔祥军：《两宋义仓研究》，载《南京农业大学学报（社会科学版）》2010年第4期。
⑤ 黄鸿山：《元代常平义仓研究》，载《苏州大学学报（哲学社会科学版）》2005年第4期。
⑥ 朱春阳：《元代义仓初探》，载《东南文化》2007年第5期。
⑦ 竹林方：《义庄——宗法一体化国家治理体系的一个样本》，载《华中科技大学学报（社会科学版）》2014年第4期。

读书进入仕途实现"光宗耀祖"成为家族的追求。因此,在宋朝出现了家族兴办族塾义学的热潮,族塾义学几乎遍布全国各地①。在宗族慈善之外,随着生活水平的改善,一些有经济基础的达官贵人、市镇富士、民间善士也开始从事慈善,如对生意折本的人的临时救济、冬日对穷困户的接济等。② 不仅如此,宋朝时期开始设立一些收容机构,如以收养乞丐为主的福田院、收养无亲属供养的孤寡老人的居养院、收养患病贫民的安济坊。③

明清之际,受道教、佛教的影响,出现了大量的善会、善堂进行慈善活动。善会出现于明朝中后期,它是民间有组织进行慈善活动的重要组织,在江南等经济富庶的地方,善会存在较为普遍,如1614年高攀龙和陈幼学在无锡创立同善会,同善会组织了诸多以教化为目的的演讲,并且救济贫民、向死者施棺、救济贫穷生员、表彰贞女。④ 在昆山、嘉善、太仓、武进等县也均出现了此类善会。这些善会有的延续到清朝,对促进地方社会的稳定发展起到了重要作用。此外,善会、善堂在育婴方面也做出了卓越贡献。宋朝曾设立育婴局专门负责抚养被遗弃的婴儿,但是这一官方措施并未被后世朝廷所延续,到明朝时期民间出现了类似的育婴堂以收养弃儿。到清朝时,育婴堂设立较为普遍,能够统计到的育婴类组织多达973个⑤,育婴堂对阻止溺死女婴,挽救女孩生命起到了重要作用。⑥ 在清朝还出现了一些救济年轻寡妇的恤嫠会或清节堂,有的清节堂一直延续到民国时期。清朝末年,著名商人经元善创办"协赈公所",联合众多商人共同赈灾,"使传统的个人慈善义举发展成为群体公益慈善事业"⑦。民国期间善会、善堂在各地存续的情况有异,但是善会、善堂的传统得以传承下来。受"洋化"影响,民国时期的一些善

---

① 王善军:《宋代族塾义学的兴盛及其社会作用》,载《中国史研究》1999年第2期。
② 庄华峰、谭书龙:《宋代江南地区慈善事业研究》,载《安徽史学》2006年第6期。
③ 杜本礼:《北宋开封的慈善收容机构》,载《中州今古》2000年第3期。
④ 〔日〕夫马进:《中国善会善堂史研究》,伍跃、杨文信、张雪锋译,商务印书馆2005年版,第86页。
⑤ 梁其姿:《施善与教化——明清的慈善组织》,河北教育出版社2001年版,第2页。
⑥ 王卫平、黄鸿山:《清代慈善组织中的国家与社会》,载《社会学研究》2007年第4期。
⑦ 朱英:《近代商人与慈善义演》,载《史学月刊》2018年第6期。

会、善堂开始实施董事会管理机制。① 同时，一些善堂除了救助灾民外，也开始提供民事服务，如救火队。②

宗教组织在慈善方面也发挥了重要作用。从魏晋南北朝时期开始，寺院在济贫赈灾、施医舍药、凿井修桥、救助孤独贫弱等方面起到了积极作用。③ 传教士进入我国后，出现了一些基督教男女青年会、慈善会等形式的慈善组织，它们开展各类社会服务、提供公益教育，对促进儿童成长、赡养老人起到了一定作用。④ 教会下设的一些机构，也积极开展慈善服务，如教会医院不仅提供免费的医疗，还向人们传播了现代医学知识和观念。⑤

从历史的角度来考察我国的慈善传统可以发现，慈善在我国有着悠久的历史传统。传统的慈善文化反映了"人们的仁慈与同情的互助意识"，体现了人们向善的朴素情怀，倡导"义利合一的价值追求"⑥。随着社会生产力的发展，慈善经历了从官办慈善到民间慈善的转变，这种转变带来了慈善机构的多元化、管理的规范化和社会服务的多样化，为今天我国慈善事业的发展奠定了历史基础。

二、西方的教会慈善传统及其发展

西方文化深受基督教影响，基督教的博爱思想对慈善产生了深远影响。"在基督教内部，信仰和善举长期以来一直是不可分割的。"⑦ 而早在基督教产生之前，在西方社会中就出现了一些慈善思想和慈善行为。"慈善"一词有若干来源，宗教慈善一般与 charity 有关，而现代慈善则

---

① 刘元：《近代（1888—1938）武汉善堂发展与慈善事业述略》，载《重庆文理学院学报（社会科学版）》2012 年第 5 期；黄鸿山：《中国近代慈善事业研究——以晚清江南为中心》，天津古籍出版社 2011 年版，第 170 页。

② Tan Chee-Beng. Shantang: Charitable Temples in China, Singapore, and Malaysia. *Asian Ethnology*, 2012, 71 (1): 75–107.

③ 王俊秋：《中国慈善与救济》，中国社会科学出版社 2008 年版，第 62 页。

④ 周东华：《民国浙江基督教教育研究——以"身份建构"与"本色之路"为视角》，中国社会科学出版社 2011 年版，第 229 页；谭绿英：《民国时期基督教在华慈善事业》，载《宗教学研究》2003 年第 1 期。

⑤ 李传斌：《晚清教会医院慈善医疗演变述论》，载《安徽史学》2015 年第 6 期。

⑥ 潘乾：《传统慈善文化的教育实践逻辑》，载《东北师大学报（哲学社会科学版）》2018 年第 3 期。

⑦ 〔美〕费朗金：《策略性施予的本质——捐赠者与募捐者实用指南》，谭宏凯译，中国劳动社会保障出版社 2013 年版，第 5 页。

一般与 philanthropy 有关。Charity 的拉丁文词根为 caritas，是"爱"的意思；philanthropy 来源于希腊文，其对应的拉丁文为 philanthropia，是慈善的意思。基督教文化继承和发扬了希腊文化和罗马文化中的慈善思想，并且将其深植到人们的心中。基督教的博爱思想、原罪文化和谦卑理念构成了西方公益慈善的文化基础。① 基督教的教义要求人们要"爱人如爱己"，基督教认为人生而平等，因此爱是无差别的。《旧约》中要求人们将外地人和本地人同等看待，并且要爱他们，要形成社会成员间的互助②；《新约》中要求人们要慈爱，要平等地照顾他人的福祉，要热情地为他人提供服务，甚至要学会为他人牺牲自己。基督教还要求信徒要善待穷人，《箴言》中指出"周济贫穷的，不至缺乏；佯为不见的，必多受咒诅"。正是这样的博爱思想奠定了基督教慈善的基础。基督教认为人是带着"原罪"而降生到人间的，耶稣为了替世人赎罪而被钉死在十字架上，这昭示人们要通过牺牲自我来救他们的苦难。基督教强调"给予"（giving）的重要性，但同时要求人们不要因为给予就高高在上，而应该保持谦卑的心态，这样才能更好地体现平等的爱。

在基督教产生之前，西方社会已经有一些零散的慈善活动。基督教产生后，基督徒成为西方社会中从事慈善的主要社会力量。在中世纪时，基督徒就开始通过市民协会管理医院、救济穷人，教会设立"公箱"收集信徒的馈赠物、礼品和税金用于穷人、孤儿、老人、失业者等。③ 一些主教在组织人们参与慈善方面做出了重要贡献，如公元 5 世纪耶路撒冷主教西利尔卖掉教会的财物和饰物来救济穷人。教会还通过施粥等为灾民、贫民提供帮助。总之，教会在帮助人们缓解贫困方面做了大量工作。④ 面对贫苦百姓家的孩子无钱上学的现状，一些教会及富人发展了慈善学校。慈善学校缘起于英国，后传入美国等国家，为提高人们的受教育水平提供了极大帮助。1601 年，英国颁布了《慈善使用法》，慈善的管理开始走向制度化和正规化。到 18 世纪时英国出现了拥有资本金超

---

① 彭小兵主编：《公益慈善事业管理》，南京大学出版社 2012 年版，第 232 页。
② Bird, Frederick B. A Comparative Study of the Work of Charity in Christianity and Judaism, *The Journal of Religious Ethnics*, 1982, 10 (1): 144 - 169.
③ 毕素华：《论基督教的慈善观》，载《南京社会科学》2012 年第 12 期。
④ Cohen, Mark R. Introduction: Poverty and Charity in the Past Times, *The Journal of Interdisciplinary History*, 2005, 35 (3): 347 - 360.

过 10 万英镑的大型慈善基金会。① 受英国慈善传统的影响，美国从创立之初即养成了良好的慈善习惯，最初的慈善行为主要是围绕救济妇女、少数族裔和穷人展开。随着工业化的发展，美国出现了大批的商业大亨，美国著名的慈善家安德鲁·卡耐基的名言"拥巨富而死者以耻辱终"② 鲜明地表明了富人对财富的态度。他们通过创立慈善基金会，将财产用于支持社会事业的发展，为今天美国慈善组织的兴盛奠定了基础。

强调众生平等的基督教在促进慈善事业的发展中起到的作用不容小觑，正是西方的这种宗教慈善文化创造了西方的慈善传统。从我国和西方慈善的发展来看，中西方均有丰富的慈善文化和悠久的慈善传统，对这些文化和传统的传承和发扬是促进慈善事业在当今社会发展的重要精神力量。

第二节 慈善现代转型中的观念变迁与知识扩散

尽管中西方文化的慈善传统源远流长，但是在工业革命完成后，以英国为首的西方国家逐渐完成了从传统的农业社会向现代工业社会的转型。工业化的发展给社会带来了全新的问题——失地农民、城市贫民、环境污染……以提供公共服务、克服社会不公为己任的慈善也开始探索如何适应社会转型的需求，科学慈善运动（scientific philanthropic movement）逐渐在西方兴起。慈善的专业知识和技能、管理技巧、营销策略等开始以科学化的方式产生和传播。科学慈善运动不仅催生了慈善的科学化运作，产生了现代的慈善观念，而且推动了慈善专业化人才的产生。③ 随着全球化的推进，现代慈善观念开始在全球范围内传播并且不断更新完善。现代慈善不仅仅能够起到第三次社会分配的功能，还能够创造社会财富，推动社会创新，促进社会体制改革。④

---

① 李韬：《慈善基金会缘何兴盛于美国》，载《美国研究》2005 年第 3 期。
② 〔美〕卡耐基：《财富的良心》，于占英译，金城出版社 2009 年版，第 104 页。
③ 金锦萍：《科学慈善运动与慈善的转型》，载《科学对社会的影响》2009 年第 2 期。
④ 王振耀主编：《现代慈善与社会服务——2012 年度中国公益事业发展报告》，社会科学文献出版社 2013 年版，第 3—5 页。

一、传统慈善向现代慈善的转型

发达国家的慈善转型比我国早得多。从发达国家的慈善发展过程来看，工业革命直接推动了从传统慈善向现代慈善的转型。在促进慈善的现代转型过程中，慈善教育开始兴起。为了提高居民的慈善意识、培育专业化的慈善人才，政府、慈善组织、学校、社会媒体等积极开展慈善教育，慈善作为一门新兴的学科出现在学校的课程体系中。①

从我国慈善的发展历程来看，晚清时期受西学东渐的影响，我国开始出现了现代意义上的慈善组织的雏形，而慈善真正向现代转型则出现在民国时期。民国初年战事不断，人民生活艰难，政府的社会救助能力有限，民国政府颁布了一系列法律支持民间力量捐资助学、兴办水利、兴办卫生事业、参与赈灾等，一些富商、显贵投身慈善事业，民间慈善团体涌现。② 中华人民共和国成立后，受当时复杂的历史条件所限，慈善被看作"资产阶级欺骗和麻痹人民的装饰品"，慈善事业几乎中断。1978 年党的十一届三中全会以后，慈善得以复苏；1994 年中华慈善总会成立，标志着现代慈善理念开始在我国树立。③ 此后，我国慈善事业取得了长足进步，慈善捐款不断增多、慈善组织不断涌现、志愿者积极性不断高涨、志愿服务时间不断增加，慈善也正在经历从传统恩赐向现代公益的转型④。但是，慈善事业的现代转型中也出现了一些影响慈善组织形象、损害慈善组织公信力的慈善危机事件。这一方面凸显了慈善现代转型的艰难性，另一方面也说明了越来越多的人开始关心慈善，迫切需要加强对慈善组织和公众参与慈善的积极引导。

传统慈善多是以济危扶困为宗旨。得克萨斯大学 RGK 慈善与社区服务中心主任费朗金教授考察 charity 和 philanthropy 的历史后发现，传统的慈善实质上是一种善举，它是"出于提供帮助的意图将金钱或者其他方式的

---

① 〔美〕马文·奥拉斯基：《美国同情心的悲剧》，《美国政要热读》编译委员会译，文津出版社 2004 年版，第 87 页。

② 王卫平、黄鸿山、曾桂林：《传统慈善向现代慈善的转换》，见杨团、葛道顺主编：《中国慈善发展报告 2009》，社会科学文献出版社 2009 年版，第 43 页。

③ 胡波：《现代慈善的开端》，见杨团、葛道顺主编：《中国慈善发展报告 2009》，社会科学文献出版社 2009 年版，第 63 页。

④ 王守杰：《论慈善事业从传统恩赐向现代公益的转型》，载《河南师范大学学报（哲学社会科学版）》2010 年第 1 期。

援助简单地和无条件地转让给那些有需要的人们"①。伴随着人类社会从农业文明向工业文明的跃进,这种慈善已经不能满足现代社会中人们的多元化需求,传统慈善逐渐向现代慈善转型。现代慈善是建立在公众爱心基础上为公众谋福利的志愿行为②,与传统慈善相比,现代慈善具有以下特征:

首先,现代慈善是人人平等基础上的互助,不是慈善施予者对慈善受助者的施舍或恩赐。③ 现代慈善强调对受助人的尊重和对其隐私的保护,在向受助人提供服务时将其看作是平等的主体,因此现代慈善是平等给予。

其次,现代慈善是普通公民的行为,不仅仅是少数有钱人的行为④。平等是现代慈善的基本理念,平等不只是包括平等给予,还包括人人都可以平等地参与慈善。巴菲特曾经指出:"每个个体对慈善的态度将推动建立一个更好的社会。当更多的人投身到一个社区的微小慈善事业中时,这个进程所蕴含的精神力量是巨大的,而且随着时间的推移,这种精神力量也将改变整个社会的行为风尚。"⑤ 这种慈善行为不是临时起意的,也不是一次性的,而是要逐渐融入人们的日常生活之中,成为人们的日常习惯,成为人们生活方式的重要组成部分。

第三,现代慈善是有组织的专业化运作的慈善,不再是简单的个人志愿行为。现代慈善一般通过专业化的慈善组织开展,这些慈善组织有自身的章程,同时也需要在国家法律许可的范围内开展活动。慈善活动需要建立在专家团队论证的基础上,由专门的慈善工作者和志愿者开展。有组织的专业化慈善运作使慈善可以超越一定的地域范围、文化等的约束,更好地调节有限的慈善资源,实现慈善资源的高效运作,发挥其更大的价值。

第四,现代慈善致力于打造"玻璃口袋",注重透明度建设,接受社会监督。现代慈善的组织化特性决定了慈善组织要具备公信力,必须以公开透明的形象从事慈善活动,接受政府、媒体、社会公众的监督。接受监督意味着慈善组织不再是单枪匹马在战斗,慈善组织之间也不再

---

① 〔美〕费朗金:《策略性施予的本质——捐赠者与募捐者实用指南》,谭宏凯译,中国劳动社会保障出版社 2013 年版,第 5 页。

② 朱力、龙永红:《我国现代慈善资源的动员机制》,载《南京社会科学》2012 年第 1 期。

③ 彭红:《从传统施恩向现代慈善转型的文化研究》,载《学习月刊》2010 年第 6 期。

④ 陆连仓主编:《民政文化荟萃》,南京师范大学出版社 2007 年版,第 210 页。

⑤ 崔静、吴晶、卫敏丽:《"平民慈善更值得尊敬"——专访盖茨、巴菲特》,见 http://news.xinhuanet.com/fortune/2010-09/30/c_12624402.htm。

是相互割据、各自为政,而是要通过政府、企事业单位、社会组织、公众和媒体的跨界合作来更好地促进慈善的发展。

第五,现代慈善作为社会治理的重要内容,是民间力量主导的推动社会建设的过程。与传统慈善中政府往往发挥主导作用不同,现代慈善是在政府领导下民间力量、社会力量积极参与和主导的。① 这既体现在民间力量推动成立若干慈善组织、开展众多慈善活动,充分展示民间力量在慈善发展中的作用;也体现在政府简政放权,转移政府职能,对慈善组织采用扶持培育和加强监管并重的新举措。

上述五个特征是现代慈善有别于传统慈善的最鲜明的特征。从慈善发展的过程来看,我国目前的慈善正处于从传统慈善向现代慈善转型的过程中,因此表现出既有传统慈善的特性,又兼具现代慈善的影子。现代传媒的发展和网络社会的崛起使现代慈善的理念不断传播,但是只有完成了慈善从传统到现代的转型,真正进入现代慈善阶段,我国的慈善事业才能在社会发展过程中发挥更大的作用。当前我国慈善的这一现代转型给慈善的发展提出了新问题,也带来了新的挑战。面对慈善现代转型过程中存在的问题,首先必须从慈善观念的现代转型入手去了解慈善理念的现代转变及其知识扩散过程。

二、慈善观念现代转型中的问题

传统慈善向现代慈善的转型最关键的是要实现慈善观念的转型。事实上,慈善组织和专家学者借助大众传媒和网络平台等途径,不断推动着现代慈善观念的广泛传播。但是从现实的角度来看,慈善观念的现代转型中仍然存在着一些问题,如慈善立法迟缓,慈善组织的公信力不高、透明度不强等。当前慈善发展中出现的问题一些与政府有关、一些与慈善组织有关、一些与社会公众有关。从现代慈善观念的传播来看,有两个与社会公众直接相关的突出问题:被慈善和暴力慈善。

"被慈善"饱受诟病。慈善本来是个人自愿的行为,但是,在慈善的运行过程中,出现了一些与自愿慈善相背离的现象——各地涌现出的种种"被慈善""被捐款"现象十分普遍。

"被慈善"的第一种形式是摊派式慈善。以东莞市大朗镇为例,该

---

① 马蔚华:《公益慈善的转型与创新》,见 http://economy.caijing.com.cn/20141125/3758682.shtml。

镇的教育募捐活动要求正科级捐款 6000 元，副科级捐款 5000 元，正（副）股级捐款 3000 元，其他人员捐款 2000 元。① 按照行政级别的高低确定捐款标准不但有违自愿捐赠的原则，而且是公权力越位的表现。然而现实中的捐赠摊派不仅仅表现在这一处。有的地方要求企业必须进行捐赠，否则无法获得审批，如云南省砚山县在审批福利企业时要求企业将国家政策退还的 25% 的增值税捐给县财政。② 有的地方则要求教师必须捐款，如湖南省长沙县直接从教师每月工资中扣除几十块钱作为"一日一元捐"的捐款。③

"被慈善"的第二种形式是单位组织的集体募捐。每逢大灾大难发生时，单位都会举行集体募捐，在这种场合下，个人被置于群体压力下，没有不捐赠的选择和理由，只能选择被动捐赠。

无论哪种形式的"被慈善"，都不是捐赠者出于自愿而进行的捐赠，都与慈善的自愿原则相违背。而在现实中，"被慈善"并不是骇人听闻的、罕见的社会捐赠现象，它曾普遍存在于"文化大革命"时期的慈善事业发展过程中，以至于《人民日报》发出了"几乎每一次慈善捐献都有行政命令参与"④ 的评论。"被慈善"的发生与中华人民共和国成立后我国慈善事业中断有关，是计划经济时代的捐助模式，与现代慈善格格不入。这种被动慈善并不能带来慈善事业的繁荣发展，相反，它导致人们对慈善的诟病、误解，不利于慈善理念的内化和传播，不利于慈善的现代转型，从而不利于慈善事业的长远发展。

至于"暴力慈善"，它引发的争议更大。近年来随着我国经济的发展，社会上出现了一个新富阶层，他们通过自己的努力成长为社会新富，在功成名就之时，他们中的一部分人开始思考如何回馈社会。陈光标就是这群人中的一员，这位中国首善积极参与抗震救灾、支持教育发展、扶植青年创业。与众不同的是，陈光标的慈善行为不是通过慈善组织进行的，而是自己的个人行为，并且常常伴有高调的慈善展示。例如 2011 年云南盈江地震时，陈光标一进村就拿出十几沓百元大钞分发给百姓，

---

① 谢英君:《教育捐款设"最低消费"》，载《广州日报》2014 年 8 月 18 日第 A9 版。
② 蔡祥荣:《砚山县府强索福利企业返税》，载《南方农村报》2008 年 7 月 15 日第 13 版。
③ 《强制捐款竟上工资单》，载《北京晨报》2011 年 9 月 1 日第 19 版。
④ 雅婷:《"就算被讹也救人"可贵在哪?》，载《人民日报》2014 年 7 月 30 日第 23 版。

并且与百姓一起手举 200 元现金进行拍照宣传。作为一个公众人物，陈光标的高调慈善在社会上影响广泛。因其慈善行为的高调和张扬，陈光标饱受争议。希望工程发起人、南都公益基金会理事长徐永光将陈光标一系列高调慈善方式称为"暴力慈善"，在他看来，以牺牲受赠人的尊严来获得自己的满足是一种慈善的暴力行为。

至于采取什么样的方式做慈善，这不仅仅是个人行为，也涉及慈善的现代转型。在一个现代慈善观念盛行的社会，由于慈善组织的高度发达，人们会通过慈善组织来开展自己的慈善活动，富豪可以通过创办慈善基金会来实现自己的慈善理想。我国慈善的现代转型尚未完成，人们对慈善的认知、对慈善组织的认知尚存在偏见，只有从观念认知上发生改变，才能实现慈善的现代转型。

三、现代慈善观念的传播

传播技术的发展是现代慈善观念传播的技术基础，公民慈善意识的觉醒是现代慈善观念传播的思想基础。慈善意识是一种"捐款捐物给需要的人"的自觉的心理反应[1]，随着慈善的现代转型，现代公民慈善意识不再单纯是一种特定的社会政治意识和宗教慈善意识，也不仅仅是一个国家、民族的社会风尚和个人的道德品格，它更是一种人类观和世界观[2]，是公民社会责任意识的一种体现。现代慈善观念的传播主要通过人际传播、组织传播、大众传播和网络传播展开。

现代慈善观念的人际传播是指现代慈善的理念通过人与人的交流而实现传播。近年来政府、慈善组织或学术界开展的各种类型的慈善论坛，即是通过人们面对面的交流将现代的慈善观念传播开来。一些具备现代慈善观念的专业人才对慈善观念的宣讲和传播，都属于人际传播的范畴。慈善的人际传播不只是拥有慈善知识的专家学者对慈善的传播，也不只是慈善义工用行动践行慈善观念，更多的是人们日常交往过程中对慈善的相互传播。例如，社区邻里之间对慈善的讨论或议论，朋友之间对慈善话题的争论，等等。

慈善观念的组织传播主要是指借助组织的形式使现代慈善观念得以传播，这种传播方式又可以分为组织内部的传播和组织外部的传播。开

---

[1] 蒋勤禹：《慈善意识论》，载《天府新论》2006 年第 2 期。
[2] 本书编写组编：《社区志愿者手册》，中国社会出版社 2010 年版，第 136 页。

展慈善观念传播的组织对其内部成员的宣传,如慈善组织内部员工培训就属于组织内部的传播;开展慈善观念传播的组织对本组织以外的成员的宣传,如一些慈善组织开展的慈善宣讲、教育机构或学术界主办的慈善人才研修班、政府举办的慈善展览、社会力量举办的慈善论坛等属于组织外部的传播。

慈善观念的大众传播主要是指慈善观念经由大众传媒(报纸、杂志、书籍、广播、电台、电视台等)传播出去的过程。大众传媒负有启迪民智的作用,大众传媒可以将现代慈善观念以人们喜闻乐见的形式呈现出来,能够生动形象地为人们所理解和把握。比如电视台的公益广告就是大众传播的有效形式,报纸上刊登的慈善新闻、慈善故事等都属于大众传播的方式。

慈善观念的网络传播是指慈善观念通过互联网实现传播的过程。互联网技术的发展使得网络无处不在、无时不有,各种移动数据终端的发展使得网络传播迅猛发展。微慈善理念的传播即是一个最好的证明,借助微博、微信的信息互动平台,网络汇聚人们的爱心、传播公益的力量。新媒体已经成为慈善观念传播的主阵地。以"冰桶挑战"为例,在传入我国一周后就盘踞了微博热门话题榜首,阅读量超过18亿次,网络传播速度之快让人瞠目结舌。伴随这种快速传播,现代慈善的理念也得以通过网络传播出去。

从我国社会的现实来看,现代慈善观念传播最初主要通过人际传播展开,后来逐渐发展到依赖组织传播和大众传播,而随着网络力量的发展,网络传播的作用正在凸显。从传播效果来看,不同的传播方式影响的人群存在一定的差异,针对不同的人群应该有的放矢地开展不同类型的传播,比如对党政机关而言,组织传播更为有效,对年轻群体网络传播更为有效,在熟人之间人际传播更为有效,对广大的社会公众来说大众传播更为适合。因此,多种传播方式的交互使用,是促进慈善观念在不同特征的人群之间进行广泛传播的最佳选择。慈善观念的传播应该充分利用现代传播的多样化传播方式,使更多的社会公众树立现代慈善意识和慈善观念,促进慈善在全社会的发展。

第三节 每个人都有慈善自传

现代慈善是公民慈善①。伴随社会生产力的发展、慈善的现代转型和公民责任意识的成长，慈善已经从过去的富人慈善发展为平民慈善。也就是说，做慈善不再是富人的专利，而成为每个公民的责任。以美国为例，在2016年美国的所有慈善捐赠中，个人捐赠额占到总额的72%，基金会的捐赠额占15%，遗产捐赠占8%，企业捐赠占5%。② 与之相比，2016年我国的慈善捐赠则主要来源于企业，个人捐赠占捐赠总额的比例仅为21.1%。③ 通过国际比较可以发现，我国公民个人捐赠比例低，与国外差距大。要想使慈善取得长足进步，就必须发展平民慈善，诚如原民政部救灾救济司司长王振耀所言："平民慈善不开发，中国的慈善就如无源之水，无本之木。"④ 正是平民慈善所具有的巨大能量，使学术界倾注了大量的精力研究人人慈善，并突破对慈善认识的传统观念，将慈善看作构成个人的道德自传的重要内容。⑤

一、从富人慈善走向人人慈善

现代慈善源于西方，现代慈善的理念也是从西方传入我国的。但是，从现实的角度来看，无论西方的慈善还是我国的慈善，个人参与慈善都是从富人、名人、达官显贵等开始的，如美国的洛克菲勒、卡耐基、福特，我国香港的邵逸夫、田家炳、李嘉诚等。随着人们物质生活水平的改善和慈善意识的增强，人人慈善成为可能。根据王振耀的观点，现代慈善的一个重要理念是"全民慈善优于富人慈善"——"现代慈善特别

---

① 杨团：《迈进现代慈善社会》，见杨团、葛道顺主编：《中国慈善发展报告2009》，社会科学文献出版社2009年版，第295页。

② Giving USA 2017 Infographic, https://givingusa.org/tag/giving-usa-2017/.

③ 皮磊：《2016年全年捐赠总额达1392.94亿元》，载《公益时报》2017年11月7日第2版。

④ 相丽丽：《专访民政部救灾救济司司长王振耀——平民慈善亟待开发》，载《农村 农业 农民（B版）》2007年第4期。

⑤ Schervish, Paul G. Beyond Altruism: Philanthropy as Moral Biography and Moral Citizenship of Care. In Vicent Jeffries (ed.). *The Palgrave Handbook of Altruism, Morality, and Social Solidarity*. Palgrave Macmillan US, 2014, pp. 389–405.

鼓励大众参与,广开慈善之门"①。2009年比尔·盖茨和沃伦·巴菲特来中国组织慈善晚宴,劝中国富豪捐赠,就在"巴比晚宴"举行的当天晚上,在北京朝阳的一家快捷酒店举行了一场"平民慈善晚宴",这场由网民发起的 AA 制慈善晚宴吸引了 100 多人前来参加。民间自发举办的、参与者自费的平民慈善晚宴的成功举办反映了普通人参与慈善的意愿,是人人慈善理念深入人心的一种体现。

与富人慈善相比,人人慈善更能体现一个社会的文明程度和现代化水平。富人慈善往往是富人基于回报社会、提升个人形象、取得心理满足等动机而开展的慈善,富人慈善的优势在于其雄厚的经济实力,往往能够一次做出大额的捐赠。平民慈善是普通人的慈善,普通人的财富无法与富人相比,但是平民慈善靠的是持之以恒和全民参与。王振耀在接受采访时曾经算过一笔账:我国城市人口有 5 亿—6 亿,如果每人每年平均捐出 100 元,则为 500 亿—600 亿。而目前我国每年的慈善捐赠总额维持在 1000 亿左右,如果能够调动全民参与慈善,那么平民慈善的捐赠总额就能够超越富人慈善的捐赠额度。与富人慈善相比,平民慈善的善款来源更为稳定。富人慈善受到富人资产波动的影响较大,当富人财产增加时,他可能会增加捐赠;一旦其财富缩水,则会降低捐赠数额甚至不捐赠。而平民慈善因其全民参与性稀释了个人财富波动对慈善捐赠总额的影响,因此能够保证慈善捐赠的相对平稳发展。

从内涵来看,人人慈善的要义包含三个方面:一是慈善权利观。慈善不仅仅是公民社会责任的一种体现,也是公民权利的一种体现。慈善是一种社会责任,可能会使慈善成为人们的负担,慈善作为一种权利,则是人们在内在善心的指引下的行为。② 这意味着,权利慈善不再是被动履行责任和义务,而是公民的主动选择和自我支配自己的资源。③ 慈善是一种权利,还意味着慈善捐赠者有权要求将慈善用于指定的慈善目的,即使捐赠者没有规定特定的慈善目的,慈善组织也有义务确保捐赠被用于真正的慈善,同时,慈善权力观还意味着捐赠者对善款使用有知

---

① 王振耀:《现代慈善的十大理念》,载《当代社科视野》2011 年第 6 期。
② 顾骏:《责任与权利——中国慈善文化的再造》,见上海市慈善基金会、上海慈善事业发展研究中心编:《慈善——创新与发展》,上海社会科学院出版社 2009 年版,第 100 页。
③ 杨团:《迈进现代慈善社会》,见杨团、葛道顺主编:《中国慈善发展报告 2009》,社会科学文献出版社 2009 年版,第 310 页。

情权①。作为慈善资源提供者的捐赠人有权要求慈善组织向其反馈善款的使用情况,这是现代慈善公开、透明、负责的重要体现。二是慈善职业观。慈善常常被看作一项事业,作为一项事业,慈善具有崇高性和神圣性。但是,随着慈善规模的扩大和慈善专业化运作的普及,慈善将不仅仅是一项事业,更多的是一种职业。在人人慈善的背景下,慈善事业将进一步繁荣,如果没有一批训练合格的、以慈善为职业的从业人员,慈善的有序发展必将陷入困境。以美国为例,其第三部门的发达造就了诸多的工作岗位,据统计,美国非营利组织的从业人员数量达到1300万人,占就业人口的10%。② 三是慈善的公共平台性。在人人慈善的时代,慈善将更多地被看作社会公共平台,而不是个别人的行为或小圈子的行为。当人们开始进行慈善时,慈善还仅仅是个人行为,而随着越来越多的人参与慈善,慈善必将突破个人行为,向公共平台转换。作为公共平台,慈善将更加注重其公开透明度建设,更加注重自身形式的管理和建设。作为公共平台,慈善还能够沟通信息,吸收新知识、新技术、新观点,更好地汇聚社会资源,并统筹协调,实现资源的优化配置。

2008年汶川地震后,巨大的社会灾难唤醒了人们的同情心和慈善心,我国社会掀起了一场全民支援汶川的慈善运动,当年慈善捐赠总额首次超过1000亿元,开创了我国慈善元年。这初步展示了人人慈善的潜力。通过这次人人慈善的实践可以发现,人人慈善不但是慈善事业发展的不竭动力,而且有助于培育良好的社会风尚和理性财富观。③ 当前,我国人民生活水平的普遍改善为慈善事业的发展提供了物质基础,要将物质基础转换为自觉的慈善行为就离不开人们自觉的慈善意识。但是,从全国性抽样调查的数据分析来看,我国居民的慈善意识还有待提升。④ 公民慈善意识的培育需要多方努力,慈善教育正是培育慈善意识的良好途径。

---

① 郭祖炎:《建立在责任及权利基础上的中国慈善文化》,载《人民论坛》2013年第11期。

② 徐彤斌:《美国政府对公益慈善事业的管理与启示》,见杨团主编:《中国慈善发展报告2011》,社会科学文献出版社2011年版,第305页。

③ 孟兰芬:《倡导平民慈善的意义及其实现途径》,载《吉首大学学报(社会科学版)》2007年第4期。

④ 石国亮:《我国居民的慈善意识及其影响因素——基于全国五大城市的调查分析》,载《理论探讨》2014年第2期。

二、慈善是一种生活方式

哈佛大学政治学教授帕特南（Robert Putnam）在《独自打保龄》中对美国人的慈善活动和志愿行动进行了系统的分析，他认为为他人奉献时间和金钱是美国社会长期以来形成的独特传统，它已经融入美国人的生活中，成为人们生活方式的一部分。① 如美国人会带孩子参加教会的慈善活动，从小就让孩子感受慈善文化的熏陶；超过一半的美国人有从事志愿服务的经历。股神沃伦·巴菲特给年轻人的忠告中的一条即为"慈善是一种生活方式"。

慈善作为一种生活方式，就是将慈善作为生活必不可少的组成部分融入日常生活之中。崔永元在谈到自己做慈善的理念时曾经指出，他坚信"把好人好事做成生活方式"的慈善理念。而在现实的生活中，已经出现了一些将慈善作为生活方式的名人，如李连杰。李连杰以"壹家人壹基金"为口号发起成立了壹基金，时时刻刻将慈善作为生活的一部分。在参加电影《投名状》的拍摄时，成功将导演、演员、剧组人员等发展为壹基金的义工，将慈善融入自己的工作和生活之中。明星的慈善行为能够对社会公众起到良好的示范效应，人人慈善就需要人们将慈善作为一种生活方式，使参与公益慈善成为一种生活习惯。

慈善作为一种生活方式，就不再是当出现大灾大难时才能激发人们的善心，而是使慈善成为一种持续性的行为。人们不仅将经常性地参与慈善活动、进行慈善捐款、参加志愿服务，而且将不断创新慈善的形式，促进慈善的多元化发展。作为一种生活方式的慈善更多地体现为人们日常生活中自觉自愿、身体力行的慈善行为，这些慈善行为不见得是惊天动地的善举或者是巨额的慈善捐款，它可能只是为在烈日炎炎下工作、汗流浃背的人递上的一瓶水，也可能只是给流浪狗的一顿食物，但是这些点滴的小事体现了人们的善心和善念。这些日常生活中的点滴小善反映的恰恰是人们已经将慈善融入日常生活，将慈善看作生活方式的一部分。只有从我做起、从身边做起、从小事做起，力行慈善，才能养成慈善意识和慈善观念，才能促进人人慈善的实现。

---

① 〔美〕罗伯特·帕特南：《独自打保龄——美国社区的衰落与复兴》，刘波译，北京大学出版社2011年版，第127—128页。

第四节　慈善是一门学问

自20世纪70年代"全球性结社革命"以来，关于社会组织的研究越来越多，社会组织作为多元社会治理主体中的一员，在扶贫济困、环境保护、医疗卫生健康、文化教育等诸多领域发挥了越来越大的作用。慈善组织作为社会组织的重要组成部分，在"全球性结社革命"的浪潮中也产生了积极的影响。随着慈善组织的发展和繁荣以及人人慈善理念的普及，慈善无论对于慈善组织而言，还是对于个人而言，都在从一个身体力行的活动转变为一门专业化的学问。

一、慈善的专业化

慈善走向专业化是现代慈善兴起之后发生的。在传统慈善的岁月里，由于慈善的规模较小、范围狭隘，慈善多是个别行为，即使是组织行为，往往仅针对一类活动开展慈善服务，比如捐赠助学、扶助孤老等，因此，慈善并没有产生专业化的需求。进入现代慈善时代，随着慈善规模的扩大和慈善领域的拓广，慈善的组织化运作和项目化运行使得慈善逐渐出现了专业化趋向。慈善的专业化主要是指直接从事慈善工作的人员的专业化，通过专业化慈善人员对慈善行为进行策划、分析，通过社会营销实现社会募捐，继而通过专家论证的慈善计划开展慈善活动，并在慈善活动后及时进行信息反馈和后续慈善追踪。现代慈善组织的发展已经使慈善组织成为与政府组织、企业组织相比肩的第三部门的重要成员，其运行的规模、提供的服务范围已经远远超出了传统慈善的范畴。现代慈善组织多开展多元化的服务项目，即使是专注于某一类服务项目的慈善组织，也往往有着复杂的慈善运作过程，不再是简单的慈善捐助或慈善帮扶。随着慈善项目化运作的推广和普遍实施，现代慈善在运行过程中的每个环节都需要专业人才，如慈善项目的策划需要项目设计的专业人才；慈善项目的募捐需要社会营销和劝募的专业人才；慈善项目的实施需要接受过专业训练的社会工作者和志愿者；善款的统筹和协调需要专门的会计人员。也只有让专业人员做专业的事情，才能更好地调动慈善资源，实现慈善资源的合理配置，发挥其最大效用。因此，一个现代慈善组织应该是由各类专业人才组成、统筹协调运作、公正负责的非营利组织。

现代慈善的突出特点是慈善组织的高度发达，只有慈善组织从业人员提升专业化水平，才能促进慈善组织更为专业地从事慈善，促进有限的慈善资源更为科学、合理地使用。慈善的专业化与慈善组织的发展和慈善领域的扩展密不可分。19世纪末20世纪初的美国，富豪们在从事慈善时尝试将现代企业管理方法带入慈善组织的管理和运作中，使懂得组织运作的专业人才进入慈善组织，从而催生了慈善组织的专业化。同时，随着慈善领域从传统的赈灾、扶贫、教育等领域扩展到环境保护、医疗卫生、体育、动物保护等若干领域，不同领域有着不同的现实情况，这也对慈善的专业化发展提出了要求。慈善组织要面向社会开展专业化的服务，就必须聘请懂得这方面知识的专业人才来完成，比如慈善组织要开展环保教育，就必须由懂得环保知识的人来负责，而不能由不懂的人来承担；同样，慈善组织要开展医疗服务，也必须聘请懂医疗知识的人参与其中。如果不考虑慈善涉及的服务领域的专业性而盲目地进行慈善运作，即使慈善服务能够开展，也必然是事倍功半，造成资源的浪费。因此，在慈善服务领域日益延伸的情况下，必须引入专业人才从事慈善。

慈善的发展和慈善的专业化也催生了对慈善的研究，这类研究又反过来促进了慈善的专业化发展。如在美国的一些高校设立慈善研究院或慈善研究所，对慈善进行研究。慈善研究发展的同时，在英美等国家从事慈善的专业人才——社会工作者也应运而生。欧美等发达国家开始设立社会工作者专业资格认证体系，通过资格考试等形式管控慈善专业人才。随着这些认证体系的发展，社会工作专业在西方得到长足发展，这对促进慈善人才的发展起到了积极的作用。

慈善专业化是为了更好地凝聚社会爱心、优化配置社会资源；专业的慈善人才进行慈善运作可以使慈善更加透明、更加科学。从慈善长远发展的角度来看，慈善专业化是现代慈善事业发展和公益品牌建设的必由之路。改革开放以来我国慈善的复苏是通过借助慈善组织领导人的名人效应而推动的，但是随着慈善的现代转型，走向专业化是慈善发展的必然选择①。

---

① 刘京主编：《2010中国慈善捐赠发展蓝皮书》，中国社会出版社2011年版，第130页。

二、慈善家守则

以人人慈善为目标追求的现代慈善不仅要求慈善的专业化,而且对人们从事慈善也提出了要求。作为拥有慈善权利的个人,捐赠者需要具备一定的慈善伦理,做出相应的慈善决策。从管理学的角度看,如何进行慈善决策也是一门学问,选择公信力高、慈善效率好的慈善组织进行捐赠,才能使善款得到更好的使用。因此,不仅仅慈善组织运作慈善是一门学问,个人做慈善也是一门学问,而这门学问更多地依靠经验,但也离不开科学。国际知名的慈善界专家理查德·马克尔(Richard Marker)曾亲手创办了纽约大学捐赠与基金资助人教育学院,通过教育和研究指导捐赠人进行慈善决策。他倡导人们在进行捐赠时应该遵循六条"慈善家守则":避免跟风、保持谦虚、对慈善的角色有谨慎的认识、时刻关注如何用好你的资源、帮助他人成功、常做评估。[①] 尽管这六条守则主要是针对大型的捐赠人而言的,但是它对普通人的慈善捐赠仍然具有指导意义。

个人做慈善决策时需要掌握充足的信息,在进行信息比较的基础上运用自己的判断力通过理性比较做出慈善决策。因此,个人在进行慈善决策时需要两个基本条件:一是要掌握慈善信息,二是要有一定的慈善知识。现代慈善作为一个公共平台,它理应为其捐赠人(或潜在捐赠人)提供必要的信息,以使他们能够对慈善做出评估,从而做出相应的价值判断。作为捐赠人或潜在的捐赠人,每个社会成员都应该具备一定的慈善素养和慈善知识。这些基本的慈善素养和慈善知识包括对慈善目的的认知、对慈善组织运作的基本了解、对慈善组织进行监督的意识等。

随着现代慈善观念的传播和人们慈善意识的增强,主动学习慈善知识成为人们的一种行为选择。互联网的发展则为满足人们的慈善知识需求提供了便捷,尤其是微慈善平台的发展更为慈善知识的传播创造了条件。

三、发展慈善教育势在必行

慈善的专业化趋向和人人慈善的目标追求都对慈善知识的传播提出

---

① 〔美〕拉希姆·卡纳尼:《慈善是一门学问》,高文兴译,载《公益时报》2012 年 3 月 20 日第 14 版。

了新的要求。如何顺应慈善的专业化发展要求，提升人们的慈善意识，从而促进人人慈善成为现实的社会问题。教育是解决这一问题的良好途径，教育在慈善事业的发展中能够起到增强慈善意识、转变慈善观念、提高慈善专业化水平的作用。① 联合国教科文组织发布的教育报告曾经指出，教育内容要培养学生的同情心、慈善意识，放弃分裂的教条和排他主义。② 事实上，在欧美国家慈善教育早已被纳入学校教育，慈善教育的内容通常被纳入公民教育的范围内。如英国的慈善教育发端于工业革命，之后慈善教育的内容不断丰富和发展，学科体系不断完善。受英国的影响，我国香港的慈善教育发展也较好。美国建立了从幼儿园开始一直到大学的慈善教育，并且有诸多的慈善实践，比如小学会组织学生为无家可归者做三明治、中学会组织学生采集河水并分析污染程度、大学生则会在公共政策课上被指导如何为工人权利发起一次倡导活动。③ 通过慈善理论的学习和慈善实践的参与，学生逐渐建立了慈善观念。与之相比，我国大陆地区的慈善教育则起步晚、发展慢，不仅将慈善纳入正式课程的学校凤毛麟角，而且开展慈善实践的学校覆盖面也比较小。这不但与我国慈善事业的快速发展不相适应，也与现代慈善转型的要求相差甚远，遑论慈善专业人才培养和慈善组织的专业化发展。因此，从促进我国慈善事业的现代转型、推动实现人人慈善和促进慈善的专业化发展来看，加大我国的慈善教育发展力度，促进慈善教育更好更快发展势在必行。

---

① 姜琳琳：《以教育促进慈善事业的发展》，见宋宝安主编：《社会稳定与社会管理机制研究》，中国社会科学出版社 2011 年版，第 316 页。
② 联合国教科文组织编：《教育——财富蕴藏其中》，联合国教科文组织总部中文科译，教育科学出版社 1999 年版，第 221 页。
③ Metz, Edward. State of the Field: Youth Community Service in the USA. In Asher Ben-Arieh et al. (eds.). *Handbook of Child Well-Being*. London: Springer, 2014, pp. 977–997.

第二章 慈善教育的内涵、使命和价值

为了行善,我们必须知道什么是善。

——苏格拉底

在明确慈善教育兴起的基础上,我们讨论慈善教育的开展,还必须对三个基本问题有清晰的认识和把握。一是慈善教育的内涵。慈善教育从属于教育,它为什么能够发展成为一种新的类型,慈善教育的本质和特点是什么,慈善教育与道德教育的区别和联系又在哪里?二是慈善教育的使命。在向人们阐明什么是现代慈善、它的范围和边界以及它的特点的基础上,还必须向人们阐明慈善的意义和使命、慈善的价值和愿景,并且要让人们认识到慈善的发展现实与慈善愿景之间的差距,催生人们选择适当的形式参与慈善的动力。科学慈善运动以来,慈善的专业化发展使得现代慈善的开展越来越强调专业化运作,即使针对普通社会公众的慈善普及教育,也应该向人们阐明现代慈善是如何运作的、慈善组织是如何运转的,从而引导人们更为科学地参与慈善、更为内行地监督慈善。三是慈善教育的价值。慈善教育的意义不仅限于个人的价值、社会的进步,还关系到国家的发展。对上述三个基本问题,虽然也有个别研究做了初步的回答,但是本章试图对这三个基本问题提出一些不同以往的见解,以期更好地把握慈善教育的深度、广度和高度。

第一节 慈善教育的内涵

认识慈善教育的内涵,不能只是给其下一个简单的定义。慈善教育的内涵,首先源自慈善对教育的诉求。至于慈善教育的本质,应从慈善的本质和教育的本质中找到结合点,并加以概括提炼。而揭示慈善教育的特点，应以道德教育、思想政治教育、生命教育、感恩教育等其他教育为参照系，尤其是要准确区分慈善教育与道德教育。

一、慈善对教育的诉求

从世界范围来看，慈善的快速发展是全球现象，无论是比尔·盖茨夫妇成立全球最大的慈善基金会，还是更为年轻的马克·扎克伯格夫妇的巨额慈善捐赠，抑或是慈善组织在世界范围内数量的增长和角色的活跃，都表明了慈善在全球的快速发展。慈善在全球范围的迅速发展给人们了解慈善带来了新的挑战，一方面，巨额的财富捐赠挑战着人们经营和管理慈善组织、运作慈善项目的能力，对慈善专业人才提出了更高的要求，这就需要通过慈善教育来培养更为专业的慈善人才；另一方面，慈善的这种新的发展趋势为学术界、实务界、社会公众认识慈善提出了新的课题，这就需要慈善研究的推进，并需要借助慈善传播、慈善教育等途径向学术界、实务界和社会公众来解释和阐明慈善的新发展。因此，慈善本身的发展对慈善教育提出了需求。

慈善事业的发展不是一蹴而就的事，也不是某一阶段的任务，慈善会随着社会的发展而发展，这就需要慈善能够长期、可持续地发展下去，确保基业长青。慈善本身对可持续发展的追求，就需要慈善有长期的发展战略来支撑，有专业的慈善人才来推动，有专业化的慈善运作方式来执行。这些都需要通过发展专业的慈善教育来实现，事实上无论发达国家还是我国都在探索发展慈善专业教育的可行之道。国外的高校中建立慈善专业、设立慈善博士学位的为数不少，我国当前也有一些高校开始设立相关专业和学位，并且成立了一些慈善教育和研究机构，如深圳国际公益学院。2015年11月12日成立的深圳国际公益学院将建立培养榜样型慈善家和高级公益慈善管理人才的教育系统作为学院的宗旨之一，希望以此构建支持中国与世界公益慈善领域高度发展的知识体系。

慈善不仅仅是富人的责任，也不仅仅是专业人士的工作，慈善要建立百年基业，就必须依靠全体社会成员实现人人慈善。富人拥有的雄厚的经济实力为其参与慈善捐赠提供了基础，但是富人如何来做慈善，还需要专业人士的引导，需要专业人士的运作，国外有专门指导富人如何做慈善的咨询机构。但是，仅有富人和专业人士并不能实现慈善的可持续发展，慈善更需要普通人的参与，特别是大量的社会公众以志愿者的身份参与到慈善中来，这是促进慈善项目长期开展的基础。要使普通人参与慈善，就离不开慈善教育的激发、教育和引导。从个人参与慈善来看，个人做慈善也是个长期的过程，慈善教育就是要培养人们的慈善习惯，使慈善成为一种爱心表达、一种社会责任、一种生活方式。①

慈善要成为人们日常生活的一部分，并不是一次慈善教育或几次慈善培训就能够促成的，而是要通过长期的、连续的慈善教育来实现。偶尔的一次慈善教育或者慈善培训，虽然能够在一定程度上提升人们对慈善的认识、纠正人们先入为主的一些错误的慈善观念，但是，因其临时性、短暂性，难以产生持续的效果。个人要能够长期从事慈善，将慈善内化于心、外化于行，就需要慈善教育的长期引导。这既包括在家庭中从小培养孩子的慈善意识，也包括学校设立专门的慈善课程教育，还包括工作单位、社区、社会中不间断的慈善非正式教学。

慈善对慈善教育的诉求还与现代哲学中提倡的主体间性有关。人们的慈善行为总是发生在一定的社会环境中，总是不可避免地与他人发生关系，慈善的人人可为性决定了慈善是多元主体参与的事业。也就是说，在慈善的过程中，所谓的"客体"（如慈善救助对象）也有可能成为慈善的主体。德国哲学家哈贝马斯（Jürgen Habermas）认为，"自我"是在与"他人"的相互关系中凸显出来的，这个词的核心意义是其主体间性，即与他人的社会关联。唯有在这种关联中，单独的人才能成为与众不同的个体而存在。② 慈善的主体间性教育就是要将人们转换为平等的慈善参与者，将单向度的"施予帮助—接受帮助"转换为互助，使人们在慈善参与中找准自己的定位，互相尊重各自的独立主体地位。

二、慈善教育的本质和特点

本质是指事物本身所固有的根本的属性，它是人们了解一事物区别于其他事物的根本性的东西。我们要全面认识慈善教育，就要触及慈善教育的本质。由于当前对慈善教育的研究才刚刚起步，学术界对慈善教育本质的分析少之又少。慈善教育是由"慈善"和"教育"共同构成的，如果尝试从词源学的角度来界定慈善教育的本质，则需要首先对慈

---

① 范正伟：《慈善首先是一种生活方式》，载《人民日报》2015年7月21日第5版。
② 〔德〕哈贝马斯：《重建历史唯物主义》，郭官义译，社会科学文献出版社2000年版，第53页。

善的本质和教育的本质进行相应的确定。慈善本质上是具有道德愿景的人思考如何让世界变得更好,并通过实践使愿望成为现实。① 而对于教育的本质,不同的学者有着不同的认识,康德曾经指出"人只有通过教育才能成为人"②,马克思则认为要实现"个人才能获得全面发展"③,因此,从人的全面发展的角度来看,我们认为教育的本质是培养人、塑造人、发展人、完善人④。结合慈善的本质和教育的本质,可以将慈善教育的本质界定为通过各种教育方式激发人们的道德感,使人们在主动思考和志愿践行使世界更为美好的过程中不断得到培养、发展和完善。

慈善教育首先是一种教育行动,教育的特点自然会在慈善教育中体现。但是慈善教育的本质决定了慈善教育又是区别于其他教育活动的特定教育类型,具有自身的特点。概括地说,主要包括以下三个方面:

首先,慈善教育更加强调发自内心的志愿。人们常常讲"强扭的瓜不甜",教育就是这样。随着教育的发展,教育过程中对学生主体性的强调越来越突出,教育中越来越重视贯彻以学生为本的原则。但是,在慈善教育中这个特点更加突出,只有个体发自内心地想接受慈善,它才能真正产生效果。那些通过红头文件、单位公告、组织摊派等形式开展的慈善捐赠,不但是不可持续的,而且不能引发人们的自觉参与和支持,它只能是遇到突发的重大灾害时的一种应急反应。当然,在当前人们慈善意识薄弱的情况下,通过这种方式开展慈善的确能够在短期内募捐到大量的慈善资源,它与我国的慈善发展现状有一定的契合性,我们不能完全否定这类慈善的社会价值。但是,要真正促进慈善的健康可持续发展,必须激发人们内在驱动的利他导向的慈善动机,促使人们发自内心地志愿参与慈善。

从慈善教育的开展来看,它与道德教育、思想政治教育等其他教育也存在显著的差异。人作为社会性动物,在社会中生存必然需要具备一定的道德常识,在道德约束下与人交往,因此道德教育是一种基础性教育,人们从小就被告知对长辈要有礼貌,这就是一种道德教育;思想政

---

① 〔美〕佩顿、穆迪:《慈善的意义与使命》,郭烁译,中国劳动社会保障出版社2013年版,第68页。
② 〔德〕康德:《论教育学》,赵鹏、何兆武译,上海人民出版社2005年版,第5页。
③ 《马克思恩格斯选集》第1卷,人民出版社1995年版,第119页。
④ 吴黛舒:《本质回归——教育"产业化"的反论》,载《中国教育学刊》2000年第6期。

治教育反映的是统治阶级意识形态工作的需要，是用思想掌握群众①，它贯穿于大中小学课程体系，受教育者必须接受。一个人不接受道德教育则无法建立道德常识，难以与人交往，而一个人不接受慈善教育，并不影响他与人交往的能力，即使从慈善教育的开设情况来看，在已经开设了慈善课程的学校中，慈善课也往往是以选修课、通识课或兴趣课的形式出现，受教育者拥有自主选择权。在这种情况下，受教育者选择接受慈善教育往往是发自内心地对慈善感兴趣，想获得更多的与慈善相关的知识、技巧等。也只有这样，才能使受教育者乐于接受慈善教育倡导的理念，并且愿意付诸行动。尤其是慈善非正式教学，它更为强调志愿性，即受教育者完全是自己觉得有参与相应的慈善实践教学的需要，比如策划慈善项目、开展募捐、参与志愿服务等，才主动参与慈善非正式教学。而道德教育、思想政治教育都具有一定的强制性，它们从小学阶段开始就出现在课程体系中，并且以必修课的形式一直存续到大学课程之中。

其次，慈善教育更加强调情感的传递。慈善教育要唤起人们对他人的关爱，就必须借助情感的真实传递来实现，这一点与感恩教育存在鲜明的差异。感恩教育往往是从感恩父母、感恩那些对我们有帮助的人开始，然后推广开来感恩社会。也就是说，在感恩教育中，别人有恩在先，所以才需要感激，并做出相应的报恩行为，是知恩图报，否则就是忘恩负义。但是慈善不同，它既可以是对认识的人的帮助，也可以是对陌生人的帮助，而且更多的是对陌生人的帮助。在这种情况下，只有通过情感的真实传递，才能使人们对远方的陌生人建立同情、怜悯，从而产生慈善行动。这也是慈善宣传中经常使用煽情的照片、视频等的重要原因，只有通过"煽动"人们的感情，才能唤起人们的慈善意愿，进而促进慈善参与。因此，慈善教育在教学方式上更加注重非正式教学，在教学内容上更多的不是知识教育，而是情感教育的传递。

第三，慈善教育更加强调将心比心的体验。如前文所述，慈善教育是主体间性的教育，在慈善教育中每个参与者都是主体。慈善教育对情感的强调，也凸显了体验的重要。慈善教育归根到底是要激发人们的慈善行为，而通过将心比心的体验，能够使人们更好地体验到慈善的必要

---

① 骆郁廷：《思想政治教育的本质在于思想掌握群众》，载《马克思主义研究》2012年第9期。

性,从而更好地激发人们的慈善意愿。比如,"冰桶挑战"本身就是一种很好的体验式慈善教育,接受冰桶挑战的挑战者在冰水浇下来的一瞬间体验一次渐冻人的感觉,由此能够更好地理解渐冻人的处境。正是这样的体验使得大多数接受了"冰桶挑战"的人在被冰水淋湿后选择了捐赠。将心比心的体验使人们能够更好地理解慈善需求,更为平等地看待慈善对象,也能够更为尊重慈善对象。

三、慈善教育与道德教育的关系

道德是慈善最为重要且最具有辨识度的组成部分①,慈善归根到底属于道德的范畴,是一种道德活动,是人们对处于危困伤残状态而无力自救的人发自内心的一种关爱和援助,表达了人类最基本的道德情怀。从慈善的本意要旨看,倡导和追求仁慈、善良、人道、博爱是慈善的核心价值,而这些价值恰恰蕴含着一种道德的因子、彰显着一种道德的力量②。因为人类社会道德的本质应该是消除社会中他人的不幸遭遇和基于同理心与需要给予他人必要的帮助③,因此,慈善教育和道德教育有着千丝万缕的联系。比如,慈善教育和道德教育都强调不但要进行理论的说教和知识的传播,更为关键的是身体力行,在实践中体现教育效果。也就是说,慈善教育和道德教育都强调非正式教学的重要性,而且慈善非正式教学的开展本身也能够促进人们道德的提升,也是道德教育的重要组成部分。慈善教育的内容和道德教育的内容存在一定重合性。事实上,一些学校也在道德教育的课程中融入了部分慈善教育的内容,如倡导学生助人为乐、关心他人、保护环境等。慈善教育和道德教育都是终生教育而不是阶段性教育。但是,慈善教育和道德教育仍然存在着诸多差异,主要表现在以下方面:

首先,慈善教育和道德教育的出发点不同,要达到的目标也不同。慈善教育是鼓励人们建立慈善意识,参与慈善,通过扶贫济困、救助弱者、关爱他人、保护生物多样性等方式,以善促善,使人们共同应对社

---

① 〔美〕佩顿、穆迪:《慈善的意义与使命》,郭烁译,中国劳动社会保障出版社 2013 年版,第 126 页。
② 石国亮:《论慈善与道德的关系及其他》,载《浙江社会科学》2014 年第 2 期。
③ Olatunji, Felix O. Morality and Philanthropy: A Discourse. *International Journal on Humanistic Ideology*, 2012, 1: 101–128.

会问题，从而促进社会更为美好；道德教育是使人们学习社会道德，按照道德的要求参与社会生活，与人们建立和谐的社会关系，从而使社会秩序得以维持。从这个角度讲，道德教育追求的目标更具有基础性，这也凸显了道德在社会中的基础性地位。

其次，慈善教育具有选择性，道德教育具有一定的强制性。是否接受慈善教育是个人的选择，是否做慈善是个人的权利，而道德教育是人们成为社会人必须接受的教育，它带有一定的强制性。一个人如果不接受道德教化、不愿意受道德约束，则会被人们指责为离经叛道、不谙世事；而一个人如果不接受慈善教育，不从事慈善，则是个人的选择，不会背负过多的负面指责。这意味着，慈善具有更强的自主性。造成这种差异的原因与慈善和道德在社会生活中发挥的不同作用有很大关系，道德作为维系社会生活秩序的重要法则，它的这一属性就决定了道德教育的强制性特点。

第三，慈善教育的内容更为注重利他，道德教育的内容更为强调自律与处事。慈善源于道德范畴，但是不限于道德范畴，反映在慈善教育的内容上则表现为慈善教育对慈善观念、慈善意义和使命、慈善运作和慈善发展的教育上，慈善教育更为注重的是如何培养人们的利他精神和利他行为，现代慈善教育则更为强调如何专业化地从事利他主义的事。道德教育的内容主要围绕社会生活中如何与他人交往而展开，它首先关心的不是如何利他，而是如何使社会生活维持基本的秩序。当然，随着人们对道德的理解的扩展，慈善伦理有助于人们更好地解决人与自然、人与社会的关系的特性，将有可能成为道德教育新的生长点。①

总之，慈善教育与道德教育既存在相同之处，也有明显的差异。这些差异不仅使开展慈善教育成为必然的选择，也为慈善教育提供了发展空间。由于道德教育在我国存在的时间较长，发展相对成熟，慈善教育必须明确其与道德教育的差异，在差异中寻找更容易为人们接受的教育方式，才能促进人们更好地参与慈善。

---

① 周中之：《慈善伦理教育——德育新的生长点》，载《思想理论教育》2011年第17期。

第二节　慈善教育的使命

在对慈善教育的内涵进行了较为明晰的探讨后，我们需要关心的是慈善教育的使命是什么。从使命本身的意涵来看，使命背后蕴含着价值观的体现。① 要理解慈善教育的使命，首先应该弄清慈善的使命和教育的使命。美国慈善研究领域的专家佩顿和穆迪在论述慈善的使命时，将其概括为"回应人类固有难题"② 和"让世界变得更好"③。尽管不同时期的学者对教育的使命有着不同的认知，但毋庸置疑，教育的最高使命是促进人的全面发展，而认同文化的价值也是教育的使命之一。④ 因此，综合学界对慈善使命和教育使命的研究，笔者认为，慈善教育的使命在于使人们了解慈善的使命、认同慈善的价值理念、获悉慈善运作机制、自觉践行慈善行为。

现代慈善在我国出现的时间不长，人们对现代慈善缺乏足够的了解和认识，慈善教育首先要进行普及教育，使人们充分了解慈善是什么，这既是帮助人们建立慈善的边界意识，也是促进人们树立慈善观念的首先选择。其次，慈善教育要阐明慈善的意义和使命，使人们为慈善的意义和使命所感召，为慈善文化所吸引，从而自觉地接受慈善教育、建立慈善观念。在人们具有了一定的慈善意识和慈善观念后，慈善教育要通过广泛的实践教学形式和一定的课程教学，使人们充分认识和了解当代慈善的运作方式、了解现代慈善组织的运转，使个人科学合理地参与慈善。同时，我们也应该注意到，慈善教育是个开放的体系，慈善的发展和创新为慈善教育内容的丰富和发展提供了最基本的素材，而慈善研究的推进和繁荣则为慈善教育的开展充实了理论基础。慈善教育的内容框架也会随着实践形式的创新和学术研究的积累而不断地丰富和发展。

---

① 何莉君：《慈善为何》，载《开放时代》2009 年第 4 期。
② 〔美〕佩顿、穆迪：《慈善的意义与使命》，郭烁译，中国劳动社会保障出版社 2013 年版，第 81 页。
③ 〔美〕佩顿、穆迪：《慈善的意义与使命》，郭烁译，中国劳动社会保障出版社 2013 年版，第 120 页。
④ 吴松：《现代性、后现代性与教育的使命》，载《云南大学学报（社会科学版）》2006 年第 6 期。

一、什么是慈善

慈善对每个人来说都不陌生，我们身边无时无刻不在发生着慈善，从这个角度讲，向人们阐述慈善是什么似乎是多余的。然而就是对这样一个人人都可以列举出一些属于慈善范畴的事例的概念，并不是每个人的理解都是全面的，甚至有很多人对慈善存在着误解。慈善本身是一个充满争议的概念[①]，慈善教育不是要去对这个充满争议的概念进行多么明晰的分辨，而是要让人们知道慈善的范畴和边界在哪里，即哪些是慈善、哪些不是慈善。现实生活中，人们对慈善的理解过于狭隘，往往将捐钱捐物、帮助弱势群体看作慈善，而事实上，现代慈善的概念远远不止于此。慈善教育就是要纠正人们先入为主的慈善观念，使人们建立对慈善的正确认知和全面了解，使人们真正掌握现代慈善、了解慈善就在身边的事实，从而促进人们真正做到"勿以善小而不为"。

慈善既包括捐赠金钱和财物，也包括奉献时间和精力。慈善教育要引导人们正确地认知慈善的边界，建立现代慈善观念，不能仅仅将巨额的慈善捐赠看作慈善，向慈善超市捐赠衣物是慈善、做志愿者也是慈善、给迷路的人指路也是慈善……慈善可大可小，关键在心存善念、量力而行。只有树立了这样的慈善意识和慈善观念，才不会出现"开个破皮卡，还去西藏做慈善"[②]的"嘲讽"，才能真正理解慈善的真谛，促进慈善的健康发展。慈善教育首先就是要通过告诉人们哪些是慈善来培养人们的善心。既可以通过概括类别、以生动的案例来向人们阐述现代慈善的范畴，也可以通过阐明学者对慈善的不同界定来向人们表明这一概念本身的丰富性。无论采取哪种方式，慈善教育都要根据受教育者的接受能力来选择合适的方式解释慈善是什么。

要使人们真正把握慈善的内涵，慈善教育还需要向人们介绍慈善的

[①] Gallie, Walter Bryce. Essentially Contested Concepts. *Proceedings of the Aristotelian Society*, 1956, 56: 167–198.

[②] 2015年7月18日，一个名为"步知学院"的微信公号发表题为《这个世界会好吗？——我被万科慈善豪车队殴打始末》的文章，迅速在网络上引发关注。文章称，援藏志愿者、湖南步知学院教师唐林，在途中遭遇贴着"万科物业"字样的车队中的一辆别克商务车强行超车，其所开的皮卡车差点被撞下悬崖。并称之后在协商处理时，自己遭对方多人围殴，并被讽刺开破皮卡也来做公益。详见锁千程、梁梁：《小事故引发大风波》，载《成都商报》2015年7月20日第6版。

发展历程，这既包括慈善的产生过程，也包括传统慈善向现代慈善的转型，还包括现代慈善的发展状况。通过对慈善发展历程的回归，可以扭转人们对慈善的片面认知和理解，促使人们更好地领悟慈善。当然，在进行慈善教育时，要根据受教育者的情况进行一定的区分，对一般社会公众进行的慈善普及教育无须过分深入地呈现慈善的理论根基，而以培养慈善专业人才和职业从业者的慈善专业教育、慈善职业教育，则应该更为深入地向受教育者揭示慈善的理论知识。

二、为何要慈善

慈善教育不但要向人们讲清楚什么是慈善，还要向人们阐明慈善的意义和使命、慈善发展现状与慈善愿景之间的差距，让人们找到慈善的动力。仅向人们讲明慈善是什么，使人们能够清晰确定什么是慈善，并不能自然而然地激发人们的慈善热情和慈善参与，只有赋予慈善以意义和使命，使人们认识到慈善的价值，了解到慈善的现状，认识到我国慈善发展的现状与目标之间的差距，才能让人们产生慈善参与的动力，进而参与慈善。

慈善教育要阐明慈善的意义和使命，慈善为解决人类生存和生活中存在的固有难题——人类生存环境和人类本性的矛盾提供了可能。随着风险社会的来临，人们常常会发现，现实比想象更糟糕，比如突如其来的飓风、毫无征兆的地震、间歇性的火山爆发、罕见的核泄漏、全球气候变暖、世界范围内的疾病传播（如埃博拉病毒、中东呼吸综合征等）……在应对这些给人类的生存带来巨大灾难的社会问题时，慈善发挥着重要的作用，它不仅表现在善款和物资的及时到位、救援的及时出现，更意味着人类的普遍关怀，给人以精神的鼓舞和力量，使人们看到希望。尽管对人类性本恶和性本善的争论绵延不绝，但是人类的贪婪是不争的事实，而慈善是呼唤人们的利他精神、克服人类贪婪本性的重要手段。慈善能够通过召唤人们心灵深处的利他观念、使人们团结一致地应对共同的难题，而使明天变得更美好。正是慈善的这种功能使得慈善成为应对市场失灵和政府失灵的最有效的方式。①

现代慈善的发展不仅仅呼吁富人参与慈善，它倡导的是以善促善基

---

① 〔美〕佩顿、穆迪：《慈善的意义与使命》，郭烁译，中国劳动社会保障出版社 2013 年版，第 111 页。

础上的人人慈善,只有人人参与慈善,才能实现人尽其才、物尽其用,共同促进社会向更好的方向发展。然而,从慈善的现实发展情况来看,我国离实现人人慈善还有很大的距离。这不仅表现在慈善捐赠的数额和志愿服务的时数上,也表现在社会的慈善氛围和慈善文化上。慈善教育要通过在社会中对各个社会阶层的教育和引导,在各个场域的普遍出现,使人们全方位地接受慈善教育的理念,获得慈善知识,宣传和弘扬慈善文化,从外在环境上营造慈善氛围,从内在的慈善认知上塑造人们的慈善参与。在良好的慈善环境下,人们更容易产生慈善的意愿,更容易付诸慈善实践,从而真正推动慈善在我国的发展,推动我国慈善强国的建设。

三、如何慈善

慈善虽然是随处可为、随时可为,但是要使慈善持续健康发展下去,就必须掌握慈善的规律,运用科学合理的方式推进慈善的发展。现代慈善的发展不仅使得慈善逐渐走向专业化、科学化,而且要处理慈善与其他部门的关系,不可避免地需要掌握一定的技术和技巧。高校正能量联盟的发起人之一王方圆在接受采访时曾经说过这样一段话:

> 在我做公益之前,很多人告诉我,公益其实没有任何技术含量,只要你有一颗善良的心,就可以做所有你想做的好事。但当我真正开始做的时候,我发现,我们的公益是走不了路的,我们没有脚,我们完全不知道怎么和一个学校谈判,让学校接纳我们,更不知道怎么参与到他们的课程设计中去,我们不知道怎样和基金会谈判,不知道怎样和一家企业或一个政府机关谈判,获得资金,获得政策上的支持,也不知道如何推广自己的活动……①

广州千禾基金会理事长、阿拉善生态协会秘书长刘小钢同样有类似的感慨,她坦言,慈善的知识储备比爱心更重要。② 在科学技术日新月异的时代,慈善的发展虽然称不上是一日千里,但也在经历着快速发展,慈善要跟上时代发展的步伐,必须不断进行自我更新。慈善教育要适应

---

① 马慧娟:《公益,从改变自我开始》,载《中国青年报》2014年10月20日第8版。
② 毛凌云:《刘小钢:慈善不仅是爱心》,载《南风窗》2011年第11期。

慈善不断发展的现实，及时地向人们传递慈善的知识和技能，向人们传递专业的慈善运作方式和符合慈善发展趋势和规律的内容。这不仅是针对慈善专业人才的培养，也是针对普通社会成员的慈善教育的重要内容。慈善教育要使人们了解慈善的发展趋势，知晓现代慈善、现代慈善组织、现代慈善项目是如何运作的，使人们对慈善的发展和运转建立正确的认知，这一方面有助于人们按照慈善的运作方式来支持慈善、参与慈善，另一方面也有助于人们从相对专业的视角来监督慈善，促进慈善更为规范、科学、专业地发展。

慈善教育要向人们介绍慈善是如何开展、如何运作的，就需要将课程教学与非正式教学结合起来，一方面通过课程教学使人们了解理论上慈善应该如何发展和运作，另一方面让人们实际参与观察慈善项目、慈善组织是如何运作的，使理论和实践结合起来，让人们更为深刻地理解慈善的运作。

慈善教育是个开放的体系，慈善本身的发展使慈善教育的内容不断丰富，慈善教育本身也会激发受教育者对慈善的兴趣，使慈善教育的内容更为充实。因此，慈善教育不会拘泥于现有的形式和内容，随着慈善的发展和创新，慈善教育的内容框架也会相应地改变，从而更为丰富和完善。

第三节　慈善教育的价值

一般认为，慈善教育是服从和服务于慈善事业的。也就是说，发展慈善教育能够显著提升人们的慈善意识、培养人们的慈善观念、促进人们的慈善参与，从而推动人人慈善的实现，真正推动我国慈善的现代转型。慈善还是最具广泛性的道德实践，一个人只要是开始了慈善实践，他就开始了自己的道德积累过程，慈善教育通过促进人们的慈善行为推动着人们的道德积累，是提升个人道德修养的重要方式。这实际上也是从个人层面来理解慈善教育的价值。事实上，慈善教育意义非凡，不仅限于个人层面。从实践的角度看，慈善的价值主要体现在国家、社会、个体三个层面[1]，因此，要理解慈善教育的价值，也应从国家、社会和

---

[1] Barman Emily. The Social Bases of Philanthropy. *Annual Review of Sociology*, 2016, 43 (1).

个体等层面来整体把握。

一、慈善教育在国家层面的价值

改革开放以来，通过全国各族人民的不断努力，一些地区、一部分人抓住机遇率先富了起来，这使得先富地区、先富群体具备了帮扶其他地区、其他人的经济基础，正所谓"仓廪实而知礼节，衣食足而知荣辱"，慈善教育首先就是要使这些率先富裕起来的人们认识到自己的社会责任，主动为社会做贡献。现实中的确有很多先富人群在自己富裕起来后，积极回馈社会，参与社会事业，促进社会和谐发展。但是也有很多先富群体并没有意识到自己的慈善责任，反而是在富裕起来后追求奢侈消费，如从1993年开始我国就成为全球进口法国高档葡萄酒的最大市场①、2011年我国的奢侈品消费达到126亿美元，居世界首位②。尽管我们应该尊重每个人的生活选择和生活方式，但是在富裕起来之后纵情消费，不但在社会上助长了消费主义的倾向，影响社会风气，而且与我国传统的价值观念、实现共同富裕的理想目标相违背。我国自古以来就崇尚"君子爱财，取之有道，用之有度"，这句旨在引导人们合法合理取得收入和有礼有节地进行消费的俗语，反映了古人的财富观，对今天人们树立正确的金钱观念仍然具有指导意义，在富裕起来之后，过度挥霍并不是一种健康的状态。事实上，早在改革开放之初，邓小平就高瞻远瞩地指出，"一部分地区、一部分人可以先富起来，带动和帮助其他地区、其他的人，逐步达到共同富裕"③。

对已经具有了慈善意识的先富人群而言，慈善教育的作用是端正其慈善动机，使其以更为平等的态度、更为科学的方法参与慈善，防止其在做慈善的同时伤害受助者的尊严。著名心理学家马斯洛（Abraham Maslow）的需求层次理论，曾经广受追捧，根据需求层次理论，人有五类需求，从低到高依次是：生理需求、安全需求、归属和爱的需求、自尊需求、自我实现的需求。④ 当低层次的需求得到满足时，人们就会追

---

① 何勇：《让慈善之光照耀中国》，载《人民日报》2008年4月18日第10版。
② 王劲松、刘国旺：《中国奢侈品年消费总额跃居全球第一》，载《中国经营报》2012年1月19日第5版。
③ 《邓小平文选》第3卷，人民出版社1993年版，第149页。
④ 〔美〕马斯洛：《动机与人格》，许金声、程朝翔译，华夏出版社1987年版，第40—53页。

求较高层次的需求。在"让人民生活得更有尊严"的感召下,对慈善受助者尊严的关注也日渐增多,这既反映了社会发展的需求,也能够更好地满足受助者的需要。现实中一些高调慈善的企业家,通过向受助者派发钞票的形式,借助新闻媒体塑造自身的慈善形象,恰恰损害了受助者的尊严,以致媒体发出"尊严是最大的慈善"这样的呼吁。与受助者直接发生关系的主体——施助者——的尊重对受助者尊严的获得具有决定作用。① 因此,慈善教育在调动先富群体参与慈善的过程中,应该引导先富群体有礼有节地参与慈善,在给予受助者物质援助的同时,让受助者感受到自己是受尊重的个体。比如,平等地看待受助者,以谦和而友善的态度对待受助者,通过眼神、拥抱等肢体语言给予受助者以温暖等。慈善教育应该不断探索如何使受助者更有尊严地生活,并且将研究内容不断应用到教育教学之中。

对尚未意识到自己慈善责任的先富群体而言,慈善教育首先要培养其慈善意识,使其树立慈善观念,并逐步培养其慈善参与的习惯。先富人群做慈善,力量十分巨大。老年基金会秘书长雷永胜曾经算过一笔账:据"2014 胡润百富榜"统计,中国有 1271 位企业家财富达到 20 亿元及以上,如果他们每人捐出 30% 的资产,其捐赠总量必定在万亿元以上,而且捐出 30% 的资产,并不会对其生活质量产生任何影响。② 这仅仅是估算了财富在 20 亿以上的绝对富裕的人参与慈善产生的巨大贡献,这些绝对富裕群体身体力行参与慈善,能够在社会上产生巨大的影响,对其他群体产生显著的示范效应,从而使慈善逐渐成为富裕群体的价值观的一部分,并且通过富裕人群的普遍慈善参与影响普通人的慈善参与,真正实现先富带动后富,实现共同富裕的国家战略。因此,对尚未意识到自身慈善参与能量的先富群体,慈善教育要努力开启其慈善意识,使其了解慈善、关注慈善、参与慈善,运用科学方法推动慈善的发展。

美国印第安纳大学礼来慈善学院院长佩茨克发现,当前新一代的富人慈善越来越重视社会影响力,他们想知道自己的捐赠究竟带来了哪些

---

① 王银春:《自尊、尊重与伦理共同体》,载《东南大学学报(哲学社会科学版)》2015 年第 6 期。

② 雷永胜:《先富起来的人也要先善起来》,载《中国慈善家》2015 年第 6 期。

切实的改变。① 慈善家对慈善效果的追踪有助于慈善资源发挥更大的功效，促进慈善事业真正改变社会，促进社会福祉提升。正是从这个意义上讲，慈善才被称作是"第三次分配"，即在道德力量的作用下通过个人收入转移和个人自愿缴纳、捐献等非强制方式再一次进行分配。② 作为第三次分配的慈善不仅有助于推动实现先富带动后富，缩小社会差距，推动实现分配公平③，同时能弘扬现代财富伦理，促进社会和谐稳定④。慈善教育要向全社会宣传慈善的效果，要有意识地引导先富群体重视慈善，唯此，才能使慈善资源发挥更好的社会效用。

党的十八届三中全会提出，全面深化改革的总目标是完善和发展中国特色社会主义制度，推进国家治理体系和治理能力现代化。慈善事业所具有的多元参与、注重民生等理念，与以善治为核心的现代治理理念不谋而合。⑤ 从实践层面来看，随着慈善组织的发展，慈善组织参与的领域越来越广，慈善组织与政府的合作领域也不断扩展，但慈善组织与政府的合作尚存在若干需要解决的问题，如慈善组织如何与政府开展有效合作避免资源的浪费、慈善组织在与政府合作中的角色定位等。⑥ 慈善专业教育和慈善职业教育的发展，能够直接推动慈善组织的专业化发展和可持续发展，从而使慈善组织更好地参与社会事务，推动社会治理创新。而发展慈善普及教育，提高社会公众的慈善意识和慈善参与，是奠定慈善组织发展的社会基础，是推动慈善组织做大做强的关键。要将慈善专业教育、职业教育和普及教育结合起来，在提升人们慈善参与的同时通过慈善组织的专业化发展，使人们的慈善热情得以施展。慈善组织不但能够更好地组织和调动社会资源，而且能够科学地配置社会资源，使有限的资源得到最好的利用，产生最大的社会效益，从而使社会组织以专业的形象更好地参与社会服务的提供，促进社会治理和民生发展。只有这样，才能使社会组织真正成为社会合作治理的重要主体，从而推

---

① 《阿米尔·佩茨克：新一代慈善家更注重社会影响力》，载《中国慈善家》2015 年第 6 期。
② 厉以宁：《股份制与现代市场经济》，江苏人民出版社 1994 年版，第 79 页。
③ 吴晓峰：《第三次分配——实现分配公正的助推器》，载《经济问题》2009 年第 12 期。
④ 宋林飞：《第三次分配是构建和谐社会的重要途径》，载《学海》2007 年第 3 期。
⑤ 陈昌智：《站在国家战略高度发展慈善事业》，载《人民日报》2015 年 4 月 1 日第 20 版。
⑥ Ferris, James M., and Nicholas PO Williams. Offices of Strategic Partnerships: Helping Philanthropyand Government Work Better Together. *The Foundation Review*, 2014, 5 (4): 24–36.

动国家社会治理体系的现代化和国家治理能力的现代化。

党的十八大以来,全党全国各族人民都在努力培育和践行社会主义核心价值观,慈善本身就传达着社会价值观,它所捍卫的价值观是对看重权力和财富(政治经济受它们驱使)的主流价值观进行的约束、修正,并不时对其进行教化。① 慈善传递和捍卫的这一价值观与社会主义核心价值观具有内在一致性,也与我国传统优秀文化具有契合性,是国家文化软实力的重要内容。中共中央办公厅印发的《关于培育和践行社会主义核心价值观的意见》中专门指出,要"组织青少年参加力所能及的生产劳动和爱心公益活动、益德益智的科研发明和创新创造活动、形式多样的志愿服务和勤工俭学活动"②。习近平总书记2014年五四青年节在北京大学考察时再次强调了社会主义核心价值观对"与人为善""出入相友、守望相助""老吾老以及人之老,幼吾幼以及人之幼""扶贫济困"等传统文化的继承和发扬③,而这些传统文化都是提倡人们应该积极向善。慈善教育就是要将我国优秀传统文化中的慈善因素发扬光大,使人们通过参与慈善——无论是捐助还是做志愿者服务——表达他们的道德(有时是精神上的)价值观,宣扬他们对于如何让世界变得更美好的道德观念④。

发展慈善教育与教育部对学生培养的要求是一致的,是培养学生慈善意识、关爱意识、社会责任感的重要途径,也是在教育领域培育和践行社会主义核心价值观的具体体现。教育部多次强调要"开展以仁爱共济、立己达人为重点的社会关爱教育。着力引导青少年学生正确处理个人与他人、个人与社会、个人与自然的关系,学会心存善念、理解他人、尊老爱幼、扶残济困、关心社会、尊重自然,培育集体主义精神和生态文明意识,形成乐于奉献、热心公益慈善的良好风尚,培养青少年学生

---

① 〔美〕佩顿、穆迪:《慈善的意义与使命》,郭烁译,中国劳动社会保障出版社2013年版,第37页。
② 《中共中央办公厅印发〈关于培育和践行社会主义核心价值观的意见〉》,载《人民日报》2013年12月24日第1—2版。
③ 习近平:《青年要自觉践行社会主义核心价值观——在北京大学师生座谈会上的讲话》(2014年5月4日),载《人民日报》2014年5月5日第2版。
④ 〔美〕佩顿、穆迪:《慈善的意义与使命》,郭烁译,中国劳动社会保障出版社2013年版,第122页。

做高素养、讲文明、有爱心的中国人"①,"组织学生广泛参加'学雷锋'志愿服务和社会公益活动"②。

慈善是一个社会现代文明程度的体现③,慈善的发展离不开慈善教育的推动。因此,在我国发展慈善教育,不仅是继承和弘扬传统慈善文化,也是促进我国社会转型、提升现代文明程度的重要手段。慈善教育通过向人们传递我国优秀的传统慈善文化、现代慈善理念和慈善管理与运作方式,不但能够使人们建立普遍的关爱他人、关心社会的意识,而且能够在全社会培养兼具人道主义和利他主义精神的现代慈善文化④,并引导人们培养慈善的行为习惯,逐渐形成人人参与、人人奉献的慈善文化氛围,为塑造人性德行、促进人的全面发展创造机会和条件,从而促进社会文明程度的提升。

发展慈善教育符合《慈善法》的要求,是在全社会弘扬慈善文化、培育慈善氛围的重要举措。《慈善法》为规范和促进慈善事业的健康发展提供了法律依据,为在全社会培育崇德向善的风尚注入了新的活力,也对弘扬慈善文化、推动慈善教育提出了新要求。《慈善法》第八十八条第二款中对慈善教育做了明确规定,即"学校等教育机构应当将慈善文化纳入教育教学内容。国家鼓励高等学校培养慈善专业人才,支持高等学校和科研机构开展慈善理论研究"⑤。然而,从我国社会的现实情况来看,在《慈善法》颁布之前,尽管国家的相关政策文件中对慈善教育、慈善文化传播提出了要求,但慈善教育并未纳入学校教学体系,慈善知识只是零星地散见于德育课程之中。即使在高校,对慈善教育也鲜少重视。因此,发展慈善教育是贯彻落实《慈善法》要求,促进《慈善法》落地实施的重要途径,也是推动慈善法治化的重要举措。

在我国不断扩大开放、不断融入全球社会、积极推动"一带一路"建设的时代背景下,发展慈善教育是开展民间外交、促进我国更好地融

---

① 《教育部关于印发〈完善中华优秀传统文化教育指导纲要〉的通知》,载《中国德育》2014年第7期。
② 《教育部关于培育和践行社会主义核心价值观 进一步加强中小学德育工作的意见》,载《中国德育》2014年第9期。
③ 郑功成:《中国慈善事业的发展与需要努力的方向》,载《学海》2007年第3期。
④ 陈昌智:《站在国家战略高度发展慈善事业》,载《人民日报》2015年4月1日第20版。
⑤ 《中华人民共和国慈善法》,法律出版社2016年版,第24页。

入国际社会、弘扬中华民族优秀文化、彰显我国大国形象和责任的重要途径。随着全球化的深入发展,共同应对人类面临的社会问题成为世界各国的共识。慈善在应对社会问题中发挥着重要的角色,无论灾难救援、开展扶贫,还是环境保护、文化传播,慈善组织都有一席之地。发达国家活跃在国际舞台上的慈善组织,不仅增强了这些国家的国家意识和家族观念的认同度,而且增强了本国文化的对外吸引力①,强化了这些国家在国际舞台上的影响力②。如英国的国际乐施会在全球90个国家和地区开展消除贫困的救援项目,帮助当地居民改善医疗状况、提高法律援助、提升自治能力等,极大地提高了英国在当地的影响,传播了英国的价值观念。近年来我国的慈善组织和个人也开始走向世界,如"希望工程进非洲"项目,帮助非洲地区发展教育,我国公民个人积极向海外进行慈善捐赠或参与海外志愿者服务项目,向世界展示了中国的正能量。但整体而言,我国慈善力量走出去的动力不足,能力有限。这首先是因为我国慈善力量较发达国家弱,"走出去"的底气不足;其次,我国慈善力量尚未真正认识到"走出去"的必要性和海外广阔舞台为其发展提供的空间与平台;第三,有一部分已经认识到需要"走出去"的慈善力量,缺乏"走出去"的能力和途径。从这些现实角度来看,我国慈善组织要想真正参与到国家交流与合作中去,就必须提升自身的能力,使其信心十足地"走出去"后能够运用合适的方法开展有效的服务,促进当地经济社会发展。在这种情况下,发展慈善教育一方面可以通过直接的慈善专业教育和职业教育提升慈善组织自身的管理和服务能力,增强慈善组织自身建设,坚定慈善组织"走出去"的信念;另一方面可以通过慈善普及教育,汇聚更多的爱心,整合更多的慈善资源,为慈善"走出去"参与国际合作提供坚实基础。

二、慈善教育在社会层面的价值

现代社会的发展使得流动性越来越强,陌生人进入我们的生活和工

---

① Witkowski, Gregory R., and Arnd Bauerkämper. German Philanthropy in International and Transnational Perspective. *German Philanthropy in Transatlantic Perspective.* Springer International Publishing, 2016, pp. 1-20.

② 张丽君:《软实力视野下英国慈善组织的外交功能》,载《国际论坛》2015年第6期。

作的机会越来越多。① 随着社会的发展和转型，传统的熟人社会逐渐被陌生人社会所取代。熟人社会中人们的一切关系都建立在彼此相互熟悉、知根知底的基础上，在这种情况下，人们能够对他人的行为做出合理的预期。在陌生人社会，流动性的增强本身就增加了相互熟悉的难度，再加之各种因素的干扰，想对一个陌生人知根知底往往意味着巨大的社会成本。在这种情况下，要想对他人的行为做出正确的预期，必须依赖普遍信任。西方学界的研究发现，普遍信任不但能够促进人们普遍的社区参与，增进社区居民的感情②，而且能够促进经济的繁荣③和人们对政府的信任④。慈善是建立普遍信任的重要途径和方式，帕特南曾经生动地做过这样的描述：

> 如果一个社会的成员遵守普遍互惠准则，比如在自家的树枝伸到邻居的后院之前先行修建、借十美分给陌生人付停车费、赚到加班工资后为同事买饮料、照看朋友的房子、轮流为主日学校带小吃、在飞机落地后照顾晕机的儿童等，他们就会发现，他们的自身利益也得到了实现。就像休谟笔下的两位农夫，如果相互援助，就会获得更好的收成⑤。

慈善教育正是要通过对人们进行普遍互惠原则的教导、通过对日常生活中点滴"小善"的传播和鼓励，培养人们力所能及帮助他人的意识和行为。从人们的接受程度来看，慈善教育首先培养的是人们在社区内、相对有些熟悉的人之间的慈善行为。通过引导人们在社区范围内广泛参与慈善，慈善教育不仅使人们在自己熟悉的环境中逐渐培养其慈善的日常践行，而且促进了社区内部居民的相互了解和熟悉，真正实现"出入相友、守望相助"，这对于促进社区内部的团结、社区凝聚力的建构和社

---

① Uslaner, Eric M. *The Moral Foundations of Trust*. Cambridge University Press, 2002, p. 1.
② 〔美〕帕特南：《独自打保龄——美国社区的衰落与复兴》，刘波等译，北京大学出版社2011年版，第149页。
③ 〔美〕福山：《信任——社会道德与繁荣的创造》，李宛蓉译，远方出版社1998年版，第18页。
④ Keele, Luke. Social Capital and the Dynamics of Trust in Government. *American Journal of Political Science*, 2007, 51 (2): 241-254.
⑤ 〔美〕帕特南：《独自打保龄——美国社区的衰落与复兴》，刘波等译，北京大学出版社2011年版，第149页。

区公共问题的解决具有重要的意义。慈善教育在社区的开展和推广，能够极大地增进社区居民的相互信任，增进社区社会资本，而社区社会信任和社会资本的建立，能够促进人们对社区公共事务的积极参与，促进社区善治的实现。① 作为构成社会的重要单位，一个个社区善治的实现，是社会实现善治的基础，也是促进社会和谐的基础。②

慈善教育在社区的开展培养了人们在日常生活中的慈善意识和慈善习惯，而慈善一旦成为人们的习惯，成为日常生活方式的一部分，它必然也会影响到人们对社区外居民的态度。也就是说，人们在社区内接受的慈善教育为人们进入社会更好地建立与他人的关系奠定了基础。现代慈善大都是通过专业化运作的慈善组织来实现的，引导人们普遍参与慈善的慈善教育能够推动人们广泛接触和参与慈善组织的活动。作为现代社会组织重要组成部分的慈善组织，是培养人们的互惠品质、培养人们的责任感和自主性的重要场域。人们参与慈善组织本身就是接受慈善组织教育的过程，在这个过程中，个人能够不断地巩固其已有的慈善意识，并且逐渐培养其对陌生人的普遍信任。实证研究发现，参与慈善组织能够显著增进人们的普遍信任。③ 在慈善教育引导下逐渐建立的普遍信任，不但能够使人们逐步建立对陌生人的信任，而且能够使人们逐渐建立起对法律和制度的信任，从而能够推动人们建立对法律的信任，促进法治社会的建立。这在一定程度上有助于社会秩序的维持。

慈善教育通过指引人们树立慈善意识、增强慈善观念、促进慈善行为，夯实了人人慈善的社会基础，推动着我国慈善的现代转型。人们慈善意识的增强和对慈善的普遍关注，能够对慈善的发展产生巨大的推动力和监督力，从而激励和监督着慈善更为健康有序地发展，促进良好的慈善风气在社会中的形成和传播，真正实现以善促善、人人慈善。

三、慈善教育在个体层面的价值

慈善教育是针对全体社会成员的教育，对接受慈善教育的个体而言，

---

① 陈捷、呼和·那日松、卢春龙：《社会信任与基层社区治理效应的因果机制》，载《社会》2011 年第 6 期。
② 陈耀：《社区组织建设——构建和谐社区的有效途径》，载《东南学术》2007 年第 5 期。
③ 谢庆奎、郑姝荣：《现代化过程中普遍信任的增进与公益 NGO 的角色》，载《云南行政学院学报》2011 年第 5 期。

慈善教育首先是要激发个人的同情心、培养个人的慈善意识和慈善观念。"恻隐之心，人皆有之"，面对他人的不幸和灾难，人们会发自内心地产生同情，同情心是慈善的基础，但是同情心并不必然产生慈善行为。慈善教育就是要合理引导人们将同情心转化为慈善意识、激发人们的慈善意愿，使同情心转化为对他人的志愿帮助。在很多国家，家长和老师经常通过鼓励孩子抚养小动物来培养孩子的同情心、关爱心，并且通过引导孩子关心、关爱小动物来学会关爱他人。慈善教育不仅要引导孩子树立同情心和慈善意识，还要引导成人树立同情心和慈善观念，促进慈善行为。对成人的慈善教育往往比对孩子的慈善教育更为艰难。孩子的思想处在培养和形成之中，具有很强的可塑性，孩子容易接受新的观念，树立新的意识。成人的思想相对较为成熟，甚至有固化的成分，要改变他们固有的观念，需要付出更多的努力。慈善教育的特点在于它更强调实践性，通过引导人们更多地参与慈善实践，在非正式教学的过程中让人们感到慈善的意义和使命、慈善的价值，能够更好地促进人们接受慈善、树立慈善意识和慈善观念。

慈善教育对个人还发挥着唤醒、激发和矫正慈善动机的功能。人的行为是从动机到效果的过程。毛泽东说得好："我们是辩证唯物主义的动机和效果的统一论者。为大众的动机和被大众欢迎的效果，是分不开的，必须使二者统一起来。为个人的和狭隘集团的动机是不好的，有为大众的动机但无被大众欢迎、对大众有益的效果，也是不好的。"[1] 对慈善的研究发现，慈善动机不仅客观存在，而且能够显著影响人们的捐赠行为。[2] 人们参与慈善往往是出于不同的慈善动机，这些慈善动机可以是为了提升个人的社会影响或者是为了应对社会压力[3]，可以是为了获得较高的社会声誉[4]，也可以是为了获得税收减免[5]，还可以是为了获得给

---

[1] 《毛泽东选集》第3卷，人民出版社1991年版，第868页。
[2] Amos, O. M. Empirical Analysis of Motives Underlying Individual Contributions to Charity. *Atlantic Economic Journal*, 1982, 10 (4): 45–52.
[3] Gittell, R. & Tebaldi, E. Charitable Giving: Factors Influencing Giving in U. S. States. *Nonprofit and Voluntary Sector Quarterly*, 2006, 35 (4): 721–736.
[4] Reinstein, D. & Riener, G. Reputation and Influence in Charitable Giving: An Experiment. *Theory and Decision*, 2012, 72 (2): 221–243.
[5] Hsin, Yilin & Kuang, Talo. Tax Incentives and Charitable Contributions: The Evidence from Censored Quantile Regression. *Pacific Economic Review*, 2012, 17 (4): 535–558.

予的快乐①、实现自我价值②等等。要实现动机和效果的统一，必须使人们建立内在驱动的、利他导向的慈善动机③。慈善教育能够通过各种方法唤醒人们沉睡的慈善动机，激发人们更好地从事慈善，也能够对人们已经存在的、主观利己或是迫于压力而进行慈善的动机进行矫正，促进人人建立内在驱动的利他导向的慈善动机，推动发自内心的慈善的繁荣与发展。

慈善教育引导人们参与慈善的过程也是个人开始道德积累的过程，因此，慈善教育的开展有助于促进个人的道德提升。正如季羡林所说："为慈善付出的可以很大也可以很少，可以是金钱也可以是时间、精神，层次很多，幅度很大，不管在什么条件下，出于什么动机，只要他参与了，他就开始了他的道德积累。"④ 我们在前面已经讨论了慈善教育和道德教育的关系，尽管慈善教育不是道德教育的替代品，但是慈善教育通过促进人们的慈善实践，在客观上促进了人们的道德践行，开启了个人的道德积累历程。从这个意义上讲，慈善教育是道德教育的重要支点。

慈善教育的直接目的在于引导人们树立慈善观念、培养慈善意识、践行慈善行为，在这个过程中，慈善教育创造了对个体而言更具价值的德行。这些德行包括：理解、宽容、互助、互惠、奉献、克制等等。例如，何女士带18岁的儿子前往甘肃参与"母亲水窖"项目的过程中，这个离经叛道、一头黑发被染成五颜六色、花钱大手大脚的男孩深受感动，他不但向妈妈借钱捐赠了两口水窖，回到家开始节制自己的花销，头发也染回了黑色⑤。正是慈善非正式教育改变了孩子的行为方式，使他更能够去理解他人、克制自己，也使他真正懂得去奉献。由此可见，慈善教育对人的改变不仅仅是体现在个人对他人的关怀和付出上，也表现在对个人自身的改变上。从这个故事中我们还可以看到，家庭的慈善教育使慈善成为一种文化传承，对于促进家庭文化资本的延续和扩展具有重

---

① Andreoni, J. Giving with Impure Altruism: Applications to Charity and Ricardian Equivalence. *Journal of Political Economy*, 1989, 97: 1447–1458.

② 〔美〕比索普：《慈善资本主义——富人在如何拯救世界》，丁开杰等译，社会科学文献出版社2011年版，第43页。

③ 石国亮：《倡导和培育内在驱动的利他导向的慈善动机——兼论"慈善不问动机"的片面性》，载《理论与改革》2015年第2期。

④ 季羡林：《季羡林谈人生》，当代中国出版社2006年版，第125页。

⑤ 王万军、廖宁：《公益改变人生》，见 http://ndgongyi.oeeee.com/html/201310/11/364373.html。

要的意义。事实上,慈善文化作为中华文明的重要组成部分,通过慈善教育弘扬慈善文化,是促进个人文化资本提升的有效方式①,也是促进我国传统优秀文化发扬光大的重要途径。

---

① Ulibarri, Carlos A. Rational Philanthropy and Cultural Capital. *Journal of Cultural Economics*, 2000, 24 (2): 135 – 146.

第三章　慈善教育的实施依据和社会背景

> 去为别人谋福利的人是伟大的。
>
> ——马克思

开展慈善教育不是我们的一厢情愿或者异想天开，它既有着深刻的理论基础，又有着长远的历史发展过程，同时也是在社会转型期应对我国面临的诸多社会问题的重要方式。要深入开展慈善教育，就应该从慈善教育的理论依据、历史过程和现实发展等角度出发，综合分析慈善教育的实施依据和背景。本章将重点对此进行深入分析。

第一节　慈善教育的理论依据

理论依据是与事实依据相对应的，一般是指人们在各种物质性的和精神性的实践活动中的思想观念基础或出发点，是人类理性的产物。明确实践活动的理论依据，有助于使之建立在科学性、合理性的基础之上。就慈善教育而言，它的理论依据是慈善教育的一个基本问题，但是有关该问题的研究还很少。① 事实上，慈善教育有着丰富的理论依据。首先，发展慈善教育符合马克思关于人的本质和发展的学说，尽管马克思恩格斯批判慈善是资产阶级虚伪的活动、是麻痹工人阶级的工具，但是，随着社会生产力的发展，马克思关于人的本质和人的发展的学说恰恰为慈善教育的开展提供了理论基础。因为人是一切社会关系的总和，要实现

---

① 例如，有研究认为，青少年思想教育的理论依据是思想政治教育原理。（郑恩同、邱开金、保秉欣：《温州慈善的教育范式》，浙江大学出版社 2012 年版，第 11 页。）还有研究认为，公民慈善意识培育的理论依据是马克思主义人学理论、西方的公民社会理论、思想政治教育学原理。（陈东利：《中国公民慈善意识培育》，上海大学出版社 2014 年版，第 144—154 页。）

人的才能的全面发展，就必须处理好各种社会关系，就必须使人的体力、智力、才能、情趣等得到有效的发展。慈善是人参与社会关系处理的一种重要方式，通过参与慈善，个人不但能够更好地处理自身与他人、自身与自然的关系，而且能够使个人更好地思考自身的发展。同时，在慈善参与的过程中，个人还能够拓展自己的视野，掌握一定的慈善方法和艺术，从而更好地发现自身的潜能，促进自己的全面发展。其次，利他主义认为，作为社会成员的个人，在社会生活中表现出的亲社会行为及在此基础上形成的利他行为，是一种社会期望行为，它能够促进社会更好地发展。慈善教育的目的就在于激发人们更多次地做出利他行为，促进社会向更为公平、更为美好的方向发展。利己主义以及其他社会期望行为的相关理论是慈善教育的重要理论依据。第三，公民教育思想认为，现代公民应该承担一定的社会责任，而慈善是人们履行社会责任的一种体现，慈善教育要能够唤起人们的公民意识，促进人们在社会生活中自觉地承担公民责任。公民教育的思想是慈善教育的直接理论依据。

一、人的本质和人的发展的学说

慈善涉及人的内心感受和体验，反映人的本质属性，而在对人的本质的考察中，马克思的观点影响最为深远——无论是对社会科学的研究还是对人们的日常认知，都有深刻的影响。马克思是在对政治异化进行批评后探索到人的本质的，他认为政治国家和世俗社会之间的世俗分离导致了政治异化，从而使人的本质二重化——人的真正本质和人的现实本质的分离。马克思最终将异化的根源归结为劳动异化，资本主义的生产劳动带来了劳动异化，带来了劳动和劳动产品的异化，最为关键的是人与人之间关系的异化。在马克思看来，"人的本质不是单个人所固有的抽象物，在其现实性上，它是一切社会关系的总和"①。"社会生活在本质上是实践的，凡是把理论引向神秘主义的神秘东西，都能在人的实践中以及对这种实践的理解得到合理的解决。"② 在这里，马克思将人的本质建立在了现实的基础上，他曾经强调，他所说的人是"现实中的个人"。现实中的人必然生活在一定的社会关系之中，马克思注重从生产关系和生产方式相结合来分析现实中的人，他认为现实中的人是什么样子

---

① 《马克思恩格斯选集》第 1 卷，人民出版社 1995 年版，第 60 页。
② 《马克思恩格斯文集》第 1 卷，人民出版社 2009 年版，第 501 页。

"同他们的生产是一致的——既和他们生产什么一致,又和他们怎样生产一致。因而,个人是什么样的,这取决于他们进行生产的物质条件"①。通过将现实中的人与其所处的生产关系和生产方式密切相结合进行深入研究,马克思得出结论:"由于他们的需要即他们的本性,以及他们求得满足的方式,把他们联系起来(两性关系、交换、分工),所以他们必然要发生相互关系。""同时由于这种交往又决定着生产和需要,所以正是个人相互之间的这种私人的个人的关系、他们作为个人的相互关系,创立了——并且每天都在重新创立着——现存的关系。"② 经过这一系列的探索,马克思最终将人的本质归结为一切社会关系的总和。慈善行为本身是个人做出的有利于他人、社会或自然的行为,它必然涉及社会关系,慈善教育的开展就是要促进人们更好地处理慈善所涉及的社会关系,使人们更为自如地从事慈善。

马克思将人看作是现实的存在,根据人类的发展历程将人的发展划分为三种形态:"人的依赖关系(起初完全是自然发生的),是最初的社会形式,在这种形式下,人的生产能力只是在狭小的范围内和孤立的地点上发展着。以物的依赖性为基础的人的独立性,是第二大形式,在这种形式下,才形成普遍的社会物质变换、全面的关系、多方面的需要以及全面的能力的体系。建立在个人全面发展和他们共同的、社会的生产能力成为从属于他们的社会财富这一基础上的自由个性,是第三个阶段。"③ 人的自由全面发展是马克思对人类发展的目标追求,他认为"只有在共同体中,个人才能获得全面发展其才能的手段,也就是说,只有在共同体中才可能有个人自由"④,而"每个人的自由发展是一切人的自由发展的条件"⑤。马克思所指称的人的自由全面发展,不仅是人的体力、智力、才能、技术、兴趣等的全面发展,也包括人的个性的自由发展。人要获得全面自由发展,必须生活在共同体中,必须是人人实现自由发展。

人类社会是一个不断进步的历史过程,人的全面发展也是一个逐步

---

① 《马克思恩格斯文集》第1卷,人民出版社2009年版,第520页。
② 《马克思恩格斯选集》第3卷,人民出版社1960年版,第514—515页。
③ 《马克思恩格斯文集》第8卷,人民出版社2009年版,第52页。
④ 《马克思恩格斯选集》第1卷,人民出版社1995年版,第119页。
⑤ 《马克思恩格斯选集》第1卷,人民出版社1995年版,第294页。

渐进、不断提高、不断完善的历史过程。社会主义制度的建立实现了社会关系的根本性变革，为人的自由全面发展开辟了广阔的前景。江泽民曾经旗帜鲜明地指出，"我们建设有中国特色社会主义的各项事业，我们进行的一切工作，既要着眼于人民现实的物质文化生活需要，同时又要着眼于促进人民素质的提高，也就是要努力促进人的全面发展。这是马克思主义关于建设社会主义新社会的本质要求。我们要在发展社会主义社会物质文明和精神文明的基础上，不断推进人的全面发展。"① 我国在建设中国特色社会主义的探索中，在不断满足人民群众日益增长的物质文化需求的同时，也做出了若干探索，为促进人的全面自由发展创造条件，如近年来国家加大对创新创业的支持，就是为了更好地促进人们更为全面地自由发展。然而，从现实的条件来看，在一些地区要实现人的全面自由发展，还需要首先克服一些客观困难，解决人们的基本生活需求，慈善的出现是解决这些基问题的重要方式，慈善与社会救助的结合，能够更好地为人们解除衣食之困，显著提高人们的受教育水平，从而为人们能够更好地实现全面自由发展奠定基础。

在当前慈善事业不断发展的条件下，推动慈善教育的开展、促进人们慈善意识的提高和慈善行动的实践，是促进人的自由全面发展的重要方面。这是因为，慈善意识和慈善精神在现代社会已经越来越成为人的素质的组成部分，慈善教育的开展能够更好地适应这种发展趋势，引导更多的人具备慈善素养，从而提高个人素质。同时，慈善本身能够营造共同体意识，通过使人们关注人类社会共同面临的社会问题，慈善能够促进人们更为关心人类共同体的命运。因此，慈善教育对全体社会成员的普遍的教育和引导，能够提升人们的共同体的认知和意识，促进人类共同体的发展，而只有在这种真正的共同体中，人才能真正获得自由而全面的发展。

二、社会期望行为的理论

现代社会的分工细化和相互依赖已经使人时刻都处于社会关系网络之中，离群索居的生活变得越来越不现实。生活在社会中的人们总会寻求建立一定的社会认同，要建立社会认同需要做出符合社会期望的行为，

---

① 《江泽民文选》第 3 卷，人民出版社 2006 年版，第 294 页。

而慈善行为是符合社会期望的一种行为。研究发现，在现代社会中慈善是建立社会认同的一种有效形式①，慈善的实践者也往往能够获得较好的社会声望。实验研究揭示，即使付出一定的金钱或时间成本，人们也愿意从事慈善以获得社会认同。② 亲社会行为、助人行为、利他行为都被认为是值得提倡的道德行为，这三类行为虽有着重叠，但也有着各种明确的定义。亲社会行为包含广泛的有利于他人和社会利益而不是自身利益的行为，比如帮助别人、安慰别人、与人分享、与人合作等③。助人行为可以被定义为个人促进他人利益行为，它既可以是临时性的行为也可以是持续的行为，既可以是情感的帮助也可以是紧急情况下的帮助④。利他行为是指在牺牲自身利益或者是明显地自身不会获得任何报酬的情况下做出的助人行为⑤。从这三个概念的内涵来看，亲社会行为的范畴最大，助人行为其次，利他行为最小。慈善是自愿为他人利益服务的一种行为，因此，它既是一种亲社会行为，也是一种助人行为和利他行为。更确切地说，慈善是利他主义的一种更广泛的、更普遍的形式⑥。社会心理学、心理学等学科对这三类社会行为进行了大量研究，形成了不同的理论范式，这些理论范式广泛出现在社会心理学的教材中。本书无意重述这些理论范式，仅以利他主义和感恩的道德情感理论为例，来寻求慈善在社会期望中的理论支持。

整体而言，利他主义更像是一种价值观，亚里士多德曾对利他精神进行过强调，他认为"德行是在于行善而不是受到善的对待，在于举止高尚［高贵］而不只是避免做卑贱的事情。而行善和举止高尚［高贵］

---

① Adloff, Frank, and Steffen Mau. Giving Social Ties, Reciprocity in Modern Society. *European Journal of Sociology*, 2006, 47 (1): 93 – 123.

② Clark, Jeremy. Recognizing Large Donations to Public Goods: An Experimental Test. *Managerial and Decision Economics*, 2002, 23 (1): 33 – 44.

③ Batson, C. Daniel, and Adam A. Powell. Altruism and Prosocial Behavior. In Irving B. Weiner (ed.). *Handbook of Psychology*. John Wiley & Sons, Inc., 2003, p. 463.

④ McGuire, Anne M. Helping Behaviors in the Natural Environment: Dimensions and Correlates of Helping. *Personality and Social Psychology Bulletin*, 1994, 20 (1): 45 – 56.

⑤ Batson, C. Daniel, and Adam A. Powell. Altruism and Prosocial Behavior. In Irving B. Weiner (ed.). *Handbook of Psychology*. John Wiley & Sons, Inc., 2003, p. 463.

⑥ Smith, David Horton. The Global Spirit of Philanthropy and Altruism: Meanings, Experiences, and Some Biological Roots. *The China Nonprofit Review*, 2014, 6 (2): 177 – 196.

也就是给予"①。近代以来的哲学家围绕利他主义进行过深入的分析，如斯宾塞（Herbert Spencer）认为人类的进化需要利他主义精神，但是，他又从自己的进化论立场出发，认为由政府推行的慈善事业是"牺牲有才能之人的利益，帮助无用之人成倍增加"②。学术界围绕对利他主义的研究形成了多种理论，如社会规范理论、移情假说、利他进化理论等。③这些理论认为，利他主义并不是与生俱来的，它是在一定的社会规范的约束和影响下形成的，也可能是通过对他人处境的移情而出现的。这意味着，利他行为是可以通过向人们传播社会规范、合理培养情感等方式进行形塑和培育的。这就意味着，作为一种利他行为的慈善是可以通过教育进行培育的，因此为慈善教育的开展提供了重要的理论基础。实际上，从发达国家开展慈善教育的经验来看，有效的慈善教育的确促进了人们的慈善行为。④

与利他主义有着悠久的研究历史相比，感恩的道德情感理论则是一个新生的理论。该理论认为感恩具有三种特殊的亲社会功能，即道德计量功能、道德激发功能及道德强化功能。⑤ 道德计量功能是指当人们接受陌生人的帮助时会产生比接受熟悉的人的帮助更大的感激；道德激发功能是指接受了帮助的人会受到施予帮助的人的激发，产生帮助他人的意愿并做出相应的利他行为；道德强化功能是指接受帮助者向施予帮助者表达感谢能够强化施予帮助者的帮助行为，继续做出帮助他人的行为。感恩的道德情感理论从社会心理的角度分析了施予帮助和接受帮助的互动关系，感恩的这三种道德功能说明了利他行为不但能够激发更多的利他行为，而且能够巩固原有的利他行为。对慈善教育而言，感恩的道德情感理论恰恰证明了非正式教学的作用和影响。也就是说，当人们对陌生人做出慈善行为时，这种慈善行为本身就能够使受惠者产生较为强烈的感激，而这种感激又能够激发受惠者付诸慈善行为、为他人提供力所

---

① 〔古希腊〕亚里士多德：《尼各马可伦理学》，廖申白译注，商务印书馆2003年版，第97页。

② 〔英〕斯宾塞：《社会学研究》，张宏晖、胡江波译，华夏出版社2001年版，第87页。

③ Piliavin, Jane Allyn, and Hong-Wen Charng. Altruism: A Review of Recent Theory and Research. *Annual Review of Sociology*, 1990, 16: 27–65.

④ Sublett, Dyan. Women's Approach to Philanthropy: A Learning Model. *New Directions for Philanthropic Fundraising*, 1993 (2): 47–59.

⑤ McCullough, Michael E., et al. Is Gratitude a Moral Affect? *Psychological Bulletin*, 2001, 127 (2): 249–266.

能及的帮助，而慈善的受惠者的感恩又能够强化慈善施予者的慈善行为。

在我们对利他进行分析的时候，一个困扰我们也是困扰过无数研究者的问题是，市场经济条件下人们都具有逐利性，利己主义在欧洲历史上曾经盛极一时，得到若干学者的追捧，比如曼德维尔赫赫有名的"个人劣行即公共利益"的论断，在《蜜蜂的寓言》中，他直言不讳地写道："恶德就这样养育了机智精明，它随着时代及勤勉一同前行，并且给生活带来了种种方便，它是真正的快乐、舒适与安然，其威力无比，竟使那些赤贫者生活得比往日阔人还要快乐。"① "只要经过了正义的修剪约束，恶德亦可带来益处；一个国家必定不可缺少恶德，如同饥渴定会使人去吃去喝。纯粹的美德无法将各国变得繁荣昌盛；各国若是希望复活黄金时代，就必须同样地悦纳正直诚实和坚硬苦涩的橡果。"② 现代经济学之父亚当·斯密（Adam Smith）在《国富论》中一再强调人的"利己心"，即使在《道德情操论》中他也没有完全否定"利己"，他认为"每个人生来首先和主要关心自己；而且，因为他比任何其他人都更适合关心自己，所以他如果这样做的话是恰当和正确的。因为每个人更加深切地关心同自己直接有关的、而不是对任何其他人有关的事情；或许，听到一个同我们没有特殊关系的人的死讯，会使我们有所挂虑，但这对我们的饮食起居的影响远比落在自己身上的小灾小难为小。"③ 那么，对于人性中固有的"利己心"，在市场经济条件下，怎么与"利他"相协调呢？这一问题曾经一度困扰学界，甚至被命名为"亚当·斯密难题"。如果我们从利己和利他两个角度来衡量问题，我们可以区分以下类型：

利己类：纯粹利己，利己不损他；

利他类：纯粹利他，利他不损己；

互利类：既利己又利他。

纯粹利己是不在乎是否会损害到他人利益，只要对自己的利益有益即可；利己不损他，是在不损害他人利益的前提下利己；纯粹利他是不考虑自身利益是否受损，只要能够对他人利益有好处即可；利他不损己

---

① 〔荷〕伯纳德·曼德维尔：《蜜蜂的寓言》，肖聿译，中国社会科学出版社2002年版，第19页。

② 〔荷〕伯纳德·曼德维尔：《蜜蜂的寓言》，肖聿译，中国社会科学出版社2002年版，第28页。

③ 〔英〕斯密：《道德情操论》，蒋自强等译，商务印书馆1997年版，第101—102页。

是在不损害自身利益的情况下利他；既利己又利他是实现利己与利他的统一，使自身利益和投入利益都能够得到保障。不可否认，能够实现互利是最理想的状态，也是善的最高层次①，这样能够实现自身利益和他人利益的最大化。纯粹利他需要个人具有较高的道德修养，即使在损害自身利益的情况下也能够为他人利益着想，现实生活中不乏这样的例子，但我们并不能要求每个人都这样做，而要做到利他不损己则相对较为容易。

三、公民教育的思想

"公民"这一概念诞生于古希腊城邦政治中，属于城邦的人即为公民。亚里士多德较早使用了公民的概念，他认为："凡有权参加议事和审判职能的人，我们就可说他是那一城邦的公民；城邦的一般含义就是为了要维持自给生活而具有足够人数的一个公民集团。"② 现代意义上的"公民"与亚里士多德所处时代的"公民"并不是相同的概念，它是伴随民族国家的产生而兴起的。现代公民是独立的自由个体，追求政治权利的实现和独立人格的养成，强调人人平等。不仅如此，现代社会还要求公民要具备基本的素养和道德情操，具备一定的认识和改造自然及社会的能力③。这就要求教育能够满足这些对现代公民的基本要求。正是从这个意义上讲，可以将现代教育的目的界定为培养合格公民。

培养现代公民需要公民教育，围绕现代公民教育发展出了多种理论范式，主要的理论范式包括共和主义公民教育、自由主义公民教育、社群主义公民教育等。共和主义公民教育理念认为公民教育要培养公民德行（主要包括爱国与勇气、人性尊严、认同感、隐私权、自主性、关心他人、关怀社会、宽容、公民服务等）与能力（包括基本的社会生活能力和参与国家政治生活的能力），这一理论范式认为公民德行是真正成为

---

① 易小明、邓敏：《利己与利他相统一：善的最高层次》，载《齐鲁学刊》2011年第4期。
② 〔古希腊〕亚里士多德：《政治学》，吴寿彭译，商务印书馆2010年版，第116—117页。
③ 孙玉红、陈二林：《西方"公民"概念演变的历史考察》，载《人民论坛》2013年第23期。

公民的先决条件。① 关心他人、关怀社会、公民服务作为公民德行的重要表现，也是符合慈善教育理念的现代意识，共和主义教育理念对公民德行的强调，对慈善教育的开展提出了客观的要求。通过开展慈善教育，可以更好地促进人们关心他人的处境和机遇、关怀社会问题和社会发展、提供更多的公民服务，从而增进公民德行的养成。

自由主义公民教育理论认为公民教育要能够培养具有民主性格与批判能力的公民。它更多地将个体看作是理解社会的基本单位，这遭到了社群主义的反对。社群主义认为应该着眼于共同体来理解社会，由此推演出社会的"共善"（common good）。社群主义信守四条基本原则，分别是人类尊严、自由、责任和开放的话语。② 在公民教育中，社群主义强调要以公共利益为标准，重视国家的教育责任，注重学校与社区教育的结合，重视服务学习。③ 社群主义对公共利益的强调为慈善教育的开展提供了理论基础，通过开展普遍的慈善教育，能够唤醒人们沉睡的慈善动机，激励人们付诸慈善实践，为公共利益服务。

综合来看，尽管不同的公民教育理论范式强调的公民教育的内容存在差异，但是，从社会的发展着眼，培养现代公民德行，促进公民关心社会共同利益是公民教育的必备内容。慈善体现着人们对他人的关爱、对社会的关心，是为公共利益服务的表现，因此，它属于公民教育的重要内容。

第二节 慈善教育的思想和实践基础

慈善教育的理论基础为开展慈善教育提供了理论论证，而要在现实中开展慈善教育，还需要有一定的思想基础和实践基础。改革开放之后我国慈善事业和慈善教育的兴起发展，是建立在对慈善的拨乱反正的基础之上的。慈善的拨乱反正，为慈善事业和慈善教育的兴起奠定了坚实的思想基础。在慈善事业发展的过程中，一些地方、单位、学校、社区

---

① Pratte, Richard. *The Civic Imperative: Examining the Need for Civic Education.* Teachers College Press, 1988, p. 58.
② 成伯清：《社会建设的情感维度——从社群主义的观点看》，载《南京社会科学》2011年第1期。
③ 朱小蔓、冯秀军：《中国公民教育观发展脉络探析》，载《教育研究》2006年第12期。

积极开展了慈善教育的探索,取得了较好的效果,积累了一定的经验。加之近年来国家政策对慈善的支持,为我国的慈善教育开展创造了一定的实践基础。从境外慈善事业的发展来看,慈善教育不仅由西方国家开创,而且实施了较长时间,形成了多部门协同参与慈善教育的局面。它们积累的较为丰富的慈善教育经验,也为我国慈善教育的实施提供了借鉴。

一、慈善的拨乱反正

我国自古就有扶危济困、乐善好施的美德与慈善传统。但是中华人民共和国成立后至改革开放之初,慈善事业被视为资产阶级的糖衣炮弹、蒙骗与愚弄民众的工具而被废止,慈善被污名化。这源于对马克思主义经典作家关于慈善论述的片面理解。

从马克思、恩格斯到毛泽东,对慈善有较多的否定性的论述。在马克思和恩格斯的著作中,包含着对资产阶级慈善家、慈善事业组织者、慈善机构、慈善团体等的批判,他们认为慈善是资产阶级虚伪的表现,马克思以反讽的口吻称工厂主为"不惜任何破费的慈善家",但是"吃好一些、待遇高一些、特有财产多一些,不会消除奴隶的从属关系和对他们的剥削,同样,也不会消除雇佣工人的从属关系和对他们的剥削"①。工人照旧做雇佣工人,"这些民主派小资产者想让工人的工资多一点,生活有保障一点;他们希望通过国家部分地解决就业问题,并通过各种慈善救济的措施来达到这一点。总之,他们希望用或多或少经过掩饰的施舍来笼络工人,用暂时使工人生活大体过得去的方法来摧毁工人的革命力量"。② 马克思、恩格斯将慈善看作资产阶级虚伪的表现,资产阶级通过这种方式掩饰了剥削的本质,削弱了工人阶级斗争的意志。

根据马克思基于资本主义私有制的分析框架,列宁将资本主义慈善事业的虚伪本性进一步明确化和具体化。他认为,慈善事业仅仅是资产阶级为了巩固其统治用以消弭阶级对立的工具,资产阶级的慈善目的就是消除无产阶级的革命意志。"自觉的无产阶级先进分子,革命的社会民主党人,密切注视着群众的情绪,利用他们日益强烈的和平愿望,——不是去支持在资本主义制度下实现'民主的'和平这种庸俗的空想,不

---

① 《马克思恩格斯文集》第5卷,人民出版社2009年版,第714页。
② 《马克思恩格斯文集》第2卷,人民出版社2009年版,第192页。

是要鼓励人们把希望寄托在慈善家、当局和资产阶级身上，而是要把朦胧的革命情绪变成明确的革命情绪；——要依靠群众的经验和他们的情绪，通过战前千百件的政治事实的启发——去经常不断地、坚持不懈地证明，只有采取群众性的革命行动来反对自己国家的资产阶级和政府才是走向民主和社会主义的惟一道路。"①

同列宁一样，毛泽东也认为旧中国的慈善事业是统治阶级笼络人心、粉饰太平、缓和阶级矛盾以至进行精神侵略的方式和手段。毛泽东在《湖南农民运动考察报告》一文中谈到农会时指出，没有农会以前，所谓的慈善事业只是一些"肯积阴功"的地主们的行为，他们拿出几个钱修出又狭又薄的路。而当农会建立之后，农会则勒令沿路地主出资修路，不久时间，好多路都出来了。然而，"这却并非慈善事业，乃是出于强迫，但是这一点子强迫实在强迫得还可以"②。而当新中国成立前夕，妄想分裂中国并从中得利的美国通过艾奇逊之口大谈与中国的所谓"友谊"。其中的一些主要例证就是美国向中国"施与"的"慈善事业"。毛泽东通过回溯中国近代对外关系史一针见血地指出，美国对中国历次的所谓友谊和慈善事业，不是友谊，而是侵略。"美帝国主义比较其他帝国主义国家，在很长的时期内，更加注重精神侵略方面的活动，由宗教事业而推广到'慈善'事业和文化事业。"③

其实，马克思主义经典作家关于慈善的论述不只包含否定性的一面，而是至少包括三个方面。首先，如上述，从总体上否定资产阶级的慈善。但是，马克思主义经典作家对慈善的批判，应该从他们当时所处的社会环境来考虑。马克思和恩格斯生活的时代是资本主义制度确立并处于资本积累阶段，机器化生产使得工人成为机器的附属，资产阶级通过掠夺土地、剥削工人劳动力建立起一套适应机器化生产的流水线，并且通过剥夺剩余价值建立资本积累。在这种情况下，资产阶级的慈善只不过是一种收买人心的策略，而不是真正地发自内心对工人阶级的关心。马克思和恩格斯的分析帮我们更好地看清在那个时期资产阶级的真实面目。其次，马克思、恩格斯从来没有否定慈善活动扶贫济困、救孤助残这些基本社会功能，相反，他们有多处关于慈善、博爱的肯定性论述。马克

---

① 《列宁全集》第 26 卷，人民出版社 1988 年版，第 207—208 页。
② 《毛泽东选集》第 1 卷，人民出版社 1991 年版，第 41 页。
③ 《毛泽东选集》第 4 卷，人民出版社 1991 年版，第 1506 页。

思曾说，如果"人同世界的关系是一种人的关系，那么你就只能用爱来交换爱，只能用信任来交换信任"①。即使对于资本主义慈善活动，他们也承认它能使工人吃穿好一些，待遇高一些，特有财产多一些。可以认为，马克思、恩格斯否定的只是慈善活动维护资产阶级统治的这一特定功能，而不是其扶贫济困的基本社会功能。第三，马克思、恩格斯认为，未来社会的扶弱济困职能应当由社会共同体自觉承担。马克思在他的经典著作《哥达纲领批判》一书中讨论了未来社会的分配原则。他认为，未来社会在社会消费资料分配时必须做以下扣除：其一，"和生产没有关系的一般管理费用"；其二，"用来满足共同需要的部分，如学校，保健设施等"；其三，"为丧失劳动能力的人等等设立的基金"等②。"为丧失劳动能力的人等等设立的基金"是指社会共同体在向个人分配消费资料前的一种自觉扣除，而不是指在初次分配之后因公众的自发捐赠而形成的、属于再分配性质的慈善基金。这意味着，在马克思、恩格斯看来，在社会主义和共产主义社会，慈善活动的扶弱济困功能应当由社会共同体自觉承担③。

通过上面的分析可以看出，马克思主义经典作家关于慈善的否定性论述，是有着特殊背景和特殊对象的。在资本主义制度下，慈善尽管也可以使无产阶级的生活有所改善，但是它不能根本上改变资本主义的剥削制度。而对未来共产主义社会中慈善的展望，则是建立在生产力高度发达的基础上的。由此可见，马克思事实上是一个真正的大慈善家，他关心的是全人类的命运、追求的是全人类的解放。毛泽东也是一个慈善大家，"看起来，慈善家与革命家相互矛盾，其实不然。如果说慈善是施小善，那么，革命则是行大善。慈善与革命是一致的。"④ 除了对革命所做出的贡献对于改善亿万人的命运意义重大以外，毛泽东本人也做过若干帮扶贫苦的行为，如知青家长李庆霖的一封苦诉儿子在上山下乡过程中遭遇的艰难困苦生活的信曾经引起毛泽东的共鸣，毛泽东不但回信，而且从自己的稿酬中拿出300元寄给李庆霖，"聊补无米之炊"。由此可

---

① 《马克思恩格斯全集》第42卷，人民出版社1979年版，第155页。
② 《马克思恩格斯全集》第19卷，人民出版社1963年版，第20页。
③ 楼慧心：《如何解读马克思恩格斯关于慈善的否定性论述》，载《马克思主义研究》2008年第12期。
④ 李光彩：《从施小善到行大善的毛泽东》，载《党史文苑》2011年第6期。

见，毛泽东本人并没有彻底否定慈善行为。

而事实上，慈善本身也存在"异化"的问题，比如"诺而不捐"就是典型的慈善异化，企业家为了增加与政府、与工人谈判的筹码而从事慈善也是如此。① 即使强调慈善有助于社会公正的学者，也没有忽视慈善异化可能带来的社会影响。如斯坦福大学的助理教授里奇（Rob Reich）认为尽管慈善能够对不平等关系进行补正救偏，但某些领域的慈善异化恰恰加强了不平等。② 在一些情况下，慈善成为企业寻求建立良好的社会形象或建立公共关系的工具，从而使慈善背负了过多的商业目的，成为企业实现商业利益的工具。③

由此可见，我们应该全面完整地理解马克思主义经典作家关于慈善的论述，即使是对马克思主义经典作家关于慈善的否定性论述，也要放到特定的历史条件下去分析。甚至可以说，马克思主义经典作家对慈善的否定，主要是对被资本家所利用的、异化后的慈善的否定。然而，新中国成立后，面临着很多考验，尤其是受到以美国为首的西方资本主义国家政治上的孤立、经济上的封锁、军事上的包围。当时的国际国内形势，很容易让人将"慈善"理解成资本主义的伪慈善，而不能全面完整地理解马克思主义经典作家关于慈善的论述。在 20 世纪 50 年代中期，世界上已经形成了两大对峙的"冷战"阵营。我国作为社会主义阵营的一员，与西方资本主义国家在政治上处于尖锐对立的状态，更何况旧中国的慈善事业曾经有一部分是由外国传教士创办的。一提起"慈善"二字，人们很容易将它与帝国主义的对华文化侵略政策画等号，总以为外国传教士打着"慈善"的幌子，实际上充当了"殖民主义的警探和麻药"④。特别是在"文化大革命"时期，慈善被打上了阶级斗争的烙印。人们对慈善避之唯恐不及。一位上海工人向灾区捐了 200 元的行为被定性为"居心叵测，动机不良"和"往社会主义的脸上抹黑"⑤。事实上，

---

① Millington, Andrew, Markus Eberhardt, and Barry Wilkinson. Gift Giving, Guanxi and Illicit Payments in Buyer-Supplier Relations in China: Analysing the Experience of UK Companies. *Journal of Business Ethics*, 2005, 57 (3): 255–268.

② Reich, Rob. A Failure of Philanthropy: American Charity Shortchanges the Poor, and Public Policy Is Partly to Blame. *Stanford Social Innovation Review*, 2005: 24–33.

③ Verhezen, Peter. Gifts, Corruption, Philanthropy: The Ambiguity of Gift Practices in Business. *International Academic Publishers*, 2009, pp. 119–143.

④ 陈旭麓：《陈旭麓学术文存》，上海人民出版社 1990 年版，第 135 页。

⑤ 朱林根：《二十六年前的捐款》，载《新民晚报》1997 年 2 月 15 日第 2 版。

我国的社会主义制度是建立在不发达的生产力基础之上的，还只是社会主义初级阶段。正是从这个意义上我们说，"由于受马克思主义经典作家的影响，社会主义制度在中国确立后，在改革开放之前，中国领导人认为慈善是资本主义社会的东西，不需要也没有必要搞慈善事业"①。

我国慈善事业和慈善教育的兴起，是以改革开放为标志的。有研究者指出："在社会领域的很多方面都以改革开放为分水岭，发生了性质迥异、不可逆转并严格遵循中国特色社会主义理论的深层次变革，慈善事业领域即是如此。"② 这种看法有其客观依据，符合历史事实。

改革开放是一场新的伟大革命。伴随着1978年之后改革开放进程的不断深入，党和政府关于慈善的认识得以拨乱反正。在这其中，邓小平做出了历史性贡献。根据现有文献，邓小平对慈善事业的判断源自他的社会主义本质论。邓小平在著名的南方谈话中指出，社会主义的本质就是解放生产力，发展生产力，消灭剥削，消除两极分化，最终达到共同富裕。在实现共同富裕的道路问题上，邓小平提出了"先富带动后富"的著名论断。"一部分人生活先好起来，就必然产生极大的示范力量，影响左邻右舍，带动其他地区、其他单位的人们向他们学习。这样，就会使整个国民经济不断地波浪式地向前发展，使全国各族人民都能比较快地富裕起来。"③ 这时邓小平强调的是示范和学习效应，还没有提到慈善。20世纪80年代中期以后，邓小平在谈到先富带动后富的问题时，更多的是强调先富的人和地区通过多种方式来帮助和扶持落后地区和个人实现共同富裕，其中就包括慈善的方式。1985年3月，邓小平在全国科技工作会议上指出："我们提倡一部分地区先富裕起来，是为了激励和带动其他地区也富裕起来，并且使先富裕起来的地区帮助落后的地区更好地发展。提倡人民中有一部分人先富裕起来，也是同样的道理。对一部分先富裕起来的个人，也要有一些限制，例如，征收所得税。还有，提倡有的人富裕起来以后，自愿拿出钱来办教育、修路。当然，决不能搞摊派，现在也不宜过多宣传这样的例子，但是应该鼓励。"④

---

① 周秋光、曾桂林：《中国慈善简史》，人民出版社2006年版，第375—378页。
② 靳环宇：《论邓小平社会主义慈善事业发展理论》，载《社会保障研究》2009年第5期。
③ 《邓小平文选》第2卷，人民出版社1994年版，第152页。
④ 《邓小平文选》第3卷，人民出版社1993年版，第111页。

邓小平从社会主义本质论的角度提出慈善，正确区分了马克思主义经典作家关于资产阶级的伪慈善的论述和劳动人民之间的慈善的论述，实际上是对慈善的拨乱反正。伴随着改革开放的步伐，我国社会发生巨大变化，慈善事业才开始在漫长的冰封之后开始解冻。1981年中国儿童少年基金会成立，这是全国首家慈善组织；1982年成立宋庆龄基金会；1984年中国残疾人福利基金会成立；1988年中山市举行慈善万人行活动，这是全国首次区域性的慈善公开募捐行动；1988年成立中国妇女发展基金会；1989年成立了中国扶贫基金会、中国青少年发展基金会。但是，直到进入20世纪90年代，慈善事业才真正复苏。① 1994年2月24日，值"中华慈善总会"在北京成立之际，《人民日报》发表了一篇特别的社论——《为慈善正名》。这篇文章借主流媒体的声音和力量，以一种中国式的舆论宣教方式，一扫以往对"慈善"的妖魔化描述，褪去裹挟"慈善"的污名化外衣，让"慈善"公开重返政治舞台和公众视野。以这篇文章为发端，中国慈善事业回归正途，开启了一场漫长持久的自我"正名"之旅。慈善身份的"拨正"和慈善观念的"扭转"，不仅唤起了广大人民群众久违的慈善记忆，释放了社会的爱心能量和公众的慈善热情，而且赋予了慈善合法身份和合理角色，开启了中国慈善事业发展的黄金时期。②

二、我国慈善教育的初步探索和实践

慈善教育不仅是慈善事业的重要组成部分，而且是慈善事业持续健康发展的基础。慈善事业的发展势必带动慈善教育的发展。2008年12月5日，胡锦涛在会见出席中华慈善大会代表时希望各级各类慈善机构充分发挥自身优势，积极传播慈善文化，不断创新募捐方式，切实管好用好善款，以良好形象取信公众、取信社会。③ 民政部下发的《民政部关于认真学习贯彻胡锦涛总书记在会见出席2008年中华慈善大会代表时的重要讲话精神的通知》（民发〔2008〕198号），部署各级民政部门坚决

---

① 郑功成等：《当代中国慈善事业》，人民出版社2010年版，第125页。
② 刘威：《重新为慈善正名——写在〈人民日报〉社论"为慈善正名"发表二十周年之际》，载《浙江社会科学》2014年第9期。
③ 刘维涛：《胡锦涛在会见出席中华慈善大会代表时希望社会各界发扬人道主义精神 热情参与慈善活动》，载《人民日报》2008年12月6日第1版。

贯彻落实胡锦涛关于发展慈善事业的指示要求的 7 项具体任务中，第一条就是"从促进慈善事业大发展的角度，大力弘扬慈善文化，不断提高全社会的慈善意识，努力营造慈善事业发展的社会环境"①。

随着慈善事业在我国的发展，慈善教育的非正式教学不断丰富和完善，慈善的正式教育也进入一些学校的课堂中。尽管从当前我国慈善教育的现状来看，慈善的正式教育尚未在全国范围内开展，但是无论慈善正式教学还是非正式教学，都有了不同形式的实践和探索，这为从更广的范围开展慈善教育奠定了基础。

从慈善教育的实践来看，首先，慈善教育的正式教学有了不少探索。这些探索包括中小学设立的慈善课程、大学设立的慈善专业、慈善通识课、慈善学位等。虽然慈善课程并未在中小学普遍设立，但是一些学校进行了积极探索，如北京史家小学、上海甘泉外国语中学，而在大学中设立慈善课程、慈善专业和慈善学位的学校正在逐渐增多。其次，慈善教育的非正式教学范围不断扩大、形式不断创新、效果不断提高。慈善的发展和创新为慈善教育提供了鲜活的素材，而随着政府、学校、社会公众对慈善的日益关注，不仅慈善活动越来越多，而且在组织形式上也不断创新，借助网络和新媒体的发展，慈善与互联网的结合进一步促进了慈善教育的开展。如社区慈善超市的设立，为人们力所能及地参与慈善提供了便利；网络众筹平台的出现，为人们随时随地参与慈善提供了可能。

从国家对慈善教育的支持来看，在向服务型政府转型的过程中，国家对慈善事业的支持力度不断增大，对包括慈善教育在内的公民教育、道德教育的鼓励和提倡也不断加大。在国家层面出台的相关政策和文件中，将慈善纳入公民教育和道德教育中，并且不断加以强调。如 2002 年中共中央印发了《公民道德建设实施纲要》，对公民道德建设做出了整体规划，该纲要强调，要"提倡尊重人、理解人、关心人，发扬社会主义人道主义精神，为人民为社会多做好事，反对拜金主义、享乐主义和极端个人主义"，"要大力倡导以文明礼貌、助人为乐、爱护公物、保护环境、遵纪守法为主要内容的社会公德，鼓励人们在社会上做一个好

---

① 《民政部关于认真学习贯彻胡锦涛总书记在会见出席 2008 年中华慈善大会代表时的重要讲话精神的通知》（民发〔2008〕198 号），2008 年 12 月 26 日，见 http://www.mca.gov.cn/article/zwgk/tzl/200901/20090100025786.shtml。

公民。"① "做好事"、"助人为乐"和"保护环境"等慈善教育的内容被纳入道德建设之中。2013年中共中央办公厅印发的《关于培育和践行社会主义核心价值观的意见》中，要求"组织青少年参加力所能及的生产劳动和爱心公益活动、益德益智的科研发明和创新创造活动、形式多样的志愿服务和勤工俭学活动"，"以城乡社区为重点，以相互关爱、服务社会为主题，围绕扶贫济困、应急救援、大型活动、环境保护等方面，围绕空巢老人、留守妇女儿童、困难职工、残疾人等群体，组织开展各类形式的志愿服务活动，形成我为人人、人人为我的社会风气。"② 公益慈善、志愿服务作为培育和践行社会主义核心价值观的内容受到重视。2014年国务院出台的《关于促进慈善事业健康发展的指导意见》中，提出"要加强慈善从业人员劳动权益保护和职业教育培训"，"要着力推动慈善文化进机关、进企业、进学校、进社区、进乡村，弘扬中华民族团结友爱、互助共济的传统美德，为慈善事业发展营造良好社会氛围。"③ 慈善职业教育的发展是慈善教育的重要内容，而慈善文化的"五进"也离不开慈善教育。2016年全国两会期间，审议并且通过了《慈善法》，这不仅对慈善在我国经济社会发展中的地位给予了明确确认，而且对弘扬慈善文化、规范慈善发展、开展慈善教育等提出了确切的要求。

在慈善教育的兴起过程中，学术界出现了慈善教育的研究成果。其中，既有对慈善教育理论的分析，也包括对已有慈善教育探索的初步总结，例如《公益慈善概论》《中国慈善工作概论》《美德阶梯——史家小学的阳光公益》《慈善是一种文化》等。在慈善伦理教育、慈善教育与道德教育的关系、慈善教育开展的必要性等方面，已有的研究做了较好的探讨。也有一些论文对慈善教育的探索进行了经验总结，如《慈善与中小学慈善教育》对温州的慈善教育及其取得的成果进行了分析④，《慈善：一所学校的担当》对上海甘泉外国语中学的慈善教育进行了总结⑤，

---

① 《中共中央关于印发〈公民道德建设实施纲要〉的通知》，载《中华人民共和国国务院公报》2001年第32期。
② 《中共中央办公厅印发〈关于培育和践行社会主义核心价值观的意见〉》，载《人民日报》2013年12月24日第1版。
③ 《国务院关于促进慈善事业健康发展的指导意见》，载《中华人民共和国国务院公报》2015年第1期。
④ 郑恩同、邱开金、何秉欣：《慈善与中小学慈善教育》，载《温州大学学报（自然科学版）》2011年第5期。
⑤ 刘国华：《慈善：一所学校的担当》，载《思想理论教育》2012年第12期。

等等。

三、重视慈善教育是境外慈善事业发展的基本经验

现代慈善的发展始于西方,并且通过全球化的推进不断传播到世界各国,如今慈善已经成为全球话题,受到各国的普遍关注。从慈善在各国的发展来看,开展慈善教育是推动慈善事业发展的基本经验。慈善教育的开展既包括慈善进入课堂,以课程的形式传递给人们慈善观念、慈善意识等内容,也包括各种慈善实践、慈善活动等非正式教学形式,而且慈善非正式教学比慈善正式教学的历史更为久远。如导论所述,慈善活动一出现,它就发挥着对人们的教育和引导功能,而有组织地开展慈善课程教学和有计划地推动慈善非正式教学,则是慈善事业较为发达的国家和地区的重要经验。

英国是世界上首个颁布慈善法的国家,尽管最早的慈善法的颁布时间在工业革命之前,但是,工业革命之后慈善的发展更为迅速。作为世界上第一个完成工业革命的国家,英国也是最早出现较大的贫富差距的国家,而慈善是缩小贫富差距、促进社会公平正义的有效方式。工业革命之后,英国不断出台和完善与慈善相关的法律,规范和推动慈善的发展。在法律的约束和监督之下,英国的慈善运行规范,慈善组织对慈善委员会和社会公众开放,并且必须对慈善委员会和公众的质疑做出回复。在英国的学校中,从幼儿园开始,孩子们就被引导参与各种慈善活动,比如学校组织孩子们参加舞蹈演出,孩子们自己设计邀请函邀请父母参加,父母参加有一定的入场费,所有的收入扣除成本外全部捐给学校。学校对慈善教育的教授贯穿于从幼儿园到大学的整个教育阶段。社会化的慈善非正式教学形式则更为多样,如慈善超市。英国的慈善超市数量多、发展好,成为人们践行慈善的一个重要途径。英国规模最大的慈善超市是乐施会(Oxfam)的商店,它有 800 多家分店,而英国全国的慈善超市超过 7000 家。[①] 2010 年卡梅伦政府推出一项"大社会"计划(The Big Society Plan),该计划通过鼓励人们之间的互助、志愿服务、慈善组织参与公共服务,以此加强社会在公共服务提供中的力量,使每个人都成为促进社会向更好的方向发展的力量。[②] 该计划进一步丰富了慈善的

---

① 《英国的爱心超市是如何做到的》,载《河南商报》2015 年 1 月 21 日第 A14 版。
② Big Society Speech, https://www.gov.uk/government/speeches/big-society-speech.

发展形式，促进了慈善非正式教学的发展。

美国人继承了英国人乐善好施的传统，并且在新大陆上将其发扬光大。而就慈善教育的开展而言，美国从1916年开始设立社会科，慈善教育的内容即被包括在社会科之内。社会科的教学贯穿于整个学生阶段，并且在大学里设有慈善专业和慈善学位。除此之外，美国的基金会非常发达，尤其是社区基金会为人们在日常生活中接受慈善教育提供了便利。慈善组织是参与慈善正式教学和非正式教学的重要力量，在正式教学方面，他们不但出版相关的教材和刊物，而且还通过网站发布慈善教育资源[①]；在非正式教学方面，慈善组织组织和开展各种慈善活动，让人们在实践中接触慈善、参与慈善。

从境外慈善教育开展的情况来看，首先，慈善教育开展的时间较久，英国从工业革命之前就有相应的慈善教育，美国从1916年就设立了正式的慈善教育课程，这些国家的慈善教育已经有近百年的历史。即使德国、日本等国家，也都在第二次世界大战之后在学校教学体系中增加了慈善的内容。慈善教育的长期开展也使它们积累了丰富的慈善教育经验，有的国家还从全国层面制定了慈善教育的课程标准，如《全美公民与政府课程标准》《全美社会科课程标准》等。

其次，从慈善教育开展的范围来看，慈善教育已经在若干国家和地区开始了实践，这些国家不仅包括英国、美国、日本、德国、法国、澳大利亚、新加坡等发达国家，也包括马来西亚、巴西、阿根廷等新兴国家。慈善教育在我国香港地区、台湾地区也都有相应的实践。

第三，从参与慈善教育的主体来看，慈善教育不仅是学校的职责，也是家庭、社区、工作单位、政府机关、社会组织等的共同责任。比如，德国宪法明确规定了家长对孩子的责任，在家庭教育中，家长通过引导孩子关爱小动物、参加劳动、参与慈善活动等形式培养孩子的慈善意识；在学校教育阶段，以同情心为主的善良教育从学前教育就开始了，学校不但设立专门的善良教育课程，而且组织各种各样的慈善实践；慈善组织、教会、社区等通过形式多样的慈善活动、志愿服务等，引导人们参与慈善。一些慈善组织专门从事慈善教育的课程开发，促进慈善教育的开展，如"学会给予"（Learning to Give）开发的慈善教育标准课程，它

---

① Mitchell, Katharyne, and Chris Lizotte. The Grassroots and the Gift: Moral Authority, American Philanthropy, and Activism in Education. *Foucault Studies*, 2014, 18: 66 – 89.

建有专门的网站发布慈善教育的资源，教师、家长、学生都可以方便地获取。美国基督教青年会（YMCA of the USA）针对青少年的成长发展了丰富的教育内容和多样的教育形式，其观点主要有三个：青少年发展、健康生活和社会责任，慈善作为社会责任培养的一部分被给予了特殊关注，它们发展了一系列与慈善教育相关的教学内容和实践活动。①

第四，慈善教育的细化。从慈善教育在境外的开展来看，慈善教育不仅仅局限于针对大众的慈善普及教育，它已经发展出多种形式，如专门针对慈善组织从业人员的慈善职业教育。在慈善职业教育中，又根据工作性质的不同分为不同类型的教育，比如慈善组织财务方面的教育、慈善组织法律方面的教育、慈善组织管理方面的教育、慈善组织募捐方面的教育等。近年来随着大额慈善捐赠的增加，还出现了专门针对捐赠人的慈善捐赠进行指导和咨询的慈善教育机构，如纽约大学捐赠与基金资助人教育学院。境外慈善教育的开展及其积累的经验，为我国开展慈善教育提供了有益的借鉴。

第三节　慈善教育的社会环境

人不能离开环境而生存，但并不是任何环境都有利于人的成长。慈善教育也是如此。我国正处在传统社会向现代社会转型的过程中，社会发展不可避免地促进了社会流动性，人们交往范围的扩展，熟人社会向陌生人社会的转变。在熟人社会中人们的信任容易建立，对他人的帮助也是建立在相互熟识的基础上；而在陌生人社会中，本身流动性的增加使得不确定性增长，而现代社会风险性的无处不在进一步加剧了人类社会共同面临的问题的严重性。面对人们共同面临的社会问题，必须通过激发人们的同情心来促进社会团结、促进利他行为的产生。慈善是解决人类共同面临的社会问题的有效途径之一，这是被发达国家所证实的一条基本经验。从我国的情况来看，改革开放以来特别是近年来慈善事业取得了长足发展，但是从整体上看仍然处于初级阶段，阻碍慈善发展的体制障碍、社会屏障仍然存在，人们的慈善意识仍然较为薄弱，与发达国家的慈善差距仍然较为明显。在这样的情况下，发展慈善教育是有效

---

① 见 http://www.ymca.net/our-focus。

扭转慈善发展现状、促进慈善事业在我国更好更快发展的直接手段，也是促进慈善长期健康发展的重要保障。

一、社区人和社会人的生活圈子

随着经济社会的发展，我国正在逐步从传统社会向现代社会转型，与之相伴的是从熟人社会向陌生人社会的转变。在传统社会中，受交通、通信条件等的限制，人们的流动性很小，人们"生于斯，长于斯"，这样的"共同体"是建立在自然基础上的，人们本能地受到传统习俗的约束，相互知根知底，彼此充满信任；现代社会由于人们流动性的增强，人们之间的联系是个人意志的选择，规范个人行为依靠的是法律、制度，契约精神由此产生①。

在滕尼斯（Ferdinand Tönnies）对共同体的消逝怅然若失之时，另一位经典社会学大家涂尔干（Emile Durkheim）则讴歌着"有机团结"的社会代替"机械团结"的社会。在涂尔干看来，社会分工的出现使得人们之间互相依赖、相互合作，个人真正成为社会的一分子；而在机械团结的社会中，人们更多的是由于群体成员的共同情感和共同信仰而集合在一起，个人意识隶属于集体意识，甚至是被淹没在集体意识之中。机械团结的社会中个人是相似的，而有机团结的社会中个人是存在差异的。有机团结的社会使具有差异性、具有不同作用的人相互联系起来，共同促进着社会的发展。②

无论是对传统社会的悲情挽留，还是对现代社会的热情迎接，都反映了传统社会向现代社会转型过程中带来的巨大的社会变化。这种变化即使在注重经济利益和利己心的经济学家看来，仍然需要驱动人们的同情心去共同面对。在《道德情操论》一书中，亚当·斯密不断地向人们阐述同情心之于社会的重要，在他看来，对不幸者而言最幸运的莫过于找到一个向他倾诉自己的悲痛并且得到同情的人，而最不幸的莫过于对他们的灾难熟视无睹、无动于衷。③ 斯密认为同情心与人性的其他情感

---

① 〔德〕滕尼斯：《共同体与社会——纯粹社会学的基本概念》，林荣远译，北京大学出版社2010年版，第44页。

② 〔法〕涂尔干：《社会分工论》，渠东译，生活·读书·新知三联书店2000年版，第33—92页。

③ 〔英〕斯密：《道德情操论》，蒋自强等译，商务印书馆1997年版，第13页。

一样,是天性的一部分,即使是罪大恶极的犯人,也不可能全然丧失同情心,同情心能够驱使人们做一个公正的旁观者,"在任何场合,良心的影响和权威都是非常大的;只有在请教内心这个法官后,我们才能真正看清与己有关的事情,才能对自己的利益和他人的利益作出合宜的比较"①。正是由于同情心、良心等美德的约束,才使个人在进行自我利益和他人利益比较后,做出合宜的选择,而不仅仅是在利己心的驱动下一心为己。斯密的这一观点与功利主义存在鲜明的差异,而与斯密同一时代的哲学家休谟(David Hume)认为"慈善(也就是伴随着爱的那种欲望)是对所爱的人的幸福的一种欲望和对他的苦难的一种厌恶"②,它与怜悯相关联,"慈善借一种自然的和原始的性质与爱发生联系"③。因此,慈善能够给人带来天然的快乐,但是休谟也注意到人们在慈善的同时能给人带来一些功利性的收获。

　　从社会转型的视角来看,我国正处于从传统社会向现代社会的转型过程中,城市社会在单位制逐渐走向消亡的过程中,已经逐步实现了向陌生人社会的转变。在现代商业住宅小区内,社区居民来自不同的工作单位、不同的社会背景,甚至不同的省市乃至国家,社区居民本身的这种异质性使得社区自身变得复杂,同时,由于现代人以工作为中心的生活节奏,社区居民往往过着朝九晚五的生活,人们在社区内活动和接触的机会比传统社会中的人们要少得多。这些因素共同导致了现代社区越来越成为陌生人构成的生活场域,社区内部的居民熟识度低,甚至居住在同一栋楼里的居民也不了解彼此的情况。而在工作单位中,由于职场竞争压力的加剧和专业分工的细化,人们在工作中的交际也受到较大的限制。因此,现代社会越来越成为一个由陌生人构成的社会。

　　伴随陌生人社会的来临,人们的感情变得冷漠,"闲事少管,只推不揽"和"各人自扫门前雪,莫管他人瓦上霜"成为很多人信奉的做事原则,以至于人们之间彼此冷漠、漠不关心,就连基本的同情心也被"理智"给泯灭。比如2011年广东佛山发生的"小悦悦事件":一位2岁的小女孩先后被两辆车碾压,路过的多名行人无一人救援,最后由一位拾荒者救起。即使考虑到我国当前社会诚信度较低,做好事有可能反而被

---

① 〔英〕斯密:《道德情操论》,蒋自强等译,商务印书馆1997年版,第163页。
② 〔英〕休谟:《人性论》,关文运译,商务印书馆1996年版,第419—420页。
③ 〔英〕休谟:《人性论》,关文运译,商务印书馆1996年版,第421页。

讹诈从而使一些人背负了做好事的心理障碍，但是，7 分钟内 18 位路人无一人伸出援手，的确让人倒吸一口凉气。孟子说"今人乍见孺子将入于井，皆有怵惕恻隐之心"①，而现代人在面对一个 2 岁的小女孩被碾压于车轮之下时竟然无动于衷，人与人之间的冷漠已经达到了冰点。人际冷漠是随着熟人社会向陌生人社会的转变而出现的②，但这并不意味着陌生人社会中就应该人际冷漠。事实上，从发达国家的情况来看，进入陌生人社会之后，它们恰恰发展出了许多应对人际冷漠的方式和方法，比如通过立法来规定人们救助危难的责任和义务，如法国的《法国刑法典》中有一项罪名是"怠于给予救助罪"③。

现代性本身孕育着风险和危机，我们已经身处风险社会之中④，无论是人们感受到的环境污染、交通拥堵、流行病传播、自然灾害，还是潜伏在我们身边的各种物理和化学的危机，都使我们时刻处于危机之中。而全球化和现代技术的发展则使危机和风险的传播比传统社会快得多，比如流行病在全球范围的扩散、全球性的气候变暖、海平面上升等。陌生人社会在面对这些现代性风险时必须要能够调动人们普遍参与，使人们共同面对社会风险。

此外，现代化推动的技术的进步、医疗卫生条件的改善等带来的人均预期寿命的增长，推动了人类社会迈入老龄社会。国际上一般将 60 周岁以上人口占总人口的比例达到 10% 或 65 周岁以上人口占总人口的比例达到 7% 作为进入老龄社会的标志。⑤ 根据国家统计局的统计，截止到 2017 年底，我国 60 周岁以上的人口达到 2.4 亿，占总人口的 17.3%，其中 65 周岁及以上的人口数量为 1.58 亿人，占总人口的 11.4%。⑥ 无论是按照哪个标准，我国都已经进入了老龄社会。实现"老有所养、老有所医、老有所乐、老有所学"对现代社会与老年人有关的社会服务供

---

① 《孟子·公孙丑上》。
② 黄瑜：《"人际冷漠"的伦理困境——"道德认同"的现代性难题与应对》，载《道德与文明》2013 年第 6 期。
③ 葛晨虹：《"道德冷漠"及社会道德问题思考》，载《苏州大学学报（哲学社会科学版）》2012 年第 2 期。
④ 〔德〕贝克：《风险社会》，何博闻译，译林出版社 2004 年版，第 2 页。
⑤ 张再生：《中国人口老龄化的特征及其社会和经济后果》，载《南开学报》2000 年第 1 期。
⑥ 中华人民共和国国家统计局：《中华人民共和国 2017 年国民经济和社会发展统计公报》，载《人民日报》2018 年 3 月 1 日第 10 版。

给提出了更高的要求，它不仅要求社会能够为老年人提供基本的生活服务，还要能够满足老年人的精神需求，使老年人能够老有所用。但是，从我国现有的社会保障水平来看，还远远不能满足这些要求。现代化发展带来的人们个体性的增强使得我国传统的家庭养老模式开始受到挑战，这进一步加剧了老龄社会的挑战。如何应对老龄社会带来的新问题成为我国今后将长期面临的一个问题。

慈善是人们面对现代风险和老龄社会到来的一种有效方式和必要补充。慈善提倡的是利他行为，它通过激发人们的同情心、促进人们关注他人的命运和感受，在设身处地思考他人危难的同时，主动承担对社会的责任。慈善产生的这种利他行动，不仅能够给受助者带来直接的帮助，而且能够感召更多人参与慈善，从而实现以善促善，使更多的人加入慈善的行列，形成共同面对人类社会面临的社会问题的局面。从发达国家的经验来看，在进入现代社会之后，面对层出不穷的社会问题，慈善成为应对陌生人社会背景下各种风险的有效手段[1]，也是应对老龄社会的必要方式[2]。慈善不仅直接参与社会问题的解决，而且在社会上营造了共同关注社会问题、促进社会问题解决的氛围，从而对于促进社会的稳定发展发挥着重要作用。慈善组织、社会企业等是参与老年服务提供的重要力量，它们不仅能够满足老年人的基本需求，还能够为满足其多元化的社会需要提供可能。[3] 同时，慈善还通过鼓励较为年轻的老年人为更为年老的老年人提供社会服务，通过志愿储蓄银行等方式来推动老年人的互助。[4] 在今天，慈善已经成为一支不容忽视的社会力量，它不断参与各类社会问题的处理，推动着社会信任的建立和巩固[5]、促进着社

---

[1] Shrivastava, Paul. Ecocentric Management for a Risk Society. *Academy of Management Review*, 1995, 20 (1): 118-137.

[2] Alley, Dawn, et al. Creating Elder-Friendly Communities: Preparations for an Aging Society. *Journal of Gerontological Social Work*, 2007, 49 (1-2): 1-18.

[3] 高传胜：《社会企业与中国老龄服务供给》，载《社会科学研究》2015年第3期。

[4] Burr, Jeffrey A., Francis G. Caro, and Jennifer Moorhead. Productive Aging and Civic Participation. *Journal of Aging Studies*, 2002, 16 (1): 87-105.

[5] Bekkers, René. Trust, Accreditation, and Philanthropy in the Netherlands. *Nonprofit and Voluntary Sector Quarterly*, 2003, 32 (4): 596-615.

会关系和谐稳定，从而助推社会善治的实现①。

二、我国慈善事业面临的形势

慈善事业的发展离不开国家的政策支持，国家的政策支持不但为慈善事业的发展创造了良好的制度环境，而且营造了良好的社会慈善氛围，直接推动了我国慈善事业的发展。如前所述，从历史的角度来看，国家对慈善事业发展的政策经历了由否定到态度模糊到支持的过程。② 中华人民共和国成立后的很长一段时间内，国家将慈善事业看作是资产阶级虚伪的表现，在计划经济条件下，国家包办一切社会福利，慈善事业处于停滞状态。1978—1994 年间，官方对慈善不再彻底否定，但也没有明确支持，而且迫于财政方面的压力，国家开始设立一些官办的基金会吸纳社会捐赠，如中国儿童少年基金会、宋庆龄基金会、中国青少年发展基金会、中国扶贫基金会等。1994 年以后，政府对慈善的态度发生了巨大转变，当年成立了中华慈善总会，《人民日报》发表了《为慈善正名》的社论，将慈善看作"维系人心向善从美的力量"，"推动社会向前发展的一种精神和物质动力"，提出"社会主义需要自己的慈善事业，需要自己的慈善家"③ 的观点。支持慈善事业发展的国家政策不断出台，促进了慈善事业在我国的发展。

进入 21 世纪以来，慈善事业的发展进一步得到了国家政策的支持。2001 年国民经济与发展计划中有史以来第一次出现了支持发展慈善事业的论述，当年通过的"十五"计划提出要"发展慈善事业，加强对捐助资金使用的监管"④。2004 年，党的十六届四中全会进一步提出要"健全社会保险、社会救助、社会福利和慈善事业相衔接的社会保障体系"⑤。慈善事业作为社会保障体系的重要组成部分，成为加强党的执政能力建设的重要内容。2005 年支持慈善事业发展的内容第一次出现在国

---

① Bortree, D. S., and R. D. Waters. Admiring the Organization: A Study of the Relational Quality Outcomes of the Nonprofit Organization-Volunteer Relationship. *Public Relations Journal*, 2008, 2 (3): 1–17.
② 邓国胜：《中国富人捐赠水平及其变化原因》，载《中国行政管理》2013 年第 2 期。
③ 孙月沐：《为慈善正名》，载《人民日报》1994 年 2 月 24 日第 1 版。
④ 《中华人民共和国国民经济和社会发展第十个五年计划纲要》，载《中华人民共和国国务院公报》2001 年第 12 期。
⑤ 《十六大以来重要文献选编》（中），中央文献出版社 2006 年版，第 287 页。

务院总理的《政府工作报告》中，之后的 2006 年、2007 年、2008 年的《政府工作报告》中，都提到了支持慈善事业发展。2005 年，民政部制定了《中国慈善事业发展指导纲要（2006—2010 年）》，这是首部对慈善事业发展进行规划的指导性文件。纲要明确要求弘扬慈善文化、培育建设慈善组织和志愿服务组织、完善慈善税收优惠政策、开发慈善救助项目、加强慈善工作队伍建设等。① 2006 年制定的"十一五"规划指出："鼓励开展社会慈善、社会捐赠、群众互助等社会扶助活动，支持志愿服务活动并实现制度化。"② 2007 年党的十七大报告在提到加快建立覆盖城乡居民的社会保障体系时指出，"要以社会保险、社会救助、社会福利为基础，以基本养老金、基本医疗、最低生活保障制度为重点，以慈善事业、商业保险为补充，加快完善社会保障体系"③。2007 年全国人大通过的《企业所得税法》和 2011 年修改的《个人所得税法》分别对企业捐赠和个人捐赠享受的税收优惠政策做了明确说明。民政部、财政部也联合发文对公益性捐赠税前扣除资格认定和非营利组织免税资格认定等做了明确规定，并开始在全国范围内实施这两项与慈善有关的税收优惠政策。2011 年通过的"十二五"规划指出："加快发展慈善事业，增强全社会慈善意识，积极培育慈善组织，落实并完善公益性捐赠的税收优惠政策。"④ 2011 年，民政部发布了《中国慈善事业发展指导纲要（2011—2015 年）》，继续对慈善事业的发展进行总体规划和引导。

面对人们日益高涨的慈善参与热情，2012 年党的十八大报告进一步强调要"完善社会救助体系，健全社会福利制度，支持发展慈善事业"⑤。党的十八大以来，促进慈善事业发展的具体政策不断颁布，为慈善组织参与政府购买服务、实现直接登记管理、参与社会治理等提供了政策依据和支持。2013 年 11 月，党的十八届三中全会提出要"完善慈善捐助减免税制度，支持慈善事业发挥扶贫济困积极作用"，"重点培育

---

① 《中国慈善事业发展指导纲要（2006—2010 年）》，载《中国民政》2005 年第 12 期。
② 《中华人民共和国国民经济和社会发展第十一个五年规划纲要》，载《中华人民共和国国务院公报》2006 年第 12 期。
③ 《十七大以来重要文献选编》（上），中央文献出版社 2009 年版，第 30 页。
④ 《中华人民共和国国民经济和社会发展第十二个五年规划纲要》，载《人民日报》2011 年 3 月 17 日第 1 版。
⑤ 《十八大以来重要文献选编》（上），中央文献出版社 2014 年版，第 29 页。

和优先发展行业协会商会类、科技类、公益慈善类、城乡社区服务类社会组织，成立时直接依法申请登记"①。2014年10月29日，李克强总理主持召开国务院常务会议，确定发展慈善事业的措施，会议认为应该通过落实和完善公益性捐赠减免税政策、优先发展具有扶贫济困功能的社会组织和强化行业自律与社会监督来促进慈善事业健康发展②。11月24日，国务院出台了《关于促进慈善事业健康发展的指导意见》（国发〔2014〕61号），这是第一次以国务院的名义对慈善事业发展进行规划和指导的文件，显示了中央政府对慈善事业发展的支持。十二届全国人大四次会议不仅对《慈善法》进行了审议并且通过了立法，以法律的形式对慈善事业的发展做出了明确要求、对慈善的发展给予法律保障，而且在相关部门的推动下，学习《慈善法》的培训班、相关配套的法律法规不断涌现，推动了全社会了解、认识和遵守《慈善法》。

国家政策的支持为慈善事业的发展扫清了制度障碍，是慈善事业发展的前提条件，而国家经济实力的增强、人民物质生活水平的提高则为慈善的发展提供了坚定的物质基础。试想在物质匮乏的时代，人们自顾不暇，遑论关心和顾及他人的生活状态。只有在具备了一定的物质条件后，人们才有可能去奉献自己的物力、体力和智力为他人服务。1978年以来我国的经济建设取得了辉煌的成就，这为人们从事慈善提供了可能。根据国家统计局的统计，1978年我国国内生产总值只有3645亿元，人均国内生产总值381元，人均国民总收入190美元③，到2017年，全年国内生产总值初步核算为827122亿元，全年全国居民人均可支配收入25974元。④ 人们经济条件的巨大改善，直接推动了人们参与慈善。

在党和政府的政策支持下，随着人们物质生活水平的极大改善，我国的慈善事业也取得了突飞猛进的发展，这种发展最直接地体现在三个方面，即慈善捐赠、慈善组织和志愿服务。

从慈善捐赠的情况来看，当前我国的慈善捐赠统计有不同的口径，

---

① 《十八大以来重要文献选编》（上），中央文献出版社2014年版，第537—540页。
② 《李克强主持召开国务院常务会议》，载《人民日报》2014年10月30日第2版。
③ 《大改革 大开放 大发展——改革开放30年我国经济社会发展成就系列报告一》，见http://www.stats.gov.cn/ztjc/ztfx/jnggkf30n/200810/t20081027_65687.html。
④ 中华人民共和国国家统计局：《中华人民共和国2017年国民经济和社会发展统计公报》，载《人民日报》2018年3月1日第10版。

主要包括社会服务发展公报、《中国统计年鉴》、慈善蓝皮书和《中国慈善捐助报告》。比较这4个主要的捐赠数据可以发现，尽管4个数据给出的同一年度的捐赠额存在一定的差异，但是整体上我国的慈善捐赠数额在近年来快速增长，尤其是2008年，受年初雪灾和之后的汶川大地震的影响，慈善捐赠在当年井喷式增长；受2011年慈善危机事件的影响，慈善捐赠有所下降，但是与2008年之前相比，慈善捐赠仍然维持在较高的水平。根据《2016年度中国慈善捐助报告》，2016年社会各界的捐赠总额达1392.94亿元。①

从慈善组织的发展来看，目前尚未出现对全国范围内公益慈善类社会组织的单独统计，但是可以从几个方面来窥测其发展。根据《中国统计年鉴》的数据，2003年我国有社会组织26.7万个，其中基金会954个②；到2017年底，全国共有社会组织76.2万个，其中基金会6307个③。自2013年实施公益慈善类社会组织直接登记以来，慈善组织得到了快速发展。

从志愿服务来看，2008年的汶川地震和北京奥运会直接推动了我国志愿服务的高潮。据估计，2008年当年，我国志愿者数量至少增加了1472万人，汶川地震后深入灾区的国内外志愿者队伍总量在300万人以上，在后方参与抗震救灾的志愿者人数在1000万以上。④ 2017年全年有1716.4万人次在社会服务领域提供了5395.6万小时的志愿服务。⑤ 除此之外，我国慈善事业的发展还呈现出更为多元化的趋势，如慈善超市的发展，从2003年上海建立全国第一家慈善超市，到2017年底，全国已经有慈善超市8969家。⑥ 社会企业、慈善众筹、公益创投、网络慈善、微慈善等更为多元和灵活的慈善方式不断涌现，共同促进着我国慈善事业的发展。

---

① 皮磊：《2016年全年捐赠总额达1392.94亿元》，载《公益时报》2017年11月7日第2版。
② 《中国统计年鉴2014》，见http://www.stats.gov.cn/tjsj/ndsj/2014/indexch.htm。
③ 《2017年社会服务发展统计公报》，见http://www.mca.gov.cn/article/sj/tjgb/2017/201708021607.pdf。
④ 张逢：《2008：社会捐赠井喷》，载《公益时报》2012年7月10日第10版。
⑤ 《2015年社会服务发展统计公报》，见http://www.mca.gov.cn/article/zwgk/mzyw/201607/20160700001136.shtml。
⑥ 《2017年社会服务发展统计公报》，见http://www.mca.gov.cn/article/sj/tjgb/2017/201708021607.pdf。

从慈善事业发展的政策环境来看,党和政府对慈善事业越来越重视,不断出台有利于慈善事业发展的利好政策,推动着慈善事业的健康发展。从慈善事业发展的历程来看,我国的慈善事业在多方面取得了较快发展。但是,将我国的慈善事业发展置于国际环境中进行比较可以发现,当前我国的慈善仍然处于发展的初级阶段,与发达国家的慈善发展水平还有较大的差距。仅以慈善捐赠为例,美国的慈善捐赠占国内生产总值的比例常年维持在2%左右[1],而我国慈善捐赠占国内生产总值的比例不足0.2%[2],相差巨大,也客观反映出我国当前的慈善捐赠与我国的富裕程度不相匹配。

在看到我国慈善事业发展与发达国家慈善事业发展的差距的同时,还要看到造成这种差距的原因,即制约我国慈善事业发展的因素。事实上,尽管当前国家政策的支持为慈善事业发展扫清了制度性的障碍,但是阻碍慈善事业发展的因素仍然存在,如人们的慈善意识仍然薄弱、社会慈善氛围淡薄,这些社会性因素不是一两项国家政策就能够改变的,它需要经过长时间的培育。以慈善意识为例,要提升人们的慈善意识就需要加强对人们的慈善教育,而教育是一个长期的过程,不可能通过一次慈善教育就实现人们慈善意识的飞跃,它需要日积月累的努力才能提升,社会慈善氛围的营造亦是如此。此外,尽管国家政策对慈善事业的支持力度不断加大,但是由于慈善事业的发展在我国缺乏必要的经验,我国当前支持慈善事业发展的措施都是一些尝试和探索,因此,促进慈善发展的力度存在不足,比如慈善税收优惠的比例太低,难以真正发挥税收激励作用。也正是因为缺乏建设慈善事业的经验,我国在促进慈善事业发展的过程中对制度性建设的重视不足,比如慈善组织发展缺乏制度保障、对慈善事业缺乏系统的社会监督等,这些因素都影响着我国慈善事业的可持续发展。

三、中外慈善意识和行为的反差

慈善意识也称慈善观念,是指人们对慈善事业的看法、观点和态

---

[1] *The Giving USA 2017 Report Highlight*,https://store.givingusa.org/a/downloads/-/404e17061ba0f393/f3c601335f8a8f17。

[2] 皮磊:《2016年全年捐赠总额达1392.94亿元》,载《公益时报》2017年11月7日第2版。

度①，它直接影响到人们的慈善参与意愿。不同的研究者从自己的学科视角观察，得出了我国居民普遍缺乏慈善意识的结论②，笔者曾经主持过一项在全国五大城市的调查，用定量数据对当前我国居民的慈善意识进行了分析。结果发现，83.01%的被调查者认同"慈善是一种自愿地奉献爱心和捐助的行为"，73.09%的被调查者认同"慈善事业能够促进社会公平、体现社会正义"，67.41%的被调查者认可"在社会保障体系不健全的条件下，应该大力发展慈善事业"，56.89%的被调查者认可"发展慈善事业是政府的责任"，41.58%的被调查者认同"发展慈善事业是富人的责任"，79.10%的被调查者认同"发展慈善事业需要每一个社会成员的参与"，70.34%的被调查者认同"社会名人（明星）参加慈善活动能产生很好的示范和表率作用"，43.91%的被调查者认同"有许多人参加慈善活动是为了扬名"③。整体上，尽管人们认可慈善的社会功能，并且相当大比例的人们已经认识到慈善事业需要每个人的参与，但是将慈善看作政府的责任、富人的责任的比例仍然很高，这与现代慈善理念相悖。尤其是，在当前我国的社会背景下，人们的慈善意识并没有直接转换为慈善意愿和自愿的慈善行为，这实际上恰恰说明了人们的慈善意识仍然有待提高。

进行国际比较则更能发现我国居民慈善意识的薄弱，帕特南对美国社会的研究发现，"为他人奉献自己的时间和金钱是美国社会长期以来的独特传统。美国公民的乐善好施行为比其他国家的公民要多出一倍。"④实际上，根据慈善援助基金会（Charities Aid Foundation）对全球主要国家进行的调查，综合慈善捐赠、志愿服务和帮助陌生人三个指标的分析，缅甸是最慷慨的国家，美国紧随其后，澳大利亚、新西兰、斯里兰卡、加拿大、印度尼西亚、英国、爱尔兰、阿拉伯联合酋长国等位居最慷慨国家排行榜前十位。在我国普遍存在的一种观点认为，慈善是富裕之后才去做的事情，但是在国外，人们在经济条件不富足的情况下进行慈善捐赠非常普遍。林达在给朋友的信中曾经写过自己对美国年轻人慈善捐

---

① 孟令君：《中国慈善工作概论》，北京大学出版社2008年版，第110页。
② 郑功成：《中国慈善事业的发展与需要努力的方向》，载《学海》2007年第3期。
③ 石国亮：《我国居民的慈善意识及其影响因素——基于全国五大城市的调查分析》，载《理论探讨》2014年第2期。
④〔美〕帕特南：《独自打保龄——美国社区的衰落与复兴》，刘波等译，北京大学出版社2011年版，第127页。

赠的观察和认知：

> 在美国的年轻人中间，向保护环境和保护野生动物的组织捐款的特别多……他们本身都不富裕，每一美元都挣得不容易，但是给这些组织一捐就是几十元。你真的很难想象这里的年轻人对野生动物的热情。还有一些非政治倾向的人权组织，得到美国年轻人的捐款也比较多。①

在慈善捐赠之外，志愿服务和对陌生人的帮助通常情况下都是时间和精力的付出，与经济能力的关系较弱。但是，我国居民在志愿服务和帮助陌生人方面的表现，都排在世界各国比较靠后的位置。② 这更加反映出人们慈善参与意识的薄弱。从认知和行为的角度综合来考察我国居民的慈善意识可以发现，尽管在认知方面人们的慈善意识较好，但是在行为方面，与国际社会存在较大的差距。

---

① 林达：《历史深处的忧虑——近距离看美国》，生活·新知·读书三联书店1997年版，第136页。

② *World Giving Index 2016*：*The World's Leading Study of Generosity*，https：//www.cafonline. org/docs/default-source/about-us-publications/1950a_wgi_2016_report_web_v2_241016.pdf? sfvrsn=4.

第四章 慈善教育的愿景、现状和发展战略

> 吾侪之职,扬善固所乐为,隐恶则所不许。
>
> ——李大钊

愿景、现状和发展战略是三个紧密相连的问题,其中,现状是逻辑起点,发展战略是逻辑中介,愿景是逻辑终结。简单地说,愿景就是大家愿意看到的(期望的)、大家愿意为之努力的(主动的)、通过努力可以步步接近的(可接受的)一个梦想,具有前瞻性,它如同前进中的灯塔,对事物的发展起着重要的指引作用。现状就是目前的状况,具有客观性,它是制定发展战略、实现愿景的客观基础。发展战略则是对全局的、长远的发展规划和策略的概括、综合,具有纲领性,是从现状达至愿景的桥梁。就慈善教育而言,明确的发展愿景是慈善教育需要努力实现的梦想,而要实现这样的慈善愿景必须充分了解、科学把握当前慈善教育的现状,并据此设计实现慈善教育愿景的战略。从现实生活来看,每个人都是慈善教育的受教育者,都会考虑自身的利益,因此,慈善教育要使人看到个人利益与社会利益的统一,恰如著名的教育学家泰勒(Ralph W. Tyler)所言:"一个人的美好生活,就是不断地试图使自己变得更富有人情,也就是更善于学习、更有助于他人,为建设一个尊重每个人的潜力、不贪图他人为自己服务的社会贡献力量。"[①] 只有每个人都更乐于助人,社会环境才能更为友善,人的潜能才能更好地发挥,社会才能更为美好。反之,不但个人才能无法施展,社会也将更为复杂,风险性会随之增加。慈善教育的愿景、现状和发展战略是慈善教育中最重

---

① Schubert, William H., and Ann Lynn Lopez Schubert. Ralph W. Tyler in Review: An Interview and Antecedent Reflections. *Journal of Thought*, 1986, 21 (1): 7–14.

要的问题，它关系到慈善教育的全局。因此，本章的内容是一个纲领，它引导后面章节的展开，后面几章的内容都是对慈善教育发展战略的延伸、扩展和具体化。

第一节 慈善教育的愿景

慈善教育的愿景是慈善教育要实现的长远目标。根据现代慈善的发展要求和趋势，以及我国慈善教育的社会背景，我国慈善教育的愿景应该由三个相互联系、不断逻辑递进的目标构成，即以善促善、人人慈善以及向慈善强国迈进。其中，以善促善是基础层次的目标，人人慈善是更高层次的目标，向慈善强国迈进则是最终的目标。具体来说，人是社会性动物，会受到家人、同辈群体、重要他人、公众人物、榜样等的影响，慈善教育要充分认识到他人慈善对人们的普遍影响，利用好典型示范，积极推动用先进人物的善行来促进更多的善行。通过以善促善，在全社会范围内营造良好的慈善氛围，慈善教育能够有效推动人们慈善意识的增强和慈善行为的实践，从而促进人人慈善的实现。从国际视野来看，慈善事业在全球范围内正经历着快速的发展，开展慈善教育要从挖掘我国居民的慈善潜力、促进慈善强国建设的角度着眼，努力推动我国向慈善强国迈进。全体社会成员普遍的慈善参与不但能够弘扬我国的慈善文化，培育和践行社会主义核心价值观，而且能够推动慈善文化的发展、慈善资源的整合，进而不断推进我国向慈善强国迈进，使我们真正成为现代意义上的具有高度慈善文明的国家。

一、以善促善

人不是一个孤岛，人是社会性的动物，在广泛的社会实践活动中，人要与他人进行互动、沟通和交流，在互动的过程中会产生相互影响。家人、朋友、同辈群体、公众人物、重要他人等都能够对人们产生深刻的影响。慈善教育要充分利用人们的相互影响，以人们的善念带动更多人的善念，以人们的善行推动更多人的善行，从而实现以善促善。以善促善是一种慈善的良性循环，它不但能够通过人们的慈善行动感召和鼓励更多人的慈善行动，而且能够在全社会营造一种乐观向善、宽容友爱的社会氛围，从而使整个社会环境朝着有利于慈善发展的方向迈进和转变。在以善促善的社会环境下，人们的慈善意识得以培育，慈善习惯得以养成，慈善精神得以弘扬。

要实现以善促善，慈善教育首先要引导人们以包容之心对待慈善。慈善动机和慈善效果的统一是最理想的状态，但是对于已经参与慈善的人，无论他是出于社会压力而进行慈善，还是为了扬名而进行慈善，还是为了社会公益而慈善，只要他做出了慈善，他就开始了自己的道德积累。与那些没有参与慈善的人相比，他就应该得到尊重和支持。慈善教育要引导人们正确看待慈善动机，在现阶段我国的慈善整体发展水平较低的情况下，应该首先鼓励人们参与慈善，在慈善参与过程中不断地端正人们的慈善动机，最终使人建立内在驱动的、利他导向的慈善动机。如果慈善教育不能合理引导人们妥善看待现阶段的慈善行为，而是使人们过分地从道德评判的角度对慈善参与进行剖析甚至是苛求人人都应该以纯粹利他的动机参与慈善，那不但脱离我们现阶段慈善发展的实际，也不利于鼓励人们广泛的慈善参与。

其次，慈善教育要通过加强对受助者的感恩教育，使受助者在接受慈善援助后，能够将慈善发扬下去。我国传统文化中历来重视"知恩图报""饮水思源"，慈善教育要将感恩教育融入其中。在现代社会，感恩的对象不只是施予者，而应该是感恩社会。将施予者的慈善行为作为榜样，鼓励受助者向施予者学习，将施予者的慈善精神传递下去、发扬光大，这也是以善促善的重要体现。

第三，慈善教育要通过对慈善人物、慈善故事等的宣传和推广，通过实际的慈善参与，使人们感受到慈善的感召力，从而自觉参与慈善。以善促善在最广泛的意义上就是要通过人们的善行来鼓励和促进更多的善行，推动形成人人关注慈善、人人参与慈善的氛围。在这种氛围的影响下，人们更容易受到他人慈善观念、慈善行为的影响，慈善将更可能成为人们自觉自愿的行为，从而实现慈善人人可为、人人乐为的全民实践。

慈善教育通过普遍的教育和引导，使以善促善成为普遍的慈善认知和社会道德风尚，在这种良好的慈善风尚的引领下，人们的慈善参与将不断地推动更多的人参与慈善，不仅富人、公众人物、明星、官员参与慈善，社会公众也将更为积极地参与慈善，这种以善促善能够产生巨大的社会影响力，从而使慈善的积极效应得到充分发挥，进而推动我国慈善事业的现代转型和社会文明程度的提高。

二、人人慈善

人人慈善也可以称之为全民慈善，是指全体社会成员都心存善念、自觉参与慈善，为社会公益事业、为我国慈善事业的发展贡献自己的力量。传统慈善强调富人慈善，认为富人具备良好的经济基础，是参与慈善的最重要力量。的确，富人因拥有较好的经济资源，具备从事慈善的条件，他们的慈善参与能够为社会问题的解决提供直接的帮助。现代慈善不否认富人慈善，而且认为先富起来的人应该先善起来，因为一方面富人有相应的经济基础，有能力行善；另一方面富人拥有丰富的经济基础后会追求更高层次的精神需求的满足，从而更愿意去帮助别人。① 而且，不可忽视的是，富人慈善能够为社会公众提供良好的示范，促进以善促善，推动全民慈善。

但是，仅有富人参与的慈善不是现代慈善追求的理念，在任何一个社会中，富人都是社会中的少数群体，普通人是社会中的大多数，期待通过占人口比例极少数的富人参与慈善来解决社会弱势群体的问题是不现实的。普通人尽管不像富人那样具备雄厚的经济基础，但是普通人可以从自身出发量力而行，积少成多，千百万普通人的慈善参与终将带来较大的社会改变。富人慈善虽然能够产生较大的影响，但是富人的数量毕竟有限，社会的绝大多数人是普通人。诚如中国扶贫开发协会副会长陈怀德所言："人生的价值不在于官大官小，也不在于钱多钱少，而在于你对这个社会付出了多少，贡献了多少。滴水可以成河，只要我们每人走出一小步，这个社会就能前进一大步。"② 也就是说，在慈善参与中每个人的一小步，将助推社会向前发展的一大步，诚如莫言所言："千百万人的善念，会形成一种巨大的道德力量，这种道德力量会使很多丑恶现象得到限制，使很多不正确的东西得到校正"③，由此可见普通人参与慈善积少成多的力量。从这个意义上说，"全民慈善优于富人慈善"④。

---

① 雷永胜：《先富起来的人也要先善起来》，载《中国慈善家》2015 年第 6 期。
② 王勇：《陈怀德、胡静：以爱的名义书写慈善人生》，载《公益时报》2014 年 4 月 22 日第 20 版。
③ 景延安、韩亚栋、李放：《著名作家莫言：中国现在的反腐力度超过了我的想象》，见 http://www.ccdi.gov.cn/yw/201501/t20150101_49558.html。
④ 王振耀：《现代慈善的十大基本理念》，载《当代社科视野》2011 年第 6 期。

从富人慈善走向人人慈善是慈善现代转型的重要标志，慈善教育要传播人人慈善、全民慈善的观念，使人们认识到慈善是人人可为的社会事业，每个人都可以从身边做起参与慈善。通过对人们进行普遍的慈善知识传递，慈善教育能够培养人们的慈善观念和慈善意识，并且通过日常的生活实践让人们践行慈善，从而推动人人慈善的实现。

在推动人人慈善实现的过程中，慈善教育首先要端正人们的慈善动机，慈善动机是人们参与慈善的原始动力，无论出于什么动机，只要是参与了慈善，就是对社会做出了贡献，就值得学习和称赞。关于动机与效果的关系，毛泽东曾做过深刻的分析。在他看来，唯心论者是强调动机而否认效果的，机械唯物论者是强调效果而否认动机的。辩证唯物主义论者是动机和效果的统一论者。检验主观愿望即其动机是否正确，是否善良，"不是看他的宣言，而是看他的行为"。"社会实践及其效果是检验主观愿望或动机的标准。"① 这意味着，从动机和效果的统一来看，只有慈善动机和慈善效果一致才能使慈善实现更好的发展，才能达到社会效益最大化。因此，慈善教育应该端正人们的慈善动机，内在驱动的利他导向的慈善动机是现阶段最能与我国传统慈善文化相承接、与我国人民乐善好施的慈善传统相传承、与我国国情相适应、与现代慈善观念相一致的慈善动机。

根据动机的来源，动机可以分为内在动机和外在动机。与外在动机相比，内在动机更具有持久性。诚如美国教育学家布鲁纳（Jerome Seymour Bruner）发现的推动学习的真正动力是内在动机一样②，推动慈善行为的真正动机也是内在动机。内在动机是人们发自内心的驱动，是推动人们从事某事的持久的动力。研究发现，出于内在动机而从事慈善获得的满足感比通过慈善获得相应的利益交换而获得的满足感要更强。③ 内在的慈善动机能够激发人们不断认识慈善、了解慈善、从事慈善，使慈善真正成为一种习惯、成为一种价值观、成为一种生活方式。这与我国倡导的包括"友善"在内的社会主义核心价值观相一致，也是人们积

---

① 《毛泽东选集》第 3 卷，人民出版社 1991 年版，第 868 页。

② Malone, Thomas. Toward a Theory of Intrinsically Motivating Instruction. *Cognitive Science*, 1981, 4: 333 – 369.

③ Mary Finley Wolfinbarger. Motivations and Symbolism in Gift-Giving Behavior. In Marvin E. Goldberg, Gerald Gorn, and Richard W. Pollay (eds.). *NA-Advances in Consumer Research*. Provo, UT: Association for Consumer Research, 1990, pp. 699 – 706.

极践行社会主义核心价值观的体现。

与利己动机相比,利他动机更能促使人们做出慈善行为。即使是在《国富论》中一再强调利己心对促进经济发展重要性的亚当·斯密,在生前曾精心对以利他心为主要内容的《道德情操论》修改了6稿,由此可见他对利他心的重视和强调。利己的慈善动机只是为了一时的自身利益而做出慈善选择,一旦个人不再需要通过慈善获得利益时,慈善行为就随之终止了,因此它不能推动持久的慈善行为的产生。利他的慈善动机则是将自己的利益置身事外、为了提升他人的生活品质而做出慈善行为,这种慈善动机能够引导个人通过慈善捐赠获得心理满足、实现自我价值,从而促进人们持续性的慈善行为的产生。由此可见,要促进现代慈善事业的发展,必须积极引导人们建立内在驱动的利他导向的慈善动机。

慈善的内在动机主要包括两类:光热效应(warm glow)和纯粹利他。由光热效应激发的慈善动机使个体更多地关注自身的慈善捐赠,由纯粹利他激发的捐赠动机使个体关注公共物品供给的整体情况[1]。因此,倡导内在驱动的利他导向的慈善动机能够引导人们产生积极的、持续的慈善行为,并且能够对人们的慈善行为产生良好的激励,从而使慈善动机和慈善效果实现统一,促进慈善事业的健康发展。慈善教育通过课堂知识传播和非正式教学的形式,知行合一地向人们展示内在驱动的以利他为导向的慈善的意义和价值,从而使人们发自内心地建立为社会公益服务的意识。

慈善教育还要引导人们将慈善看作是日常生活的一部分,将慈善作为一种个人需要来对待。也就是说,慈善教育要引导人们将自我需要与社会需要有机结合起来,将社会需要看作是个人的责任和义务,使个人将社会需要看作是分内之事,从而感觉到自己有从事慈善的需要。只有将社会需要看作是个人需要,才能使个人感同身受地理解弱势群体的处境,产生强烈的慈善动机去为社会利益服务,也才能跳出自己生活的范围,不仅仅是为身边的人提供服务和帮助,也能够与远方的陌生人握手,真正实现为社会公益服务。当个人需要与社会需要统一时,个人在为社会需要服务的过程中能够收获快乐,从而将慈善看作是快乐的事,实现

---

[1] Tonin, Mirco & Vlassopoulos, Michael. An Experimental Investigation of Intrinsic Motivations for Giving. *Theory and Decision*, 2014, 76 (1): 47–67.

快乐慈善。

三、向慈善强国迈进

慈善是人类的一个发展水平①，也是一个社会文明程度的体现，挖掘民间慈善力量，促进慈善的发展，建设慈善强国是各国政府共同努力的方向。从我国慈善的发展状况来看，我们离慈善强国还有很大的距离，与发达国家的慈善水平也有较大差距。以2016年为例，美国全年的慈善捐赠总额为3900.5亿美元，个人捐赠占捐赠总额的72%②；而同期，我国的慈善捐赠总额为1392.94亿元，其中个人捐赠占21.1%③。因此，慈善教育要通过端正人们的慈善动机，激励人们的慈善行为，挖掘慈善金矿，促进人人慈善，弥补我国慈善与发达国家的差距，最终实现将我国建设成为慈善强国。

慈善教育通过提升人们的慈善意识，促进人们的慈善行为，推动人人慈善的实现。从开发慈善资源的角度来看，人人慈善蕴含着巨大的宝藏，这个宝藏既体现在慈善捐赠数额上，也体现在志愿服务时间上。我国有13.9亿人口④，如果平均下来每人每年多捐赠1元就达到13.9亿元，就能够对解决弱势群体的需求提供大量援助；如果平均每人每年多做1个小时的志愿服务就会增加13.9亿小时，这将提供大量的社会服务，极大地提升解决社会问题的能力。因此，慈善教育首先是要努力促成人们的慈善行为，使人们真正为慈善贡献金钱、时间和精力。每个公民的一点点付出，将推动我国社会的巨大进步。

慈善教育包括专业慈善教育的发展，现代慈善的专业化、组织化发展使得慈善专业人才培养成为重要议题。我国当前面临的慈善专业人才短缺现象十分严重，而且不容忽视的是，在激烈的人才竞争中，慈善组织优势不明显。由于职业声望、社会地位和薪酬水平等因素，慈善组织

---

① 尤金·坦普尔：《慈善推进正义平等 给弱势群体更多机会发声》，见 http：//economy.caijing.com.cn/20141125/3758196.shtml。
② Giving USA 2017 Report Highlights, https：//store.givingusa.org/a/downloads/-/404e17061ba0f393/f3c601335f8a8f17。
③ 皮磊：《2016年全年捐赠总额达1392.94亿元》，载《公益时报》2017年11月7日第2版。
④ 中华人民共和国国家统计局：《中华人民共和国2017年国民经济和社会发展统计公报》，载《人民日报》2018年3月1日第10版。

很难吸引人才，人才流失过快已经成为制约慈善事业发展的瓶颈。通过发展慈善专业教育，才能真正推动慈善人才建设，才能推动慈善自身的专业化发展，才能实现慈善的现代转型和慈善的国际接轨，从而推动我国慈善的大发展。慈善教育对专业人才的培养还有助于慈善组织的壮大，慈善组织是社会治理的重要主体，慈善组织的发展壮大有助于将社会资源用到最需要的地方，发挥其最大效用，从而促进我国社会治理能力的提升和国家治理能力现代化的发展。

慈善教育的发展需要慈善研究提供相应的理论支持，同时也为慈善研究的发展提供了实践素材。慈善研究的发展是一个国家软实力的重要体现，是参与国际学术知识生产、提升中国影响力的重要方式。慈善教育的发展既为慈善研究提供了可资观察和研究的素材，又为推广慈善研究的成果提供了途径和方法。因此，慈善教育的发展能够促进我国慈善研究的发展并推广其研究成果，从而使我国的慈善研究更为丰富，并提升我国学者在国际上的话语权和文化自信。

慈善教育不但能够推动人们的慈善意识的提升，促进人们的慈善参与，从社会实践的角度推动我国成为慈善大国；而且能够通过营造慈善氛围、宣传和弘扬慈善文化、推动慈善研究，使慈善文化在我国进一步发展并提高国际影响力，从而使我们成为慈善强国。

第二节　慈善教育的现状

制定慈善教育的发展战略，实现慈善教育的愿景，必须首先立足于对我国慈善教育的现状做全面的、辩证的、深层次的分析和把握。只有深刻地了解、认识，认真分析、研究、比较，才能做出准确的判断，并在此基础上提出慈善教育的发展战略。要做到这一点，既要概括慈善教育的真实现状，又要探索现象背后的本质；既要了解慈善教育现状中有利的一面，又要了解当前面临的挑战和制约因素。

一、慈善教育的探索不断扩大，但覆盖面和影响力仍然有限

根据慈善教育开展的形式和内容可以将其分为正式课堂教学和非正式教学，正式教学主要是开设正式的慈善课程来传授慈善知识，非正式教学主要是在各种慈善活动的举办过程中实现慈善教育。尽管我们难以

去考证哪所学校最早开设了慈善教育课程，但是从现实来看，无论大学、中学还是小学，都有这类课程开设。比如一些高校开设的非营利组织研究课程、公益慈善课程，笔者在学校就为本科生开设了"公益慈善概论"通识课程，为硕士研究生开设了"公益慈善教育专题研究"。上海甘泉外国语中学为学生开设了慈善课程，出版了《慈善是一种文化》的慈善读本。在大中小学乃至幼儿园，慈善的非正式教学取得了较快的发展，各类学校组织大中小学生开展丰富多彩的慈善活动，促进学生的慈善认知和慈善践行。各类学生公益性社团不断发展。

一些学校为了推动慈善教育的发展和慈善研究的推进，设立了以公益慈善为主题的机构，笔者对当前高校设立的公益慈善研究及教学机构进行了初步的统计，发现当前高校中设立的固定的慈善研究或教学机构主要有17个，具体情况见表4－1。①

表4－1　高校设立的慈善研究及教学机构

序号	名称	成立时间	成立单位	备注
1	清华大学NGO研究所	1998年10月	清华大学	
2	北京大学法学院非营利组织法研究中心	1998年	北京大学	
3	河海大学非营利组织研究所	2005年	河海大学	
4	北京大学公民社会研究中心	2005年10月	北京大学	前身为1998年12月在北京大学成立的中国社会团体研究中心。
5	上海交通大学第三部门研究中心	2006年5月	上海交通大学	

---

① 也有一些公益慈善研究机构是依托社会智库或公益机构创办的。例如，2011年12月9日，上海仁德公益研究中心成立，2015年2月5日更名为上海爱德公益研究中心。2017年5月3日，上海研究院现代慈善研究中心正式揭牌成立。

(续表)

序号	名称	成立时间	成立单位	备注
6	中山大学中国公益慈善研究院	2011年4月	中山大学	
7	中山大学传播与设计学院公益传播研究所	2011年5月	中山大学	
8	北京师范大学中国公益研究院	2012年1月	北京师范大学与老牛基金会、万达集团、泛海公益基金会、燕宝基金会、深圳壹基金	前身为2010年6月北京师范大学与当时的上海李连杰壹基金公益基金会合作成立的"北京师范大学壹基金公益研究院"。
9	北师大珠海分校宋庆龄公益慈善教育中心	2012年5月	上海宋庆龄基金会、基金会中心网和北师大珠海分校	
10	南京大学河仁社会慈善学院	2012年9月	河仁基金会、南京大学	
11	南京大学公益学院	2014年3月	南京大学	
12	南京工业大学浦江学院正大公益慈善学院	2014年4月	正大集团、南京工业大学	
13	清华大学公益慈善研究院	2015年4月	清华大学、民政部	
14	中国人民大学中国公益创新研究院	2016年7月	中国人民大学	前身为2007年4月成立的中国人民大学非营利组织研究所。

(续表)

序号	名称	成立时间	成立单位	备注
15	上海交通大学中国公益发展研究院	2016年12月	上海交通大学	
16	湖南师范大学慈善公益研究院	成立时间不详	湖南师范大学	前身为湖南师范大学慈善公益研究中心。
17	西北大学慈善研究院	2018年4月	西北大学	慈善研究院是在2011年成立的原西北大学陕西省慈善文化研究中心的基础上设立的。

慈善相关研究机构的设立，往往意味着专业培养的启动，如培养相应的硕士研究生、博士研究生以及博士后等。2015年5月8日，全国政协委员、清华大学公益慈善研究院院长王名教授在接受善达网专访"为什么要成立清华大学公益慈善研究院"时说："清华大学公益慈善研究院成立最重要的目的之一，就是要推动学科建设，推动人才培养，为公益慈善领域培养高端的专门人才，这方面我们正在做一些准备。今年将开始招收公益慈善方向的专业硕士，并连续三年每年要招收10名博士后，为未来储备人才，同时开展国际合作项目。"① 可见，这些机构以开展慈善研究和慈善专业人才培养为主，面向学生开设正式教学体系内的慈善教育课程的较少。北师大珠海分校宋庆龄公益慈善教育中心、南京大学河仁社会慈善学院、南京工业大学浦江学院正大公益慈善学院三家均开设有慈善教育课程。北师大珠海分校宋庆龄公益慈善教育中心从2012年开始面向全校大三学生跨专业开设公益慈善事业管理专业方向，2015年首次以公益慈善管理专业方向招收全日制本科生。南京大学河仁社会慈善学院是全国首家慈善学院，该学院的社会工作硕士点和博士点均下设了公益慈善研究方向，为本科生开设了公益慈善研究课程，同时

---

① 左敏敏：《专访王名：为什么要成立清华大学公益慈善研究院?》，见http://sdg.shanda960.com/article/3448。

面向社会招聘公益慈善研究方向的博士后，形成了本科、硕士、博士、博士后培养体系。此外，河仁社会慈善学院每年举办一期河仁慈善研究坊，通过每周开展专题讲座、读书报告会、专题研讨会或课题报告会等形式促进研究生和博士生对公益慈善的兴趣、认识和研究。南京工业大学浦江学院正大公益慈善学院下设公共事业管理（公益慈善管理）专业，主要开设公益慈善管理概论、公益组织内部治理和公信力建设、公益组织战略管理、公益项目设计和管理、公益项目评估、筹资管理和技巧、投资理论与实务、公益营销管理、公益公关管理、公益传播策略、公益组织人力资源管理、公益组织财务管理、社会工作综合能力等课程。湖南师范大学历史文化学院在中国近现代史专业下面招收慈善专门史方向的硕士生、博士生；该院下设的慈善公益研究中心，从2016年开始举行"慈善公益与社会发展"研究生暑期学校（属湖南省教育厅研究生教育创新工程项目之一，由湖南省人民政府学位委员会、湖南省教育厅主办，湖南师范大学承办）。

在高校设立的这些慈善研究或教学机构中也有一些机构采取培训的方式开设慈善课程，如北京师范大学中国公益研究院、中山大学中国公益慈善研究院、南京大学公益学院等。北京师范大学中国公益研究院开设了三种类型的公益研修班，包括传媒从业者慈善捐赠专题研修班、基金会NGO公益慈善研修班、公益领导人高级研修班，分别针对不同的人群开展专题教育。中山大学中国公益慈善研究院于2013年开设了公益慈善硕士研究生课程进修班，针对大学本科毕业者提供为期2年的不脱产学习，学习内容涵盖社会科学方法，中外慈善原著经典选读，公益慈善学概论，公民社会与公益慈善讲座系列，政府、企业与公民社会，非营利组织管理，公益领导力，中国社会转型与分层研究等方面的内容。南京大学公益学院开设袁岳班、美丽中国班、创享中国班等进行不同主题的培训，还在全校范围内开设社会企业家培育与创业的理论与实践，通过为期1年的课程讲授和实践锻炼，使学生全面了解并实际参与慈善。

除了这些固定的慈善研究和教学机构外，个别学校也在现有的教学体制内尝试通过学制教育推动慈善教育的开展，如北京师范大学社会发展与公共政策学院（含壹基金公益研究院、中国社会管理研究院）2012年招收了双证非全日制公共管理硕士高级班（MPA-E）专业学位研究生，开设的招生方向主要为社会创新与企业社会责任方向、公益发展方向。

北京大学、北京大学光华管理学院和中国银泰投资有限公司、北京银泰公益基金会在 2014 年共同发起了培养社会公益领域专业管理人才的社会公益管理硕士项目，该项目为学制 2 年的全日制硕士。北京社会管理职业学院社会组织管理系下设公益事务管理专业（社会组织管理方向），专门培养社会组织管理方面的人才。

在高校设立的慈善研究和教学机构是学校推进慈善教育的重要举措，而广州市则进行了创新，成立了广州志愿者学院。该学院主要开展与志愿者相关的培训，开设公益慈善、志愿服务的市民讲堂，如举办西关小屋志愿者骨干培训班、志愿服务岗位能力（骨干级）培训班、第六批中国青年志愿者海外服务计划塞舌尔项目志愿者训练营、校园志愿服务培训训练营等，开设"志愿服务与城市文明"公益课。学院还成立了中国志愿服务研究中心，开展志愿服务的相关研究，2014 年发布了《广州青年发展报告》之《广州志愿服务发展报告（2014）》（蓝皮书）。

慈善组织也积极参与慈善教育，慈善组织提供的慈善教育既包括以培养慈善专门人才为目的的慈善专业知识教育，也包括面向社会公众的慈善普及教育。如南都公益基金会发起的银杏伙伴成长计划，旨在帮助草根机构的领导人或创始人成为公益领域的领导型人才。项目从 2010 年运行以来已经培养了 48 位银杏伙伴，开展了多个合作项目。SEE 基金会和全球绿色资助基金会（GGF）联合发起"劲草同行"公益项目，通过为正处于成长期的民间环保组织的关键人才提供资助、由导师和同伴陪伴成长并构建伙伴学习网络等方式，支持投身民间环保公益事业的优秀青年人。2011 年中华慈善总会在全国范围内发起了"慈善文化进校园"活动，通过向全国中小学推广由中华慈善总会和中华新纪元慈善教育基金共同编写的《慈善读本》来传播慈善文化，并通过开展慈善文化教育征文和慈善知识竞赛、举办各种慈善活动等形式来增进中小学生对慈善的认知。截至 2014 年 11 月，《慈善读本》已在全国 20 个省（自治区、直辖市）120 多个市（地、州）的 2500 余所中小学相继推广，惠及学生人数超过 100 万。深圳市关爱行动公益基金会将慈善教育作为重要内容予以实施，设立了"募师支教"行动、爱心小书桌活动、燃料行动、佳兆业白衣天使关爱工程、中国留学生爱心助学计划、小心愿·微慈善等一系列的慈善项目和慈善活动。基金会开设幸福人生大讲堂，并且发展了幸福人生大讲堂之校园成长系列。基金会还创新慈善形式，开展公益版"爸爸去哪儿"活动,爱心家庭通过"闯关"、"寻宝"等方式赢取爱心小书桌。基金会密切与中小学的联系,开展多样化的慈善行动,如关爱环卫工人、关爱医护人员、关爱警察等活动。基金会的慈善教育取得了良好的效果,显著提高了社会公众的慈善意识,吸引了大批市民在基金会下设冠名基金,其中包括很多小朋友冠名设立的基金,如"08 鼠宝宝爱心基金"。2015 年,在比尔·盖茨、瑞·达利欧、牛根生、何巧女、叶庆均等慈善家的联合倡议下成立的深圳国际公益学院,致力于培养榜样型慈善家和高级公益慈善管理人才,打造引领全球慈善发展和推动形成新型慈善知识体系的专业智库,以此提升公益慈善事业的创新性、专业化和公众参与度。

无论学校的探索还是社会的努力,慈善教育都在我国取得了不少的进步,但不可否认的是,从整体来看我国的慈善教育尚处于探索的初期,覆盖面和影响力还远远不够。深圳市慈善会秘书长房涛在接受采访时曾经坦言:"我们以往也有公益教育,但是力度不够,覆盖不广,大都是零星的或自发的行为,甚至更多的是停留于表面、形式和说教,缺乏深刻的唤起和务实的导引。比如说,很多家长老师们,提起培养孩子们的公益心,就想到捐钱给贫困山区的孩子,周末去福利院看望孤儿等等。这种方式太为单一,有时候还变成强行的摊派,难以变成孩子们的内生动力,也就很难让孩子们持续性地去做公益。这样,教育的目的与效果往往南辕北辙。"①

从慈善教育的覆盖面来看,在高校层面开设慈善教育课程的学校屈指可数,在中小学开设慈善教育课程的学校则更是凤毛麟角,不但慈善教育课程如此,慈善非正式教学也远远未达到广泛的覆盖。在广大的农村地区,慈善教育仍然是一块处女地,而事实上我国的一部分农村地区已经具备了慈善的经济基础,尤其是在东部沿海地区的农村。慈善教育的缺失导致农民慈善意识薄弱,即使在富裕之后仍然鲜有慈善行为,遑论持续的慈善行为。在大多数学校,由于慈善教育并不是考核学生的内容,学校忽视慈善教育,家长不重视慈善教育,学生也难以建立对慈善教育的兴趣。慈善教育是一种日常生活教育,它应该覆盖到人们生活、工作和学习的场所,但是,现在慈善教育既难以深入到工作场域,也难

---

① 盛佳婉:《房涛:公益慈善教育要与时俱进》,载《深圳特区报》2014 年 11 月 25 日第 A07 版。

以嵌入到生活场域。

从慈善教育的影响力来看，首先慈善教育相对狭窄的覆盖面直接影响了慈善教育的影响力，在慈善教育未覆盖的地方，根本就不存在慈善教育的影响力。其次，慈善教育正式教学的缺失导致慈善教育非正式教学的效果不理想，尤其是在很多学校，慈善活动往往是在"学雷锋日"来临时的一次志愿服务，这种偶发性的慈善活动虽然能够鼓励学生的慈善参与，但是难以培养学生持久的慈善习惯，更难以产生长期的慈善影响力。

二、慈善教育的形式不断丰富，但尚未形成完整的体系

慈善教育有多种多样的教育形式，正式教学主要通过慈善课程来进行，而慈善课程也有多种，既可以是中小学的兴趣课、选修课，也可以是高校的专业课、通识课，还可以采取学位班、研修班、培训营等形式开展。近年来国内高校、慈善组织还与国外高校、慈善组织合作开展联合办学，如中国人民大学非营利组织研究所与美国圣母大学曼多萨商学院合作的"中国人民大学＆美国圣母大学非营利管理在职硕士双学位项目"（即"百人计划"），面对中国公益领域从业人员提供非营利管理在职硕士双学位。政府相关部门也积极开展社会组织专业人才培训，促进了慈善教育的开展。

在肯定慈善正式教学取得的成绩的同时，也应该充分认识到慈善正式教学存在的不足。这主要表现在慈善正式教学尚未形成完整的课程教学体系，开展慈善课程教学的中小学数量偏少，已经开设了慈善课程的中小学也是阶段性开设，并没有形成很好的衔接，更谈不上形成慈善教育的大中小学体制。在大学阶段，虽然慈善正式教学的形式比中小学更为灵活多样，但是慈善的正式教学体系尚未形成，尤其是作为德育的重要组成部分，慈善教育受到的重视程度和体系化程度远远不能适应当前慈善的发展趋势，也与国外高校的慈善教育存在较大差异。以美国为例，美国有 200 多所高校设有慈善教育的课程[1]，而我国高校开设慈善课程的数量屈指可数。

在非正式教学方面，随着慈善形式的不断丰富和发展，非正式教学

---

[1] 《战略慈善与影响力——第二届东西方慈善论坛侧记》，载《中国慈善家》2015 年第 3 期。

的形式也变得丰富多彩起来，即使是传统的慈善募捐和志愿服务，开展的形式也不断创新，融入诸多科技因素、娱乐因素。如在慈善募捐方面，公益众筹就是新出现的慈善募捐方式，众筹本来是一种商业投资模式，众筹与公益结合后形成的公益众筹已经开始逐渐为人们所接受。如上海市黄浦区公益慈善联合会发起创立的福田缘素食餐厅就是公益众筹的典型案例，该餐厅位于人民广场附近，餐厅的投资来源于200位爱心人士的"投资"，顾客在餐厅消费后，可以购买一份价值28元的"爱心待餐券"。爱心待餐券由餐厅保管，困难群体可以免费领取。餐厅的房租本身就获得了一定的优惠，餐厅的正式员工只有10来人，其余服务人员均为志愿者，餐厅的盈余全部捐给黄浦区慈善公益联合会。从试营业开始算起的两个多月间，餐厅就筹集到了1100多份爱心待餐券[1]。2014年在全球范围内开展的"冰桶挑战"，在呼吁人们关注罕见病、为罕见病捐款的同时，也通过体育明星、歌星、科技界大佬、政界人物的参与，给活动本身增添了一定的娱乐色彩和刺激成分。网络的发展还推动了网络公益众筹平台的建立和发展，方便了人们随时随地接受润物细无声的慈善教育。

网络的发展不仅推动了网络慈善众筹的发展，也推动了其他形式的慈善的出现和繁荣。如2011年通过微博发动的"免费午餐"、"打拐"等公益慈善项目，都得到了人们的积极响应，并且推动了国家政策层面对相关问题的关注和解决。公益慈善项目、慈善组织还进驻淘宝网，通过义卖等形式开展慈善活动；一些慈善项目与支付宝合作，推动居民养成随手做慈善的习惯。微信直接关联腾讯公益，囊括了4000多项公益项目，人们可以方便快捷地参与慈善捐赠，还可以邀请朋友一起捐赠。此外，还有诸多项目在微信上设立公益众筹公众号，向人们宣传公益项目，促进人们的慈善参与。

在线上的慈善形式不断多样化的同时，线下的慈善形式也不断发展。比如，在社区层面，从2003年开始，在上海就出现了社区慈善超市，之后在全国得到推广；社区成立的志愿服务队、志愿巡逻队等志愿者服务队伍不断增多；近年来还出现了社区基金会。比如2007年上海在全国范围内设立了第一家社区基金会——美丽心灵社区公益基金会，2014年深

---

[1] 周洁：《上海福田缘推出"待用餐券"应借助O2O模式》，载《上海商报》2015年7月4日第3版。

圳市出台了《深圳市民政局社区基金会培育发展工作暂行办法》，将社区基金会的登记管理规定为"市级登记+区级管理"，并且将非公募基金会的原始资金从不低于 200 万降低到不少于 100 万。深圳的改革直接推动了社区基金会的涌现，全市 700 多个社区纷纷进行推广[①]。但实际上，和发达国家相比，我国社区基金会的发展远远落后，这不仅体现在社区基金会的数量上，也体现在社区基金会的规模和影响力上。比如美国早在 1914 年就成立了第一家社区基金会——克利夫兰社区基金会（Cleveland Community Foundation）。根据帕特南的分析，从 1920 年到 1950 年间，美国的社区基金会从 39 个增加到 1318 个，覆盖了美国全部人口的 57%[②]。今天美国的社区基金会影响力已经十分强大，如硅谷社区基金会（Silicon Valley Community Foundation），随着硅谷科技公司的发展，也逐渐发展壮大。2012 年和 2013 年 Facebook 的 CEO 分别向其捐赠价值 5 亿美元和 10 亿美元的股票，更是加强了社区基金会的力量。

在这些慈善教育的非正式教学形式之外，还存在着公益创投、社会企业、冠名基金、慈善基金会等多种多样的形式。尽管慈善教育的非正式教学形式不断丰富发展，但是无论是在志愿服务方面还是在慈善捐赠方面，都处于建立制度化机制的探索阶段，都尚未形成有效的、体系化的机制。例如，虽然志愿者的队伍在不断壮大，但是长期从事志愿服务的人数有限，志愿者流动性强，绝大多数志愿者在做过一次志愿服务后就不再参与，使志愿服务的长期性难以保证，慈善教育的功能难以持续。

学校体系内的非正式教学在学生参与志愿服务和慈善捐赠方面都有了一定的发展，尤其是学生社团不断壮大，在引导学生建立环保意识、感恩意识、助人意识等方面发挥了很大作用。但是，慈善的非正式教学并没有形成有规划的体系，大多数学生社团还处于学生自娱自乐的状态，尽管也会有一些定期的志愿服务，但是缺乏长远的发展规划和有持续发展潜力的慈善项目。尤其是对中小学而言，慈善非正式教学往往是一次慈善活动，比如学校组织一次慈善义卖，或者慰问孤寡老人，或者为灾区捐款等，这种缺乏系统规划和设计的慈善非正式教学，难以实现使学

---

① 管亚东：《700 个社区推广"社区基金会"》，载《深圳商报》2014 年 3 月 17 日第 A19 版。

② 〔美〕帕特南：《独自打保龄——美国社区的衰落与复兴》，刘波等译，北京大学出版社 2011 年版，第 127 页。

生建立牢固的慈善意识的目的。在单位、社区等层面，慈善非正式教学也往往是一阵风似的开展，比如学习雷锋日到来时，单位和社区会开展相应的志愿服务，组织员工或社区居民开展志愿服务。事实上，无论单位还是社区，都没有建立培养员工和居民慈善意识的固定机制及配套的保障。综合来看，无论学校开展的慈善非正式教学还是单位、社区等开展的慈善非正式教学，都没有形成慈善非正式教学的体系，无法对人们进行长期的、规律性的慈善意识引导。

三、慈善教育的环境不断优化，但制约因素依然存在

慈善是发生在社会生活环境中的具体行动，慈善教育也必然离不开一定的社会环境，慈善教育的环境既包括政府营造的有利于慈善开展的政策环境，也包括社会慈善氛围，还包括企事业单位、社区、家庭、学校等相互支持共同营造的慈善教育环境。近年来，随着慈善在我国社会中作用的发挥，政府对慈善越来越重视，出台了若干促进慈善事业发展的利好政策，包括税收优惠政策、鼓励慈善组织发展等多方面的政策，这为慈善教育的开展营造了良好的政策环境。尤其是《国务院关于促进慈善事业健康发展的指导意见》的出台和《慈善法》的颁布实施，前者对我国今后慈善事业的发展提出了若干新思路，其中推动慈善文化进机关、进企业、进学校、进社区、进乡村就是要在全社会弘扬慈善文化，推动全方位开展慈善教育；后者不仅为慈善的健康发展提供了法律保障，而且专门对开展慈善教育提出了具体要求。

不仅如此，一些地方政府还直接推动了慈善教育项目的开展。2007年3月，深圳市民政局、教育局、慈善会联合启动了"深圳市慈善教育计划"，将深圳市慈善会、深圳市救助管理站、深圳市社会福利中心、深圳市捐助接收管理服务中心和河源市慈善会等五家单位设为"慈善教育基地"。相关部门联合发文号召全市各大中小学校组织师生积极参与慈善教育，该计划主要通过开展慈善公益活动对学生进行广泛的慈善教育。慈善教育基地根据自身具备的条件，结合学生的特点和能力，开展各种类型的慈善活动，如深圳市慈善会组织"慈善行"活动，由各学校组织学生到对口帮扶的河源市贫困地区学校开展献爱心活动；深圳市救助管理站组织"爱心护送流浪儿童回家"、"爱心图书捐赠"、"重返校园"、"结对子"、"同在蓝天下，共同成长进步"一系列帮助流浪儿童的活动；

深圳市社会福利中心发动学生动员家长参与帮助孤残儿童更好地完成学业的行动；深圳市社会捐助接收管理服务中心组织学生参与接收管理服务工作；河源市慈善会慈善教育基地将协助开展"慈善行"以及其他与河源有关的慈善教育活动。① 为了把慈善理念融入基础教育之中，陕西省教育厅、陕西省慈善协会联合在全省中小学校开展慈善教育活动。

从慈善的社会氛围来看，2008 年以来我国的慈善氛围变得浓郁起来。尽管个别慈善事件影响了慈善组织的公信力，但是整体上社会上关心慈善、参与慈善的人越来越多。2008 年以来，我国每年的慈善捐款都维持在 800 亿元以上，较 2008 年以前增加迅速。同时，伴随我国举办各种大型赛事，志愿者也越来越被人们认可，参与人数越来越多。根据民政部的统计，2017 年"有 1716.4 万人次在社会服务领域提供了 5395.6 万小时的志愿服务"②。整体来看，慈善氛围逐渐形成，这为慈善教育营造了良好的社会环境。

从全方位开展慈善教育来看，慈善在机关、企事业单位、学校、社区、家庭都有了不同形式的推进和发展，如党政机关开展的"一日捐"、结对帮扶活动，企事业单位开展的志愿服务、献爱心活动，学校组织的形式多样的慈善实践，社区开展的丰富多样的志愿服务，家庭教育中对孩子慈善意识的培养等，都对促进人们在日常的生活、工作和学习中养成慈善习惯起到了一定作用，也有助于全方位慈善教育格局的形成。

慈善教育环境的优化为慈善教育的开展和深入发展创造了良好的基础，但是，制约慈善教育开展的因素仍然存在。这主要体现在以下几个方面：首先，慈善教育尚未纳入学校的教学体系，这直接影响到慈善教育在全国学校的普遍开展。现有教育体系中对慈善教育的忽视直接影响了学校教育中慈善课程的设置，只有教育部门从顶层设计入手将慈善教育纳入教育体系中才能从根本上改变这一体制约束。其次，在一些机关、企事业单位乃至学校，仍然存在着强制慈善的情况，这在一定程度上造成人们将慈善看作是一种负担或一种任务，而不是一种权利和责任，从而影响慈善教育的有效开展，不利于人们慈善行为的养成。第三，个别慈善事件的负面影响，波及其他慈善组织，损害了人们对慈善事业的信

---

① 王湛：《我市启动"慈善教育计划"》，载《深圳特区报》2007 年 3 月 14 日第 2 版。
② 《2017 年社会服务发展统计公报》，见 http://www.mca.gov.cn/article/sj/tjgb/2017/201708021607.pdf。

心；而慈善组织在应对慈善危机事件时表现出的躲躲闪闪、缺乏及时应对公共危机能力的现实加剧了公众对慈善的质疑。第四，媒体对公众人物（如富人、明星）慈善的过分渲染和对其失范行为的过度报道，影响到人们对公众人物慈善的正确认知，削弱了公众人物慈善在教育中的示范效应的发挥。

第三节 慈善教育的发展战略

当前我国慈善教育虽然取得了一定的进展，但是距离实现以善促善、人人慈善和向慈善强国迈进的目标还相差甚远。实现慈善教育的愿景，必须从我国的社会经济发展水平、慈善事业发展现状、慈善教育具备的基础等因素出发，在借鉴发达国家慈善教育经验的基础上，着眼慈善未来发展趋势，吸收科技创新成果，认真贯彻落实《慈善法》，积极推动我国慈善教育发展的五大战略，即落实国务院《关于促进慈善事业健康发展指导意见》中提出的慈善文化"五进"战略，推动慈善教育的全面覆盖；贯彻慈善教育知行相互促进的双轮驱动战略、慈善教育专业支持战略、慈善教育"互联网+"战略、慈善教育的社会支持网战略。

一、以慈善文化"五进"为重点推动全面覆盖战略

2014年国务院颁布的《关于促进慈善事业健康发展的指导意见》提出："要着力推动慈善文化进机关、进企业、进学校、进社区、进乡村，弘扬中华民族团结友爱、互助共济的传统美德，为慈善事业发展营造良好社会氛围。"① 这是以中央政府的名义第一次提出要推动慈善文化进机关、进企业、进学校、进社区、进乡村。《慈善法》进一步以法律的形式将"弘扬慈善文化"作为立法的重要目标，同时提出了弘扬慈善文化的具体要求和措施。从《慈善法》的内容来看，慈善文化进机关、进企业、进学校、进社区、进乡村是弘扬慈善文化、培育慈善社会氛围的重要举措，对推动慈善教育的发展具有重要意义。倡导慈善文化进机关、进企业、进学校、进社区、进乡村，将慈善发生的场所全部囊括，对推动慈善文化的弘扬、构建系统的慈善文化传播体系具有重要的指导意义。

---

① 《国务院关于促进慈善事业健康发展的指导意见》，载《中华人民共和国国务院公报》2015年第1期。

从总体来看，慈善文化进机关、进企业、进学校、进社区、进乡村涵盖了人们学习、工作和生活的所有场所。

每个人从自然人经过社会化的过程成长为社会人的过程，都离不开在学校的学习。慈善文化进学校要使慈善成为重要的教学内容，成为学生学习生活的一部分，它对推动人们认识慈善、了解慈善、践行慈善具有奠基性的作用。机关和企业是人们的工作场所，慈善文化进机关、企业就是要使慈善文化进入人们的工作场域，使慈善真正融入人们的工作之中。社区是人们生活的基本场所，慈善文化进社区是要使慈善成为日常生活的一部分，成为人们的生活方式。乡村是农村居民学习、劳动和生活的地方，慈善文化进乡村是要使农村居民养成慈善的习惯，使慈善真正进入社会生活的各个角落，成为全民行为。从全球范围来看，现代慈善观念起源于城市，并且逐步扩展到农村地区。随着我国2亿多农民工在城乡之间的流动和城市反哺农村力度的加大，城市的现代慈善观念也会逐渐渗透到农村，因此，慈善文化进社区能够为慈善文化进乡村提供可资借鉴的经验。

慈善文化进学校从幼儿园开始构建慈善的教学系统，是学生循序渐进接受慈善教育、进行慈善训练的体现，也是慈善文化教育从娃娃抓起的体现[①]。学生在学校培养的慈善意识、慈善观念及其进行的慈善实践将对其今后步入社会后转化为自发的、持续性的慈善行为产生积极的推动作用。而且，慈善文化进学校不仅仅影响学生和老师，还通过学生影响到家长、亲朋，因此慈善文化进学校具有全局性的意义。慈善文化进学校对学生群体传播了慈善文化、普及了慈善知识，针对当前大多数社会群体，开展慈善文化进社区正是弥补他们学校慈善文化教育的缺失，使他们补上缺失的慈善文化教育课程。换言之，慈善文化的受教育群体也面临着存量和增量的关系问题。增量的受教育群体可以通过慈善文化进学校来获取慈善文化教育，不断完成其慈善文化积累，而存量的受教育群体因为其已经不在学校教育的范围内，通过机关、企业、社区和乡村实现对他们的全覆盖是维续其慈善文化积累的关键。由此可见，慈善文化的"五进"战略是一个整体性的战略，是在全国范围内统筹促进慈善文化传播和弘扬，提升人们慈善意识、增强人们慈善观念的重要举措。

---

① 刘国华：《慈善：一所学校的担当》，载《思想理论教育》2012年第12期。

在系统推进慈善文化进机关、进企业、进学校、进社区、进乡村的同时，也要重视慈善习惯养成的家庭作用，引导家庭培养孩子的慈善意识和慈善习惯，使慈善真正融入家庭生活，进而融入人们的日常生活。在推进慈善文化"五进"战略的过程中，要重视发挥慈善组织的作用。慈善组织自身在开展慈善教育的过程中具有其他组织和个体所不具备的优势，比如，慈善组织自身对慈善的运作更为熟悉；慈善组织对慈善文化的了解更为透彻；慈善组织本身能够有效地组织和实施慈善活动，为慈善教育（尤其是慈善非正式教学）提供便利；等等。因此，在推进慈善文化"五进"战略时，要从顶层设计层面将慈善组织纳入实施计划之中，一方面认可慈善组织的教育功能，给予其合法地位；另一方面，要充分激发慈善组织参与慈善教育的热情，挖掘慈善组织的慈善教育资源，促进慈善教育更好地开展。

二、慈善教育知行相互促进的双轮驱动战略

知行合一是我国传统道德教育中一直提倡的观念，明代思想家王阳明就详细论述过"知行合一之说"。他认为，"知是行的主意，行是知的功夫。知是行之始，行是知之成"①。他甚至断言："尽天下之学，无有不行而可以言学者"②、"知而不行，只是未知"③。梁启超曾坦承"知行合一便是明代第一位大师王阳明先生给我学术史上留下最有名而且最有价值的一个口号"④。我国近代教育家陶行知先生认为"行是知之始，知是行之成"⑤，因此将自己的名字改为"行知"。由此可见知行合一的重要性。2014年10月8日在党的群众路线教育实践活动总结大会上，习近平总书记在谈到开展党内集中教育活动时指出，必须"以知促行、以行促知。集中教育活动需要提高认识，更需要付诸行动，以新的思想认识推动实践，又以新的实践深化思想认识……实践证明，集中教育活动只有坚持知行合一，不断让思想自觉引导行动自觉、让行动自觉深化思想

---

① 陈荣捷：《王阳明传习录详注集评》，台湾学生书局1983年版，第33页。
② 陈荣捷：《王阳明传习录详注集评》，台湾学生书局1983年版，第33页。
③ 陈荣捷：《王阳明传习录详注集评》，台湾学生书局1983年版，第33页。
④ 张品兴主编：《梁启超全集》，北京出版社1999年版，第4895—4896页。
⑤ 陶行知：《陶行知文集》（下册），江苏教育出版社2008年版，第550页。

自觉,才能抓得实、做得深、走得远"①。

慈善教育是一种养成教育,只有体现在行动上,才能实现慈善教育的目的,同时,在慈善的行动过程中,人们也才能更为真切地理解慈善、认识慈善,增进对慈善的了解,并产生新的认知。因此,慈善教育必须是以知促行,以行促知的教育,这就要求慈善教育必须将正式的课程教学与非正式的慈善实践教学结合起来。要根据受教育对象所处的不同的年龄阶段,根据其认知能力、接受能力、身心发展特点来决定如何将慈善的课程教学与慈善的非正式教学有机结合起来。慈善正式教学与非正式教学的有机统一,不仅体现在学校教育中,也体现在社会教育的过程中,如将慈善讲座、慈善论坛、慈善公开课等介绍慈善知识的教学形式与机关慈善、企业慈善、社区慈善等密切结合起来,促进人们在接受慈善教育的过程中坚持知行合一。有条件的社区还应该借鉴国外发展社区学院、开展社区正式教学等形式,逐渐探索建立符合我国实际的社区学院之路,将慈善教育的正式教学内容引入到社区学院,系统地向社区居民传授慈善知识,并在专业导师的督导下引导人们开展慈善实践。慈善组织作为慈善的专门部门,应该充分发挥自身的优势,可以通过组织内部的专业人士与机关、企业、学校、社区、乡村等共同开展慈善教育的形式,向人们传递慈善知识和慈善技巧,引导人们参与慈善实践。从实践层面来看,近年来随着国家对社会组织支持力度的加大和政府购买服务强度的加大,慈善组织嵌入人们日常生活的现象越来越普遍,这使人们有更多的机会接触和了解慈善组织。慈善组织应该抓住这些机会,积极主动地向人们开展慈善教育,促进人们慈善意识的提升和慈善行动的践行。

三、慈善教育专业支持战略

慈善教育知行相互促进的双轮驱动战略决定了慈善教育的发展离不开慈善知识的积累和传递。随着慈善活动的开展越来越组织化、项目化、专业化,慈善本身对专业知识的需求越来越大,这就对慈善教育的专业化提出了新要求。面向社会公众的普及性的慈善教育要以慈善专业知识的发展为支持,而为适应慈善专业化发展趋势进行的以培养慈善专业人

---

① 习近平:《在党的群众路线教育实践活动总结大会上的讲话》,载《人民日报》2014年10月9日第2版。

才为目标的慈善教育则更加需要慈善知识和理论的支撑。同时，慈善教育要实现可持续发展，就必须与时俱进地将慈善的创新进行理论化，这就对慈善理论研究提出了要求。因此，慈善教育的开展必须坚持专业支持战略。

就当前我国慈善的发展状况来看，慈善教育开展的专业支持战略主要包括两个方面：慈善教育专业人才培养战略和慈善理论研究推进战略。《慈善法》中也明确了国家对这两方面工作的支持——"国家鼓励高等学校培养慈善专业人才，支持高等学校和科研机构开展慈善理论研究。"[①] 在越来越强调慈善专业化运作的时代背景下，无论正式的慈善课程教学还是非正式的慈善实践教学，都需要有人来组织和引导，这就需要慈善教育的专业人才。但是，从我国现实来看，不但慈善教育的专业人才十分欠缺，本身从事慈善的专业人才就非常稀少。这就需要通过大力开展慈善教育，培养具备慈善知识、掌握慈善技巧、富有慈善之心的慈善专业人才。当前我国已经开始积极探索如何加强慈善组织从业人员的专业化水平，但是在培育和发展慈善教育的专业人才方面，至今罕有实际行动。教育部门、慈善组织及其他相关部门必须重视对慈善教育专业人才的培养。

与发达国家相比，现代意义上的慈善在我国发展较晚，这导致我国学界对慈善的研究关注也较少，这不仅体现在学术成果的出版和发表上，也体现在高校的专业设置上。现代慈善教育要实现在我国的长期发展，必须建立在慈善研究成果推陈出新的基础上，因为慈善研究不仅能够为慈善教育提供专业的理论支持，为人们提供关于慈善的理论思考，而且能够推动慈善向专业化方向发展。如前所述，尽管近年来高校不断出现慈善研究机构，如公益慈善研究所、公益研究院等，但是这些只是探索的开始，我国慈善研究还远远没有达到能够支撑和促进我们慈善教育的程度。可喜的是，《慈善法》充分认识到这一问题，对慈善理论研究予以支持。但是，还必须从国家层面加强对慈善研究投入力度，鼓励更多的研究者针对慈善开展研究，从而为慈善教育提供理论依据和支持。

四、慈善教育"互联网+"战略

慈善教育的发展要充分利用多元化的慈善教育手段，既要将传统的

[①] 《中华人民共和国慈善法》，法律出版社 2016 年版，第 24 页。

教育教学方式的优势发挥出来，也要适应科技发展的趋势，利用新科技开展慈善教育。在国家积极推动"互联网+"战略的条件下，慈善教育也要发展"互联网+"战略。慈善教育搭上"互联网+"的高速列车，将产生无限可能，创造奇迹。慈善教育的"互联网+"战略一方面是通过互联网实现在线的慈善知识学习，使人们更为方便快捷灵活地学习到慈善知识，另一方面也要充分利用互联网开展慈善活动，进行慈善非正式教学，使人们通过互联网参与慈善，培养慈善习惯。可以说，互联网与慈善的结合，在推动慈善变革的同时，也为慈善教育拓宽了道路。

互联网的迅猛发展推动了网络课程、网络学校的发展，比如网易公开课、慕课（MOOC）、Coursera、可汗学院（Khan Academy）等都致力于推动网络教学的发展，而且这些网络课程本身就是以慈善的形式来呈现的。以可汗学院为例，一位名叫萨尔曼·可汗（Salman Khan）的孟加拉裔美国人在 2007 年成立了非营利性的"可汗学院"网站，通过视频向网友进行网络教学，并解答相关问题，这个网站迅速吸引了大批的使用者，包括比尔·盖茨。盖茨在接受采访时说，不但自己借助可汗学院进行学习，他的儿子也利用可汗学院进行学习。[1] 比尔及梅琳达·盖茨基金会在 2010 年向可汗学院捐赠 150 万美元，之后陆续向其捐赠了超过 900 万美元，谷歌公司、布罗德基金会（The Broad Foundation）等都向可汗学院进行了捐赠。慈善教育要充分利用这些网络教学形式的发展，将慈善课程通过网络教学平台进行发布，吸引人们接受网络慈善课程教学。

互联网的发展促进了网络慈善的开展，如中国互联网发展基金会等多家网络公益组织发起的"网聚爱心，公益过年"公益服务月活动，其子项目"一起 9 加 1"活动[2]吸引 17777 人参与捐赠，累计募集善款 1844406 元。[3] 在新媒体日益兴盛的背景下，网络慈善借助新媒体产生的力量在我国已经有了诸多案例，如免费午餐项目、微博打拐等。慈善项目也开始寻求与互联网、新媒体的合作，如壹基金与支付宝的合作、"希

---

[1] David A. Kaplan. Bill Gates's Favorite Teacher，http：//archive.fortune.com/2010/08/23/technology/sal_khan_academy.fortune/index.htm.

[2] 该活动结合春节发红包的传统，号召微博用户 9 人一组、每人 100 元，给每个贫困户发 900 元"9 加 1"暖年红包，精准帮扶贵州、河北等省 3264 户贫困家庭。

[3]《"互联网+"助力"我们一起过大年"精准扶贫暖人心》，见 http：//news.xinhuanet.com/food/2016－02/25/c_128751435.htm。

望工程"上线微信平台、"希望微物"① 等等。这些都为开展互联网慈善非正式教学提供了可能。但是，与发达国家相比，目前我国互联网慈善开展的形式创新性不足，如美国富达投资集团（Fidelity Investment Group）曾经在其网站上发布了一个小插件，用户可以通过捐赠人指导性基金直接向红十字会（Red Cross）、波士顿交响乐团（Boston Symphony Orchestra）和其他捐助接受者捐赠。因此，我国的慈善教育要充分引导人们关注并参与互联网慈善，也应该引导互联网慈善向更好、更便捷、更富有创新性和吸引力的方向发展，从而使慈善真正与互联网结合，不断推动慈善在互联网时代的发展壮大。可喜的是，《慈善法》中明确对通过网络平台开展慈善募捐提出了要求，这既承认了网络慈善的社会地位，也对规范网络慈善行为提出了要求，是促进网络慈善更好地发展的重要法律依据。

五、慈善教育的社会支持网战略

慈善教育是发生在一定的社会情境中的教育，它不可能脱离社会和生活，这就导致慈善教育不可避免地会受到国家政策、媒体宣传、公众人物等的影响。要实现慈善教育的良性发展，必须构建慈善教育的社会支持网，使慈善教育在良好的社会支持系统下进行。

构建慈善教育的社会支持网，首先需要国家政策的支持和引导。近年来国家出台了不少有利于慈善事业发展的利好政策，但是针对慈善教育的政策较少出现，《慈善法》中虽然对慈善教育有所关照——"学校等教育机构应当将慈善文化纳入教育教学内容。国家鼓励高等学校培养慈善专业人才，支持高等学校和科研机构开展慈善理论研究。"但是目前来看，并没有专门性的文件和政策支持慈善教育的发展。因此，首先应该从国家政策层面加大对慈善教育的重视，出台相关的政策建构慈善教育的顶层设计，逐渐将慈善教育纳入大中小学教学体系，并配套出台相关的支持型政策和措施。其次，政府部门之间，政府部门和慈善组织、学校、企业、社区等机构之间要形成慈善教育的沟通协调机制，既分工协作又相互配合，共同促进慈善教育的开展。在英国就有这样的机制，

---

① 该活动由中国青少年基金会发起，它是依托移动互联网、微信和网站，发挥共享经济效用，将闲置物品和贫困乡村学校的需求一一对接、实现自主选择、全程透明的全新公益项目，并致力于为捐赠人提供便捷、互动、公开的一站式捐赠体验。

教育部门制订了相关的项目计划后,慈善组织会积极地寻求参与计划,通过慈善组织的力量将政府的计划具体化为可以执行的慈善项目,然后通过与教育部门和学校的沟通、协调,在学校推动慈善教育的开展①。

媒体要引导舆论的导向,在慈善教育的发展过程中,媒体应该积极营造有利于慈善教育开展的文化氛围,以宣传和推广慈善典型人物、典型事迹为主,发挥媒体宣传慈善正能量的作用;引导人们正确认识和看待慈善发展过程中出现的慈善危机事件。媒体应该发挥对慈善的监督作用,但是媒体不能煽风点火地鼓动人们过分关注慈善负面信息,媒体要从我国慈善发展的阶段性特征来引导人们以宽容之心正确看待慈善发展过程中出现的问题,从而实现慈善的包容性增长。

领导干部、富人、明星及其他公众人物是人们学习和模仿的榜样,在慈善教育的过程中,他们应该注重发挥自身的带头作用,以自身的慈善行动来带动人们的慈善参与。同时,家长要在家庭内部率先垂范,为孩子做好慈善标兵,通过言传和身教相结合的方式,更好地支持慈善教育在家庭的开展。机关、企业、学校、社区、乡村等要共同推进慈善教育的开展,形成慈善教育的合力。

---

① Sarre, Sophie, and Roger Tarling. The Volunteering Activities of Children Aged 8 – 15. *Voluntary Sector Review*, 2010, 1 (3): 293 – 307.

第五章　慈善教育的课程、教材和教师

> 爱孩子这是母鸡也会做的事。可是,要善于教育他们,这就是国家的一件大事了,这需要才能和渊博的生活知识。
>
> ——高尔基

通过对学生开展慈善教育促进慈善文化的弘扬和慈善知识的积累是各国通行的做法。① 要在学校开展慈善教育,必须考虑课程设置、教材编订、教师配备等问题。本章讨论的主题是慈善教育的课程、教材和教师。我们反复强调,非正式教学是慈善教育最常见的方式,但是这丝毫没有降低课程教学在慈善教育中的重要作用。慈善课程既是慈善传统传递与创新、实现慈善传统现代转型的重要途径,也是个体学习和把握慈善价值与规范、追求良好生活的重要渠道。从慈善教育的效果来看,尽管实践教学更能够促进学生的慈善践行,但是必要的课程教学能够系统地向学生传播慈善知识,建构学生对慈善的全面认识和了解;同时,伴随学生社会实践和学生公益社团的发展,他们迫切需要一定的慈善理论指导。因此,开设慈善课程在我国显得格外具有紧迫性。与课程密切联系的是教材和教师。慈善教育的教材开发和建设不但关系到教师的课堂教学,使教师的教学有纲可循,而且有助于学生以教材为基础,系统地接受慈善教育。慈善教育课程开设的关键是要有一批能够讲授该门课程的教师,教师的言传和身教都会对学生产生着潜移默化的影响。

---

① Gabbert, Jeri Patricia, and Leeann Z. Wright. Creating a Culture of Philanthropy Starts with Current Students. *Journal of Education Advancement & Marketing*, 2016, 1（1）: 51-62.

第一节　慈善教育的课程设置

学校的课程设置要适应时代发展的需要，这是课程改革的基本原则。在学校的课程中增加慈善教育的内容就是适应慈善发展的需要，这既符合课程科学化运动的倡导，也反映了社会的需求。早在 20 世纪 20 年代，针对学校的课程设置与生活脱钩，学校教学内容不能指导学生未来生活的普遍现象，教育界开展了一场以科学管理原理为理论指导的课程改革运动。在这场课程改革运动的推动下，学校的课程设置开始更为密切地与社会生活相联系，宗教德育向现实生活德育转变，德育课开始广泛渗透到其他课程的教学内容中。随着社会的发展，作为与道德教育密切关联的慈善教育开始出现在课程教学中，出现了独立的慈善课程。从慈善教育较为发达的国家开展慈善教育的经验来看，自上个世纪初期他们就开始探索学校慈善教育，通过在学校开设慈善课程、将慈善教育内容融入通识教育中、组织学生参与慈善实践等形式促进学生对慈善的认识和了解。[1] 从整体来看，学校的慈善教育课程设置主要有两种形式：设置独立的慈善课程和在现有课程中渗透慈善教育内容。我国慈善教育的课程设置，也不外乎这两种形式，只不过应该充分运用好德育课程的主渠道作用。

一、课程科学化与学校道德课程的发展

课程设置是指按一定的教育观念和价值取向，对学校课程的整体结构以及一门课程的各构成要素进行的规划与安排。[2] 课程设置作为一个专门的研究领域引起教育界和社会的普遍关注始于 1918 年美国教育学家博比特（John Franklin Bobbitt）出版的《课程》（*The Curriculum*）一书。这本旨在探讨课程设置应该使教育和社会生活关联起来的著作与美国全国教育协会（National Education Association，NEA）出版的《中等教育的主要原理》（*Cardinal Principles of Secondary Education*）共同揭开了在美国教育史上影响深远的课程改革运动。博比特认为应该根据社会需要来

---

[1]　王淑玉、张萌园：《美国青少年公益慈善意识的培养及其借鉴意义》，载《当代教育科学》2012 年第 23 期。
[2]　马云鹏主编：《课程与教学论》，中央广播电视大学出版社 2005 年版，第 50 页。

确定教育目标,他从广义和狭义两个方面界定了课程的含义,广义的课程是所有经验范畴的集合,狭义的课程是学校用来完成和完善展现生活的一系列有意识的直接的培训经验。① 因此,课程编制包括对人类的经验分析、工作分析、推导出目标、选择目标和制定详细计划等5个步骤。教育学家查特斯(Werrett Wallace Charters)认同并发展了博比特的观点,他认为课程不但要告诉人们需要做什么,还要告诉人们怎么去做。在《课程建构》(Curriculum Construction)一书中,他提出了应该将理想纳入课程内容②。这场以教育目标具体化和标准化为特征的课程科学化运动虽然在美国引起了广泛的关注,开创了将课程作为一门专门学科进行研究的历史,但是,受当时政府教育部门对教育目标的设置和管理的限制,课程改革涉及的层面并不深。

课程科学化运动虽然没有触及深层的教育改革,但是它对道德教育课程的发展产生了较大影响。在20年代的这场课程改革运动中,实用主义的集大成者杜威(John Dewey)对当时以宗教道德为主的学校道德教育进行了猛烈的抨击,他认为"离开了参与社会生活,学校就既没有道德的目标,也没有什么目的"③,因此,道德教育必须能够和社会生活密切联系起来。在学校道德教育的方法上,他认为当时的学校道德教育形式大于内容,他主张学校道德教育应该实现三位一体(the moral trinity of the school),即要实现社会的智慧、社会的能力和社会的利益的三位一体,相应对策是:本身就是社会机构的学校的生活;学和做的方法;课程④。课程作为道德教育的有效方式,受到杜威的重视,但是,杜威认为直接设立的道德教育课程会成为道德说教,并不是道德教育的可取之道,应该将道德教育的内容渗透到不同的学科教育的内容中,采取间接的道德教育方式。在学校以间接教育的方式教授与社会生活联系更为紧密的道德知识和进行相应的道德训练,成为道德教育改革的重要方向。这一时期,美国学校开始设置社会科(social studies),包括历史、地理、

---

① Bobbitt, Franklin. Scientific Method in Curriculum-Making. In Flinders, David J., and Stephen J. Thornton (eds.). *The Curriculum Studies Reader*. Psychology Press, 2004.
② Charters, Werrett Wallace. *Curriculum Construction*. The Macmillan Company, 1923, p. 75.
③ 〔美〕杜威:《学校与社会——明日之学校》,赵祥麟、任钟印、吴志宏译,人民教育出版社2005年版,第138页。
④ 〔美〕杜威:《学校与社会——明日之学校》,赵祥麟、任钟印、吴志宏译,人民教育出版社2005年版,第160页。

公民教育、社会学、经济学、人类学等内容都包括其中①,道德教育很好地渗透到社会科的教学内容中。

与杜威的观点不同,英国著名的道德教育理论家威尔逊(John Boyd Wilson)认为,学校道德教育一直达不到理想效果的原因就在于对道德课程教学的忽视,他提出要在学校课程体系中设立专门的道德教育课,向学生直接教授和解释道德的方法论,在这里的"方法论"不是指直接灌输特定的道德价值和信念,而是解释做出理智道德决定的逻辑基础。②也就是说他主张通过直接的课堂教学向学生传递如何理解道德,如何做出道德判断,如何进行道德决定,从而发展学生的道德思维和实践能力。

第二次世界大战结束以后,稳定的社会发展条件推动了教育的继续改革,道德教育在各国进一步受到重视,若干与道德教育相关的著作问世,呼吁家庭、学校、社区共同推进道德教育的声音不断高涨,学校举办各种类型的道德教育讲座,通过声情并茂的演讲进行道德教育。然而,到六七十年代,科技的迅速发展使得国家政策倾向于培养学生的科学知识,青年人的反叛进一步削弱了道德教育的影响,直到80年代道德教育才重新受到重视。1983年美国全国优质教育委员会发布了一个名为《国家在危急之中——教育改革势在必行》(A Nation at Risk—the Imperative of Educational Reform)的报告,该报告通过大量的调查指出美国的教育并没有培养出优秀的人才,呼吁对教育进行改革。这份报告不但推动了全国范围内的教育改革,而且促生了课程标准的制定。1994年,克林顿政府发布了《2000年目标:美国教育法》(2000 Goals: Educate America Act),该法案强调了对学生的品格教育和公民教育,根据该法案成立了国家教育标准和改进委员会,负责检验和认证教育内容、教育标准、评估学生表现等。同年发布的《全国公民与政府课程标准》(National Standards for Civics and Government)则以保障公民权利、促进公共利益为目标,详细阐明了每个学龄阶段学生应该接受的公民教育,参与公益是公民教育的重要内容。③

进入新世纪后,美国政府更为重视道德教育在学校的推进。2001

---

① Stodolsky, Susan S. *The Subject Matters: Classroom Activity in Math and Social Studies*. University of Chicago Press, 1988, p. 8.
② 〔英〕威尔逊:《道德教育新论》,蒋一之译,浙江教育出版社2003年版,第177页。
③ National Standards for Civics and Government, http://www.civiced.org/standards.

年，布什政府颁布的《不让一个孩子掉队》法案（No Child Left Behind Act of 2001）进一步明确将世俗的品格教育纳入课程之中，世俗品格包括：同情心、公民美德与公民的责任与权力、正义与公平、尊重、责任感、可以信赖、奉献等。① 2010 年美国国家社会科协会修订的《国家社会科课程标准：教学、学习和评估的框架》（Curriculum Standards for Social Studies: A Framework for Teaching, Learning, and Assessment），列举了社会科教授的十大主题内容，培养年轻人参与公共物品提供是社会科教学的重要内容。② 随着慈善事业的发展，慈善作为道德教育的重要内容被纳入学校课程体系中，从美国来看，学校的慈善课程设置主要有两种形式：设置独立的慈善课和将慈善内容渗透到已有的教育课程中。美国学校从幼儿园到大学，均有与慈善相关内容的传授，在幼儿园和低年级，主要是以慈善活动为引导，到高年级和大学阶段，则有相应的慈善选修课、兴趣课等形式。

课程设置作为一门专门的科学进入研究者的视角，促进了学校课程设置与社会生活的联系，促进了学校道德教育课程密切联系社会生活。随着时代的发展和社会的变迁，道德教育课程的设置方式和教学内容也发生了相应的变化，与慈善相关的知识、意识等进入课程体系，并且日益受到重视。不仅在美国是这样，英国、德国、加拿大、日本等其他发达国家都在道德教育课程或公民教育课程中增加了与慈善相关的教育内容。例如，德国的小学设有专门的与善良有关的知识和实践课程；日本的学校开设道德课，并且有专门的道德时间让学生进行道德实践。

二、我国开设慈善教育课程的背景

改革开放以来我国的慈善事业取得了较快的发展，慈善组织数量不断增加，人们的慈善意识不断增加，社会捐赠数额飞快增加。为了鼓励慈善事业的发展，党和政府不断出台了相关政策，《慈善法》的出台更是以基本法的形式确立了慈善事业的地位，然而，当前我国慈善事业的发展仍然面临人们的慈善意识不够高、慈善人才短缺等问题，这迫切需

---

① 〔美〕斯普林：《美国学校教育传统与变革》，史静寰等译，人民教育出版社 2010 年版，第 641 页。

② National Curriculum Standards for Social Studies, http://www.socialstudies.org/standards/introduction.

要通过慈善教育来解决。一些地方政府已经清晰地认识到慈善教育欠缺对慈善事业发展带来的影响,制定了发展慈善教育的措施,如北京市政府出台的建设"慈善北京"的措施中明确提出要"将传播慈善文化理念、培养志愿服务精神纳入全市中小学德育课程,将志愿服务行为纳入中小学生综合评价体系"①。

从我国现有的课程教育体系来看,尽管有个别学校开设了慈善教育课程,但是这只是个别的试点,在全国范围内并没有形成普遍的慈善课程设置。绝大多数与慈善相关的内容还是放在道德教育课程中来讲授。我国的道德教育课程设置一般分为小学阶段的《品德与生活》和《品德与社会》、初中阶段的《思想品德》、高中阶段的《思想政治》以及大学阶段的《思想道德修养与法律基础》等课程。这些课程对于提升学生的思想道德修养,养成良好的道德素质有重要的作用。但是,这些课程对慈善的讲授一般是体现在两个方面:环保意识的建立和爱心教育,也就是说都是对慈善意识的培养,而没有对慈善知识的传递、现代慈善运作、现代慈善监管、慈善组织等更为广泛的慈善内容的传授。这与我国慈善事业的快速发展的现状不相匹配,也不利于学生全面认识慈善。

从慈善教育的效果来看,慈善是一种道德践行,它更应该通过实践来推动其发展,因此,实践教学更有助于学生理解慈善、参与慈善。从目前我国慈善教育的实施来看,实践教学取得了较快的发展,从幼儿园到大学,都或多或少地存在不同形式的慈善实践教学,比如组织学生参与慈善捐款、参与环保、关心鳏寡孤独老人、关注弱势群体、成立学生公益社团等。与实践教学的发展相比,慈善的课程教学发展缓慢。但是,课程教学是必不可少的,因为,一方面慈善的课程教育能够使学生更为全面地了解慈善、认识慈善、掌握慈善知识和技巧,并且能够真正运用慈善的理论和知识去指导慈善的实践,从而使学生建立起完整的慈善知识体系。慈善的实践教学更为关注的是慈善诸多领域中的一个领域或一个方面,对慈善整体的把握较弱。另一方面,慈善实践教学需要有理论和知识的支撑,离开了慈善理论和慈善知识传授的慈善实践教学,好比无源之水、无本之木,只是对慈善的具体形式进行实践,而缺少了对慈善本身的思考。慈善课程教学不仅是慈善实践教学的必要辅助,而且是

---

① 《北京市人民政府关于加快推进"慈善北京"建设 促进慈善事业健康发展的意见》,载《北京市人民政府公报》2015年第19期。

支撑慈善实践教学的基础。

　　从当前大中小学慈善实践的开展来看，丰富多样的学生公益社团如雨后春笋般涌现。这凸显了慈善实践教学的成果，同时也呼唤慈善课程教学的出现。虽然对全国学生社团的总体数量尚难以把握，但是从个别报道中披露的数据，我们可以对学生社团的数量有一个感性的认识。一份报告显示，到 2008 年 1 月份，北京高校注册的学生社团数量为 3506 个，还有大量的草根学生社团处于未登记的状态。① 2015 年初，对镇江市中小学学生社团的统计发现，全市有 5121 个学生社团，覆盖全市中小学②。学生社团中有很大的比例是从事公益慈善的，公益慈善类学生社团的健康发展，需要学生掌握一定的公益慈善知识、了解慈善规律、慈善运作，从而更好地促进社团的发展。

　　同时，近年来随着慈善组织的发展和各类赛事、活动的举办，学生参与志愿活动，成为志愿者的可能性越来越大。无论是大学生志愿者还是中小学生志愿者，数量都十分庞大。学生对志愿活动的参与要取得更好的效果，需要有一定的慈善知识，了解志愿服务的性质、掌握志愿服务的相关知识。一些志愿服务的专业性较强，需要志愿者与慈善组织密切配合，这就需要志愿者对慈善组织有一定的认知和了解。因此，学生要做好志愿者，必须具备一定的慈善知识，而慈善课程教学正是学生掌握相关慈善知识的有效途径。

　　苏联教育学家马卡连柯（Makarenko，A. S.）认为，实践教育必须与课程教育结合起来，才能实现教育的目的——"在任何情况下，劳动如果没有与其并行的知识教育——没有与其并行的政治的和社会的教育，就不会带来教育的好处，会成为不起作用的一种过程。你们可以随意强迫一个人去劳动，但是，如果不同时从政治上道德上去教育这个人，如果这个人不参加社会生活和政治生活，那么，这种劳动就只能成为一种不起作用的过程，不会产生积极的结果"③。慈善从根本上说属于道德的范畴，马卡连柯对道德教育和实践教育的分析同样适用于慈善教育。因

---

① 赵秀红：《透视大学校园里的"百团大战"》，载《中国教育报》2009 年 10 月 22 日第 4 版。
② 唐守伦：《打造学校育人的"第二课堂"》，载《江苏教育报》2015 年 1 月 23 日第 A1 版。
③ 吴式颖编：《马卡连柯教育文集》（下卷），人民教育出版社 2005 年版，第 102 页。

此，慈善教育要实现鼓励人们慈善行为的效果，就必须加强相应的理论教育，但是从我国现在的慈善教育发展现状和学生参与慈善的现状来看，学校的慈善教育远远满足不了学生慈善实践的要求，也无法满足当前我国慈善事业迅速发展的要求，因此，必须对学校课程设置进行相应的改革，促进慈善课程教学的发展。

三、学校慈善教育课程的设置方式

早在1949年，美国教育学家、现代课程理论之父泰勒（Ralph Tyler）就在其专著《课程与教学的基本原理》（*Basic Principles of Curriculum and Instruction*）中提出了课程编制的四大原理，即学校应该达到哪些教育目标、提供哪些教育经验才能实现这些目标、怎么才能有效地组织这些教育经验、我们怎样才能确定这些目标正在得到实现①，这四大原理也被称为"泰勒原理"，它对美国60年代的课程改革及其之后的发展产生了深远的影响，以至于有的学者认为从50年代到60年代末大多数学者讨论课程编制都是围绕泰勒提出的四个问题展开的②。根据泰勒的观点，学校设置慈善课程首先应该充分考虑教育的目标，然后才是如何实现这些目标。学校对教育目标的设置，应该根据对学习者本身的研究、对校外当代生活的研究和学科专家对目标的建议来确定。③从我们对学生社团和学生志愿者的分析、当前我国慈善事业的发展情况的分析来看，我国当前慈善课程教育的目标就是要培养学生的慈善意识，提高学生的慈善素养，促进学生的慈善参与。在当前我国的教育体制内，要进行慈善教育的课程设置，可以采取两种方式：一种是单独开设慈善教育课程，另一种是将慈善教育渗透到现有学科体系之中。

独立开设慈善教育课程是指在学校的课程设置中增设与慈善教育相关的课程。从国外经验来看，设置专门的慈善教育课程能够系统地培养学生的慈善意识、慈善知识和慈善习惯。美国有若干中小学设置专门的慈善课程，美国密歇根非营利协会开发了适合幼儿园到12年级的学生使

---

① 〔美〕泰勒：《课程与教学的基本原理》，施良方译，人民教育出版社1994年版。
② Goodlad, John I. Curriculum: State of the Field. *Review of Educational Research*, 1969, 39(3): 367–375.
③ 〔美〕泰勒：《课程与教学的基本原理》，施良方译，人民教育出版社1994年版，第3—25页。

用的慈善课程（Learning to Give），提供给学校实施慈善教育。德国针对不同年龄段的学生设有善良教育、政治养成教育和道德教育等课程。

从我国的现实来看，在大学可以开设慈善教育的通识课程。在当前高校对学生学分的总体要求降低的情况下，开设慈善通识课不仅可行，而且与近年来倡导的通识教育的改革方向一致。慈善教育以通识课的形式出现，学生完全是凭兴趣选修，他们本身就对慈善的内容感兴趣，因此更愿意投入课程的学习中。笔者在学校开设的"公益慈善概论"通识课程，就很受同学们的欢迎。而慈善教育通识课能够以系统的课程教学向学生传递慈善知识，使学生对慈善建立体系化的认知。

对有条件设立选修课的中小学，应鼓励通过设立选修课来进行慈善教育，以慈善课程的形式系统地呈现慈善知识。目前条件尚不成熟的中小学，应积极创造条件，逐步开设慈善课程。对已经开始了慈善课程的学校，应认真总结慈善教育的经验，及时研究解决慈善教育过程中发现的问题，不断提高慈善教育的实效性。

慈善教育不是孤立的课题教学，也不是简单的课程教学和实践教学的结合，慈善教育应该是贯穿于所有课程之中的教育。这意味着，不仅要开设慈善的专门课程，还应将慈善的意识和内容渗透到各个学科，建立以德育课渗透为主的全方位渗透。

首先，充分发挥中小学德育课和大学生思想政治理论课程的主渠道作用。德育课程在我国的教育体系中一直占有重要的地位。早在20世纪20年代著名教育家蔡元培就指出，培养国民之完全人格是教育的目的，也是国家昌盛的基础。完全人格首在体育，次在智育，更言德育。"德育实为完全人格之本，若无德育，则虽体魄智力发达，适足助其为恶，无益也。"[1] 由此可见，道德教育是培养学生健全人格的根本。慈善所倡导的博爱、平等、助人为乐、扶贫济困等价值观与我国道德教育提倡的价值理念是一致的。因此，应该在德育课和思想政治理论课的教学中增加慈善教育的内容。当前的道德教育中已经融入了一定的慈善知识，这为慈善渗透到道德教育提供了基础，但是道德教育中融入的慈善教育目前只包括环保意识的培养和爱心教育，应该进一步扩展到慈善的各个领域，使慈善教育的内容更为广泛地渗透到道德教育和思想政治教育中。

---

[1] 高平叔编：《蔡元培全集》第3卷，中华书局1984年版，第8页。

其次，点面结合，将慈善教育内容全方位渗透到各学科的教学内容中，实现慈善教育的全方位育人。学校的各门课程都具有育人功能，所有教师都负有育人职责。要深入发掘各类课程的慈善教育资源，在传授专业知识过程中加强慈善教育，使学生在学习科学文化知识过程中，自觉培育慈善意识，养成慈善行为。在中小学语文、历史、艺术、体育等课程标准修订中，增加慈善文化内容及其比重。比如，在语文课的教学中增加与慈善相关的课文内容、讲演内容，在课外读物的选定上，增加慈善家传记、慈善故事等；在历史课的教学中，增加对中外慈善家的介绍，如我国的张謇、熊希龄等，国外的洛克菲勒、卡内基等；在音乐课中增加对表达博爱的歌曲、慈善音乐会、慈善演唱会等内容的介绍。地理、数学、物理、化学、生物等课程，应结合教学环节渗透慈善文化相关内容。制作内容精、形式活、受欢迎的数字化课件，将慈善教育的内容以学生喜闻乐见的形式呈现出来。对大学生的课程，要根据学科的特点，恰当地进行慈善渗透，比如广告学中可以加入公益广告的相关教学内容，传播学中可以增加对公益传播、公益电影等的知识内容，法学中可以增加公益诉讼的教学内容等。

慈善课程的开设不是一蹴而就的，它需要经过一个较长时间的探索。在现阶段，各地、各学校应根据自身的实际情况、具备的条件，充分认识课程开发的规律，通盘考虑大中小学各个阶段学生的接受能力和理解能力，科学构建各级各类学校慈善教育课程体系，合理确定课程的设置及课程标准，并且在实践的基础上不断优化各级各类学校慈善课程的设置，明确教育目标、内容及要求，在摸索中不断总结经验，逐渐形成由低到高、由浅入深、循环上升、有机统一的小学、中学、大学慈善教育课程体系。

第二节 慈善教育的教材开发

教材是课程之纲，它既能使教师的课程教学有纲可循，又能够使学生的学习有纲可依。无论开展独立的慈善课程还是在现有课程中渗透慈善的教学内容，都必须加强对慈善教育的教材开发和建设。在慈善课程尚未全面开设的情况下，慈善教育教材的开发和建设，还能够为教师和学生自修提供系统的指导。当前我国有了初步的开发慈善教材的尝试，但是开发严重不足,缺乏系统的、完备的教材,更缺乏有认可度和影响力的慈善教育教材。以慈善的发展现状为基础,综合慈善研究成果,将慈善观念、慈善知识、慈善案例等结合起来,完整地向教师和学生呈现慈善的课程内容,根据学生的接受能力和特点开发适合不同年龄段学生的教材是发展学校慈善教育的必然要求。

一、教材开发的现状

教材是在一个有目的的情境的发展过程中所观察的、回忆的、阅读的和谈论的种种事实以及所提出的种种观念。① 教材不仅传递知识,还呈现价值观,慈善教育的教材更是承载着慈善的价值观,它是进行系统的学校慈善课程教育所必需的。但是,我国慈善教育教材的开发才刚刚起步,已知的慈善教材包括中华慈善总会和中华新纪元慈善教育基金共同编写的《慈善读本》(分小学版和初中版两个版本)、上海市甘泉外国语中学编写的《慈善是一种文化》、北京史家小学编写的《美德阶梯——史家小学的阳光公益》等。

2011年开始,中华慈善总会在全国范围内发起了"慈善文化进校园"活动,通过向全国中小学推广《慈善读本》来传播慈善文化,推动慈善文化向中小学的延伸。从《慈善读本》的内容来看,小学版的《慈善读本》通过爱心歌曲、爱心图片、爱心故事、爱心童话、爱心剧场、爱心行动等6个单元,图文并茂地向小学生传递普遍的爱心,启迪小学生从自身出发参与慈善。初中版的《慈善读本》从介绍慈善的意义和责任、提倡在关爱和尊重中与人分享、了解慈善组织运作和财富管理、呼吁中学生进行慈善文化传播等内容展开。从两个版本的《慈善读本》来看,小学版的《慈善读本》更具有趣味性,是在趣味中引导小学生认识慈善;初中版的《慈善读本》更具有启发性、知识性和引导性,更为深入地将慈善观念、慈善行为、慈善组织、慈善文化传播等内容传授给学生,有助于促进学生对慈善的深入了解和更为具体地参与慈善实践。

甘泉外国语中学从自身的教学实际出发,编辑了慈善文化普及读本,这个慈善读本既是对学校自身开设的慈善教育课程的内容拓展,也是对该课程的必要的总结,是对学生进行全方位慈善教育的体现。从《慈善

---

① 〔美〕杜威:《道德教育原理》,王承绪等译,浙江教育出版社2003年版,第105页。

是一种文化》的内容来看，它从慈善的含义、慈善的文化渊源、慈善机制、慈善组织、慈善的意义和责任、校园行动等方面对慈善进行了介绍和引导。

史家小学以学校组织的公益实践为题材，通过阐述公益慈善的意义、学校开展公益慈善的制度建设、学生的公益参与、教师培育、学生公益产生的影响和未来展望等方面，系统地对史家小学自身的公益教育、公益实践进行了呈现，向社会展示了在没有公益资金支持的情况下小学和小学生如何从自身做起从事公益慈善。

在专门的慈善教材之外，目前学校的德育课程体系中有一些慈善教育的嵌入式教学内容。以人民教育出版社出版的小学、中学和高中阶段的德育教材为例，这些内容体现在以下方面：小学《品德与生活》中的环保教育，包括垃圾分类处理、减少垃圾排放、废旧回收、爱护花草树木、保护动物等；小学《品德与社会》中的爱心教育和环保教育，包括从身边做起向他人伸出援助之手、为地球环境做力所能及的努力等。初中《思想品德》中的感恩教育，主要目标是培养学生的感恩意识。高中《思想政治》选修课中的社会公德教育和环保教育，主要内容是教育学生乐于助人、奉献爱心、保护环境等。

无论专门的慈善教材还是渗透到德育教材中的慈善教育内容，都对我们探索慈善教材的开发和建设起到了奠基的作用。但是，从这些教材的开发和使用状况中我们也可以看出，当前慈善教育的教材十分缺乏，仅有零星的一些探索和尝试，缺乏具有认可度和影响力的慈善教材，更谈不上有系统的大中小学慈善教育教材体系开发和建设。这种状况导致学生接受不到应有的慈善教育，即使在某个阶段接受了慈善教育，也是零散的、不成体系的。这种状况的存在不但与我国培养具有社会责任感的现代公民的教育目标不相适应，也与我国鼓励发展慈善事业的社会政策环境相背离。要培养具有现代慈善意识的公民，促进公民更积极地投身慈善事业，就必须加强慈善教育教材开发。

二、整体规划大中小学慈善教育教材体系

作为道德教育的重要方面，慈善教育需要贯穿于学生学习过程的始终，体现在慈善教育的教材建设上，应该根据不同教育阶段学生身心特点、思想实际和理解接受能力，准确规范慈善教育的目标和内容，科学

设置慈善教育教材的广度和深度,有针对性地进行教育和引导,使学校慈善教育更具科学性,更好地促进学生慈善意识的全面建立和慈善实践的综合参与,从而实现对大中小学慈善教育教材体系的整体规划。整体规划慈善教育的大中小学教材体系首先有助于使小学、中学、大学的慈善教育形成有效衔接,使学生能够在学校期间系统而完整地接受慈善教育,并且能够由浅入深、由易到难、由感性认识到理性思考,循序渐进地培养起学生的慈善意识和慈善素养。系统的教材体系建设能够使学生对慈善建立起正确的认知,更好地理解慈善、了解慈善运作,并能够根据所学知识对慈善进行适当的监督,从而在参与慈善的同时起到对慈善的外部监督作用。学生系统地接受慈善教育,能够吸引一部分学生对慈善产生兴趣,并以慈善教材的内容为基础,逐渐去扩展自己的慈善知识,为自己成长为慈善专业人才奠定基础。由此可见,整体规划慈善教育教材体系无论是对于学生主动地参与慈善,还是对于学生未来成长为慈善专业人才,都具有重要意义。

实现对慈善教育教材的整体规划,首先应该充分把握大中小学生的学习能力、接受能力、认知特点和教育规律,采取循序渐进的方式,由低年级的慈善启蒙、零星的慈善实践教育、案例讲解到高年级的现代慈善意识建立、慈善参与,乃至慈善策划、慈善组织运作等,由浅入深地逐步增加学习的深度和难度,由趣味性的慈善引导向知识性的慈善教育过渡。其次,要注意小学、中学和大学教材体系的衔接,在坚持各学龄阶段分层实施慈善教育的同时,要能够将各学龄阶段的慈善教育内容有效衔接起来,使学生接受连贯而系统的慈善教育。第三,要整体推进慈善教育的教材开发和建设。整体推进意味着要将大中小学的慈善教育作为一个完整的体系,同时推进大中小学慈善教育的教材开发。尽管当前慈善教育教材开发和慈善课程设置才刚刚开始,但是,应该未雨绸缪整体推进慈善教材建设,为慈善课程的全面开设奠定基础。

概括而言,要实现整体规划慈善教育教材体系建设,应该坚持把有效衔接、分层实施、循序渐进、整体推进作为根本要求,在遵循教学规律和学生成长成才规律的基础上,建构起我国慈善教育的教材体系。具体到每个阶段的慈善教育教材开发和建设上,小学阶段的慈善教育应该培养小学生建立初步的慈善认识和从身边做起参与慈善的意识,以图片、音乐、动画、卡通、漫画、童话、同龄人的慈善故事等为主要表现形式,以增加趣味性和可视化的方式来吸引小学生对慈善教材的热爱。中学阶段的慈善教育应该逐渐引导学生树立现代慈善意识、公民责任意识，将慈善的意义、个人的慈善责任、慈善涉及的领域、慈善的运作、慈善组织、各国慈善发展状况等内容深入浅出地呈现给中学生，并且以古今中外慈善家的故事、当代青少年的慈善参与等来激励和引导中学生参与慈善。大学阶段的慈善教育应该培养学生牢固树立慈善人人可为的观念，深入挖掘慈善的意义和使命、慈善各领域的发展状况、慈善募捐、慈善救助、慈善监督、慈善组织等各方面的内容，通过社团活动策划、慈善组织运作分析等，引导大学生参与慈善组织和慈善活动，并建立对慈善组织的兴趣和持久的慈善行为。

三、慈善教育教材的主要内容

在整体规划慈善教育教材体系开发的过程中，要注意对不同年龄段学生的教材开发的内容进行区分，要实现从小学、中学到大学慈善教育教材的内容由浅入深、难度由易到难。通过循序渐进的方式，逐渐将慈善的内容完整地传授给学生。根据当前慈善的发展状况、慈善教育的现状、慈善涉及的内容和领域，应紧紧围绕以下 10 个方面整体规划慈善教育教材的内容。

一是紧紧围绕慈善的意义和使命呈现慈善教育内容。要由浅入深地向学生呈现慈善对个人、群体、社会、国家的意义，从扶危济困到社会资本建立，从社会信任提升到国家的和谐稳定，以生动的案例来反映慈善的意义、体现慈善的使命。

二是紧紧围绕慈善意识的培育和提升开发慈善教育教材。慈善教育的一个重要目的就是要培养学生的现代慈善意识，慈善教育教材要为这一目的服务，必须将慈善意识的培育和提升作为重要内容，通过课堂教学和逐步的慈善参与，使学生牢固建立现代慈善意识。

三是紧紧围绕慈善文化建设深化学生的慈善认识。既要将我国优秀的传统慈善文化呈现给学生，以先贤的慈善传统来感染学生；又要将国外优秀的慈善文化展现给学生，让学生充分吸收国内外优秀慈善文化的精华，并加以继承和发扬。

四是紧紧围绕慈善人物的故事启发和激励学生。既要向学生介绍我国历史上的慈善人物、慈善家、民间慈善故事，又要向学生介绍当今世界各国的知名慈善人士，使学生能够全面地把握慈善的本质，以这些慈善家为榜样，不断激励自己更多地参与慈善。

五是紧紧围绕慈善行为的践行引导学生的慈善参与。慈善是一种道德实践活动，只有落脚到行为上的慈善意识才能真正发挥改造世界的作用。慈善教育的教材要向学生展示作为大中小学生，如何根据自己的实际情况、从自身出发参与慈善，真正做到"勿以善小而不为"，为慈善贡献自己的力量。

六是紧紧围绕慈善组织来介绍和分析当前的慈善发展现状。现代慈善的组织化运作、项目化运作使慈善组织越来越成为慈善的主角，必须向学生系统介绍慈善组织的情况，包括国内外主要的慈善组织、它们关注的领域、它们从事的慈善项目、慈善组织的内部运作及其监管，以及国外有影响力的慈善组织与中国的关系等。

七是紧紧围绕慈善是如何运作的来培养学生对慈善的深入了解。要让学生充分认识慈善是如何开展的，包括慈善如何策划、如何募捐、如何寻找受助对象、如何向受助对象提供服务、如何开展后续跟踪服务和信息反馈、如何保护受助者的隐私和尊严、如何对慈善进行监督等。

八是紧紧围绕慈善人员构成来分析慈善是如何由人推动完成的。慈善人员既包括慈善组织的领导者、慈善组织从业人员，也包括志愿者、义工。要通过对慈善人员构成的介绍，一方面吸引学生了解志愿服务、参与志愿活动，另一方面吸引学生关注慈善专业人员的相关知识和信息，加入慈善专业人员队伍之中。

九是紧紧围绕慈善传播的新形式介绍慈善传播及其发展。慈善传播是慈善建立公信力、赢得社会认同的重要因素。随着新媒体的发展，慈善传播开始向微慈善、新媒体慈善发展。慈善教育的教材既要向学生呈现慈善传播的一般规律、慈善传播的现状，又要能够及时地将慈善传播的新形势囊括其中。要将慈善传播与新媒体结合，利用新技术传递给学生，使学生更为全面地了解慈善的传播过程。

十是紧紧围绕慈善未来发展趋势向学生展望慈善的未来。从慈善发展的国际趋势、国内的政策环境、社会发展状况等方面综合向学生展望未来慈善发展的潜力、前景，使学生对慈善建立信心、担当慈善事业发展的使命。

需要指出的是，慈善教育教材在紧紧围绕上述 10 个方面设计内容的过程中，可根据学生的兴趣、接受能力和慈善发展状况，将更为广泛的慈善知识纳入慈善教育的教材中，使教材的开发更加科学，更加完善。

慈善教育教材的开发，教育部门、教育机构、科研院所负有不可推卸的责任，同时，慈善组织也要承担其相应的责任。与其他组织和机构相比，慈善组织是慈善活动的行为主体，是实际组织和参与慈善运作的最重要的力量。慈善教育对实践的重视和强调，决定了慈善教育教材的编订和设计离不开慈善实践，而作为慈善实践主体的慈善组织，最有发言权，因此它理应参与到慈善教育的教材编订中。在慈善教育教材的设计和编订中，慈善组织应该充分挖掘自身的优势，与其他组织和机构密切合作，共同促进高质量、接地气的慈善教育教材的研发和问世。

第三节 教师与慈善教育

教师不是专职的慈善工作者，但从教师的职业道德要求来看，慈善文化的传承和弘扬，离不开教师的积极参与。教书育人是教师的神圣使命，教师的职业性质与职能决定了教师应该参与到慈善教育中来。而且，教师是慈善教育得以开展的前提，只有具备慈善教育的师资，才能开设慈善教育课程。从我国学校的师资资源来看，慈善教育课程的师资主要来源于两个方面：一是学校已有的教师，二是社会上拥有慈善经验的人。这两类师资各有优势，但是要能够开设慈善课程，都必须经过一定的师资培训。慈善课程虽然是以理论和知识传授为主，但是教师在慈善课程中必须坚持言传和身教的结合，为学生树立慈善教育的榜样。

一、慈善教育的师资来源

开设慈善课程的前提是有相应的师资能够为学生讲授慈善教育，因此，培养慈善教育的教师任务紧迫。从我国现实情况来看，慈善教育的师资主要来源包括两部分，一部分是学校已有的教师，这些教师既包括大中小学现有的德育课程教师，也包括其他课程老师，对大学而言，还包括通识课教师和专门研究慈善领域问题的教师。另一部分是社会上拥有慈善经验的人。国际知名慈善界专家、美国纽约大学捐赠与基金资助人教育学院创始人理查德·马克尔曾表示："慈善是一门经验占主导的学问,最好的教育者是那些在这领域的广度和深度上都颇有建树的从业者。"① 这部分来源于社会的慈善教育师资包括慈善组织管理人员、慈善组织一线工作人员、志愿者、慈善家等。从学校内部来看,随着慈善事业的发展,社会对慈善的关注度提高,人们对慈善有着较为强烈的呼唤,开设慈善课程不但成为慈善事业发展的必然要求,也随着学生参与慈善、参加志愿活动的增多在学生中有一定的呼声,尤其是以通识课或选修课开设的慈善课程,能够较好地吸引那些真正关心慈善、想了解慈善的学生。因此,这在客观上有助于学校将现有师资中的一部分老师转化为专门的慈善课程老师。从学校外部来看,无论从事慈善的慈善组织人员、慈善家,还是志愿者,他们都对慈善人才的匮乏有着强烈的共识。如壹基金全球理事周惟彦在2012年博鳌亚洲论坛期间的发言就专门指出,慈善行业中的人才特别匮乏②。作为慈善事业的积极参与者和推动者,他们乐于看到慈善教育的发展推动慈善人才的建设,因此,聘请他们担任慈善教育课程老师是使他们参与慈善人才培养的重要方式,他们自身的价值认同和慈善使命驱使他们愿意参与学校的慈善教学。

从我国有限的学校慈善课程的开设来看,学校要根据自身的实际情况来选择如何建立自己的慈善教育师资力量。对于大多数中小学而言,将现有的学校教师通过培训转化为慈善教育课程教师较为实际,比如上海甘泉外国语中学就是通过对学校的老师进行集中学习、培训,将一部分教师转化为慈善课程的教师。随着慈善的科学化和专业化运作,对原有老师进行慈善培训也应该考虑聘请有慈善经验的专业人士来完成,这其中应该包括具有慈善组织管理或慈善项目运作的专业人士。因此,学校在对已有教师开展慈善培训时,应该建立与慈善组织的良好合作,借由慈善组织自身丰富的慈善实践来弥补教师的慈善实践不足。同时,有条件的中小学,可以尝试直接聘请社会慈善人士、爱心人士、从事慈善工作的人士等为学生开设慈善教育课程或讲座。对大学而言,聘请拥有丰富慈善经验的人进入学校教授慈善教育课程相对较为容易,可以较为自如地选择师资力量。综合来看,无论是选择培训已有老师将其转化为

---

① 〔美〕卡纳尼:《慈善是一门学问》,高文兴译,载《公益时报》2012年3月20日第14版。
② 《周惟彦:慈善行业人才匮乏 缺少精英身体力行》,见 http://politics.caijing.com.cn/2012-04-03/111799412.html。

具备慈善知识的专业慈善教育老师，还是选择聘请有慈善经验的人来担任课程教师，慈善教育的师资力量发展都与慈善组织有着密切的关系。慈善组织也应该充分认识到自身在推动慈善教育中的作用，担当起相应的责任，积极与学校开展合作与交流，促进慈善教育的稳步发展。

从学校的行政成本来看，将自身的师资资源转化为慈善教育师资较为容易，聘请社会人士担任慈善教育课程教师成本较高。同时，聘请社会人士担任慈善课程教师还面临课程设置的时间协调等问题。各学校在选择师资时，应该从自身具备的实际条件出发，做出合理选择。从慈善教育的实施效果来看，采用本校教师教授慈善课程，校外人员通过客串、讲座等形式参与学校慈善教育课程更为实际。

二、慈善教育师资的培训

尽管学校现有教师和社会上拥有慈善经验的人都能够作为慈善课程可以利用的师资资源，但是无论选择哪类人作为学校慈善教育课程的教师，都应该从课程本身的需要出发，在开设慈善教育课程之前，对师资资源进行必要的培训。这是因为，对学校老师而言，以往他们的教学经验都是在其他学科领域范围内的，他们缺乏对慈善的专门认知，要使他们能够独当一面地承担慈善教育课程的教学任务，必须对他们进行慈善认知、慈善知识、慈善理论、慈善实践等方面的培训，使原本对慈善并没有深入了解的学校老师建立对慈善的良好认知，拥有较好的慈善知识。社会上拥有慈善经验的人虽然懂得如何进行慈善，也掌握较多的慈善知识，但是他们往往没有接受过系统的教育学的培训，尤其缺乏教学的实战经验，因此，必须对其教学能力、教学技巧进行培训，使其能够掌握教学规律，以学生能够接受的方式传递慈善。

从培训实施的方式来看，可以采取多种形式，比如对学校老师可以采取集中授课、集中学习、集中答疑等方式，也可以通过开设慈善讲座、慈善研讨会等形式进行。学校可以聘请慈善领域的研究专家、拥有慈善经验的人对学校师资进行培训，也可以聘请已经开设了慈善教育课程的学校的老师前来培训。在进行知识培训的同时，也应该通过慈善实践来丰富教师的慈善经验。对社会上有慈善经验的人的培训，可以采用集中培训的形式，也可以采用单独讲解和辅导的形式。学校的老师懂得教学规律，社会上有慈善经验的人懂得慈善，可以采用互动的方式，使他们互相培训,发挥各自所长弥补对方之短,在彼此的交流中加深对慈善和教学的相互认识。

在培训方面,还有一个不容忽视的力量就是从事慈善研究的专家学者。这些专家学者大多数都是科研院所的教师,他们本身研究慈善,又拥有较为丰富的教学经验,可以聘请他们对学校教师队伍和社会上有慈善经验的人进行培训和辅导。这样既能够体现学校教学规律,又能够将慈善知识囊括进来,还能够很好地向潜在的慈善教育师资力量展示如何将慈善通过教学的形式传递给学生。

对慈善教育师资力量的培训途径是多样化的,不同学校应该根据自身具备的条件,从实际情况出发,选择适合自身的师资培训方式,尽快建立和提升慈善教育师资力量和师资水平。

此外,着眼于慈善师资力量的可持续发展,在师范院校中应该增加慈善课程,使师范生在校期间即开始自己的慈善积累。在教师资格考试、教师考核中,应该适当加入慈善教育的内容,通过以评促建的形式,促进后备师资慈善认知的提升、慈善知识的掌握和慈善行为的践行,为未来的慈善教育课程提供师资储备。

三、教师的言传与身教

教师既是知识的传播者,也是学生学习和模仿的榜样,教师的一言一行都对学生产生着潜移默化的影响,也构成教师人格魅力的一部分[①]。慈善教育的目的就在于通过系统的慈善知识传播使学生建立慈善观念,践行慈善行为。也就是说,慈善终归要落脚到行动上。教师作为慈善课程的授课者,不仅要向学生传递慈善知识、传承慈善文化,也应该身体力行去践行慈善,让学生看到教师的言行一致、表里如一。否则,如果教师仅仅对学生进行课程的说教,教导学生要参与实践,而自身没有任何慈善行动,那么学生就会对教师的话产生怀疑,认为教师以双重标准要求学生和自己,这不但不利于学生接受教师传递的慈善知识,还会有损教师在学生眼中的形象。因此,在慈善教育中,教师必须要将言传和身教结合起来,言行一致地做好学生的慈善表率,在慈善参与中实现育人。

---

① 李香善:《高校德育教师人格魅力对人才培养的影响力》,载《教育理论与实践》2009年第3期。

具体而言,教师可以根据自身的职业特点和自己的所长,立足教育,服务社会,将志愿服务与促进学生成长相结合,与提升教师品德修养和学识水平相结合,努力做言行一致的师德表率。教师要根据自身的实际情况,本着自愿参与、量力而行、无私奉献的精神,积极参与慈善,利用工作之余主动参与适合职业特点的无偿志愿服务活动。2014年9月25日,教育部印发了《关于教师参与志愿服务活动的指导意见》。意见对教师参与志愿服务活动提出了总体要求和基本原则,规范了主要内容和活动形式,明确了工作要求和组织保障。教师在带头参加志愿服务的基础上,应指导帮助学生开展志愿服务活动,形成有效的实践育人成果。

教师要做到言传和身教相结合,尤其要在日常生活中践行慈善。比如,关心班级内困难家庭子女的学习和生活情况,为残疾和有困难的学生提供相应的帮扶,为城市农民工子弟提供课程辅导和生活关怀。教师的慈善行为可以是身边的慈善"小事",但是点滴的慈善"小事"传递的慈善观念和其日积月累形成的慈善效果,将产生积极的慈善教育效应。因为,从这些实实在在的行动中,教师向学生自然而然地传递了慈善,这种身体力行的慈善行动,对学生的感召力与慈善课程内容的有机结合,可以使学生迅速建立对慈善的理解。教师以自身的慈善行动向学生表明慈善就在身边,是人人可为的事业,这样也能够激发更多的学生将慈善知识运用到日常生活中,从身边的慈善"小事"做起,开始自己的慈善积累。

教师在慈善教育中担负着育人功能和示范作用,要承担起这两项责任,教师就应该在进行慈善课堂教学的同时不断参与慈善实践,将自身的慈善实践和课堂教学内容有机结合起来,让学生真正了解慈善的真谛。偏废言传和身教中的任何一方,都无法达到最佳的慈善教育效果。

第六章 非正式教学与慈善教育

> 通过拥有慈善经验的人的非正式教学是了解慈善最常见的方式。
> ——罗伯特·L. 佩顿，迈克尔·P. 穆迪

慈善归根结底要落实为善行。因此，只有在善行或慈善的实践中才能修养慈善的品质。正如亚里士多德所说："我们通过做公正的事成为公正的人，进行节制成为节制的人，通过做事勇敢成为勇敢的人。"① 虽然实现慈善教育的目的需要慈善正式教学传授相应的慈善观念、慈善知识，但是它更需要非正式教学通过实践来验证、巩固和拓展正式教学内容。道德教育是一种行动教育，慈善作为道德教育的重要内容和有效拓展，它最终要落实到行动上，正是慈善对行动的强调凸显了非正式教学的重要性。② 慈善体现着价值观，教授和学习慈善能够改变一个人的世界观③，而通过慈善行为传递的价值观更有说服力。慈善对行动和价值的强调使非正式教学成为慈善教育的重要途径，通过开展慈善非正式教学，可以将课堂慈善教学的内容生动形象地呈现出来，有利于受教育者理解和接受；非正式教学丰富多彩的形式也使其对受教育者更具有吸引力，能够增强人们学习和参与慈善的动机，并逐渐建立起内在驱动的、利他导向的慈善动机。慈善非正式教学不是课堂的灌输，而是生活中的实践体验，这种寓教于行的教育方式，能够使人们在广泛的慈善活动、慈善参与中增进对慈善的认知和体验，也有利于人们不断通过慈善实践进行

---

① 〔古希腊〕亚里士多德：《尼各马可伦理学》，廖申白译注，商务印书馆2003年版，第36页。
② 〔美〕佩顿、穆迪：《慈善的意义与使命》，郭烁译，中国劳动社会保障出版社2013年版，第34页。
③ 〔美〕佩顿、穆迪：《慈善的意义与使命》，郭烁译，中国劳动社会保障出版社2013年版，第38页。

自我慈善教育。离开正式教学的慈善教育将失去方向，离开非正式教学的慈善教育将失去教育的根基，完整的慈善教育必须将正式教学和非正式教学密切结合起来。上一章已经重点讨论了慈善的课程教学，本章围绕慈善非正式教学展开论述。

第一节　非正式教学是了解慈善最常见的方式

正式教学或叫正式课程（official curriculum），是指通过学校开设的认知和情感课程，非正式教学也称为隐性教学（hidden curriculum），是指通过与学校和社会生活有关的活动和关系所呈现的未被直接言明的规则、价值观、信仰等。[①] 正式教学是学校规划和设计好的既定课程，是系统地通过课堂教学向学生传递观念和知识、促进学生知识积累和进步的教学方式。非正式教学则是将知识、观念通过活动的形式展示出来，使受教育者在参与的过程中，潜移默化地受到影响，从而达到教育的目的。慈善教育不仅是对在校学生的教育，也是对广大社会公众的教育。要促进慈善的现代转型，实现人人慈善的愿景，就需要在学校慈善教育之外开拓新的慈善教育形式，促进全社会的慈善教育。非正式教学正是实现这一愿景的有效途径。

一、慈善非正式教学的兴起

道德教育作为一种日常生活教育，它对生活的指引性和它在日常生活中的无处不在性，决定了非正式教学占有重要地位。杜威在谈到道德教育时，区分了"道德观念"与"关于道德的观念"。"道德观念"是不论什么样的观念，在行为中见效果，使行为有所改进，变得比另外的情况下更好。"关于道德的观念"在道德上可以是无关的，或者是不道德的或者是道德的。关于道德的观念，关于诚实、纯洁或仁慈的见解，不能使这些观念自动地变为好的品性或者是好的行为。[②] 也就是说，道德观念是实际影响人们行为的品性，而关于道德的观念则仅是人们对是否合乎道德做出价值判断的依据。杜威认为道德教育的目的不是培养受教

---

① Apple, Michael W. The Hidden Curriculum and the Nature of Conflict. *Interchange*, 1971, 2 (4): 27–40.
② 〔美〕杜威：《道德教育原理》，王承绪等译，浙江教育出版社2003年版，第8页。

育者关于道德的观念,而是使受教育者具备道德观念。他批评学校教育中只向学生传授关于道德的观念,造成病态的道德教育,提出道德教育中的"非正规教育"的概念,认为道德需要在社会情境中被培养成为一种习惯①。

杜威的非正式教学的观点在学界得到认可,并被继承和发扬,20世纪70年代美国心理学家科尔伯格(Lawrence Kohlberg)在研究儿童的道德认知发展时,专门讨论了隐性课程的作用。他认为隐性课程是促进儿童道德成长的重要手段,而且是比正式课程更为有影响力的手段,因为儿童的绝大多数道德认知都是来自隐性课程而非正式课程,他呼吁利用隐性课程进行道德教育②。

慈善具有道德意涵,慈善倡导的价值理念符合道德的要求③,慈善教育天然地与道德教育具有一致性。因此,道德教育的教育方式和方法可以广泛应用于慈善教育。就慈善教育而言,正式教学主要是指通过课堂的课程教学向受教育者传递慈善观念、慈善意识、慈善知识、慈善运作等若干方面的慈善内容;非正式教学则是指在正式的课堂教学之外一切与慈善相关的教育形式和教育内容,包括慈善研讨会、慈善论坛、慈善展览、公益电影、公益广告、慈善演讲、慈善活动(如慈善捐款、慈善义卖、慈善义演、慈善晚宴等)、公益创投、慈善超市、慈善排行榜等等。从慈善对行动和价值的强调来看,非正式教学是慈善教育的最主要形式。这恰如杜威对非正式教学之于道德教育的重要性的强调,在谈到学校道德教育时他说道:"当我们考虑到通过教育使道德成长的整个领域时,直接道德教学的影响,充其量说,比较地在数量上是少的,在影响上是微弱的。所以,这种更大范围的、间接的和生动的道德教育,通过学校生活的一切媒介、手段和材料对性格的发展就是我们现在讨论的题目。"④ 对慈善教育而言,非正式教学就是要通过更大范围的、间接的、生动的教育形式,通过一切媒介、手段和材料促进人们的慈善认知和慈善行为。

---

① 〔美〕杜威:《道德教育原理》,王承绪等译,浙江教育出版社2003年版,第105页。
② 〔美〕柯尔伯格:《道德教育的哲学》,魏贤超等译,浙江教育出版社2000年版,第260页。
③ Lipman, Samuel. Morality and Philanthropy. Society, 1990, 27 (6): 4–6.
④ 〔美〕杜威:《学校与社会——明日之学校》,赵祥麟、任钟印、吴志宏译,人民教育出版社2005年版,第138页。

慈善在我国古汉语中可以分解为"慈"和"善",慈是慈悲之心,善是善行,也就是说,慈善这个概念本身就强调了它是在慈悲之心的驱动下的善行。最初的慈善是源于人们在同情心的驱使下对社会弱者做出的救济,如《汉书》记载黄霸任颍州太守时"使邮亭乡官皆畜鸡豚,以赡鳏寡贫穷者"①。现代慈善虽然超越了对弱者的救济,引申到支持促进教育、科学、文化、卫生、体育、环保等领域发展的活动,但是它仍然强调的是人们切切实实的行动,是为改变社会而付诸实践的过程。慈善教育要达到人人慈善的目的,就应该通过人人做慈善来体现,而非正式教学正是培养人们的慈善习惯、慈善行动的有效形式。此外,慈善对行动的强调也使慈善教育成为"听其言观其行"的教育,也就是说,正是因为慈善强调人们要付诸慈善行动,这在客观上要求慈善教育不能仅仅是言说的教育,还应该是行动的教育。如果仅仅进行课程教学,而缺少实实在在的慈善实践,慈善教育就会成为"纸上谈兵"的教育,无法真正发挥教育引导人的功能。只有在课堂言传的同时,通过慈善行动来真正体现慈善的真谛,才能让受教育者领悟慈善是人人可为。因此,慈善对行为的强调决定了非正式教学是慈善教育的重要方式。

慈善不仅是一种行动,而且是一定价值观驱动下的行动。慈善本身就体现着人们的价值观,这些价值观包括博爱、对他人的同情、同理心、利他、正确的财富观等等。慈善教育通过教育和引导要使人们确信这些价值观不但重要,而且需要身体力行。如果对慈善所传达的价值观的宣扬仅仅是停留在口头上,而没有实际的行动,那么难免会让受教育者认为这只是一种价值观的宣传。如果将这些价值观付诸行动,以行动来体现对价值观的践行,则能够让受教育者看到知行合一,从而真正建立对慈善传递的价值观的认同,并积极践行。长期以来我国社会存在着"慈善不问动机"的观点,这种观点认为只要是人们做出慈善行动,就是对他人、对社会有益的,就开始了自己的道德积累。我们承认做慈善比不做慈善当然要好,但如果是在内在驱动的利他导向的慈善动机的驱动下做出慈善行为,那么一个人从事慈善就不是为了慈善而慈善,不是为了成名而慈善,而是真正地在慈善的价值驱动和使命驱动下从事慈善。这种内在驱动的利他导向的慈善动机能够引导人们产生积极的、持续的慈

---

① 班固:《汉书·卷八十九·循吏传第五十九》,中华书局1962年版,第3629页。

善行为，并且能够对人们的慈善行为产生良好的激励，从而使慈善动机和慈善效果实现统一、促进慈善事业的健康发展①。

慈善对行为和价值的强调凸显了慈善教育中非正式教学的地位，也促进了非正式教学在慈善教育中的发展，尤其是近年来随着国家政策对慈善的支持、慈善事业自身的发展和人们慈善意识的提高，越来越多的慈善形式涌现出来，为人们接受慈善非正式教学提供了可能。

二、慈善非正式教学的意义和功能

慈善正式教学和慈善非正式教学各有侧重，它们共同构成了慈善教育的完整体系。只有将慈善正式教学和非正式教学结合起来，才能真正使受教育者理解慈善。从慈善正式教学和非正式教学的组织方式、教学内容、教学效果等方面来看，两者存在鲜明的差异。这些差异恰恰反映了慈善非正式教学在慈善教育中的意义和功能。慈善非正式教学以实践的形式向人们传播慈善观念、在实践的过程中推动人们的慈善认识的提升，同时，也通过鼓励和倡导人们的参与而实现了人们的慈善践行，使人们真正参与慈善。具体而言，慈善非正式教学的意义和功能可以概括为三个方面：

首先，慈善非正式教学使慈善知识活化。在慈善的正式教学中，慈善知识的传授是采用课堂教学的形式，由任课教师进行讲授，受教育者聆听，慈善的正式教学和其他课程的正式教学在组织形式上没有差异，教师是课程的主导者。由于是正式的课程教学，教师要通过必要的方式对学生进行考核，从而使正式教学带有一定的强制性和较强的约束性。非正式教学是一种情景体验式教学②，它不受课堂形式的局限，可以采取灵活多样的形式进行，既可以有座谈会、论坛、报告等形式，也可以有具体的慈善活动、慈善项目，还可以是社会企业、公益创投、微慈善等新兴慈善方式，所以有较强的吸引力。受教育者可以是旁观者，可以是参与者，也可以是组织者，因此，受教育者可以根据自己的理解对不同的非正式教学的内容进行消化和吸收。而对非正式教学的成效的评估，

---

① 石国亮：《倡导和培育内在驱动的利他导向的慈善动机——兼论"慈善不问动机"的片面性》，载《理论与改革》2015年第2期。
② 金梦兰：《情景体验式教学对青少年道德教育的功能》，载《思想政治课教学》2012年第7期。

不是通过闭卷考试或者课程报告或者论文等形式进行，而是通过受教育者的慈善观念的转变、慈善行为的践行等体现出来。在非正式教学中，慈善观念、慈善知识成为活生生的社会现实，在受教育者参与的过程中潜移默化地被受教育者接受，而且受教育者可以更好地发挥自己的主动性、能动性和创造性，在参与的过程中感受慈善、体悟慈善。因此，慈善非正式教学打破了慈善正式教学对既定的授课内容的限制，使慈善教育以更为生动、活泼、现实的方式呈现出来。

其次，慈善非正式教学可以增强受教育者的学习动机。学习动机是受教育者学习的内在动力，它能够有效地激发学习者的学习热情并提高学习效率[1]。慈善正式教学的内容主要是围绕我们在教材编写部分介绍的慈善的 10 个方面的内容展开，比如慈善意识、慈善行为、慈善组织、慈善运作等等，理论性较强、有一定的抽象性，即使有案例讲解，也是为了使受教育者更好地理解普遍性的慈善知识。正式教学的内容既有对慈善的总体性的、普遍性的特征、规律的介绍和分析，也有对具体的慈善运作的阐述，总体上看内容较为固定。这种固定的教学内容和教师讲授为主的授课方式使得受教育者在绝大多数情况下是被动的接受者，因此难以调动受教育者学习的积极性、主动性和创造性。非正式教学的内容更为灵活多样，它可以是一次具体的慈善活动，比如义卖，受教育者通过参与义卖可以受到组织者和志愿者慈善精神的感染，从而增强自己的慈善意识；可以是慈善论坛，通过与会嘉宾的发言、讨论使受教育者更为全面地了解慈善研究、慈善现状、慈善发展趋势等；也可以是志愿服务，受教育者在参与的过程中体会到助人的快乐，践行慈善。正是由于非正式教学的多样化的教学形式，使非正式教学的内容更为丰富，它不但能够将正式教学过程中教师的慈善观念、慈善知识、慈善运作等内容展现出来，而且能够将正式教学中不能充分展开论述或者是无法充分展开论述的内容，通过非正式教学的实践直接体现出来。因此，丰富多彩、形式多样的非正式教学，能够使受教育者有更强的学习动机去学习和理解慈善知识。

慈善行为往往是个体化的，每个人的慈善经历都不同、参与慈善的方式也各异，非正式教学多样化的参与形式恰恰能够满足人们的这种现

---

[1] Ainley, Mary. Connecting with Learning: Motivation, Affect and Cognition in Interest Processes. *Educational Psychology Review*, 2006, 18（4）: 391-405.

实需求。人们通过参与非正式教学掌握的慈善知识和慈善观念，是一种个人体验，这种体验式学习所获得的内容比从课堂、书本等获得的二手知识更生动、更形象，也更能够被长久地持有。因此，慈善教育的非正式教学既体现了慈善是一种行为，也有助于使个体建立对慈善的经验化的认知。这种经验化的认知有助于增强个人对慈善的兴趣，促进个体更好地认识慈善、接触慈善、参与慈善。

第三，慈善非正式教学可以增进个体的自我教育。教育本身就包含自我教育的意涵①，慈善教育作为一种道德实践教育，更为强调自我教育。慈善非正式教学比慈善正式教学更有利于受教育者进行自我教育。慈善正式教学作为学校课程体系的一部分，必须通过一定的考核来检验学生的学习效果，这些考核方式一般是通过考试、论文、报告等形式体现。从道德教育的正式教学效果可以推测，慈善教育的正式教学并不能起到立竿见影的效果，正式教学对受教育者的观念、行为等产生的效果难以通过正式教学评估。非正式教学本身就是以实践的形式体现的，受教育者参与非正式教学的过程本身就是一种效果，而且非正式教学的生动的多样化的教学形式和丰富的教学内容，使受教育者更容易理解、更能够直观地感受慈善。因此，非正式教学产生的慈善效果更为直接和有效。同时，慈善正式教学涉及的慈善理念、慈善理论、慈善知识体系等，具有一定的抽象性，虽然受教育者可以通过自我教育对其产生一定的理解，但是离开教师的讲解，这种自我教育有一定的难度。也就是说，慈善正式教学要实现自我教育，具有一定的门槛，而慈善非正式教学则更容易实现自我教育，且教育的效果更为有效。因为，慈善非正式教学直接地体现为受教育者参与慈善，在慈善参与的过程中，受教育者自然而然地受到了慈善氛围的熏陶，就完成了自我教育。而且，慈善非正式教学往往能够将课堂教学的内容以实践的形式体现出来，增进受教育者对课堂慈善教学的理解。

三、慈善非正式教学的变迁

慈善事业的发展壮大为慈善非正式教学的开展创造了良好的社会条件，在人们的物质生活水平获得极大提高的同时，在全社会进行慈善非

---

① Gadamer, Hans-Georg. Education Is Self-Education. *Journal of Philosophy of Education*, 2001, 35 (4): 529-538.

正式教学也拥有了社会基础。近年来，慈善非正式教学不断发展，呈现出越来越丰富的形式，受教育者也从过去的被动参与逐渐向主动参与转变，并且开始走向非正式教学的中心；慈善非正式教学涉及的领域也越来越广泛。在新技术和新媒体不断发展壮大的社会环境下，慈善非正式教学正经历着快速的变迁。

首先，慈善非正式教学的形式越来越多样化。过去慈善在我国最常见的形式是大灾大难或突发性事件发生时进行的慈善捐款，还包括一些单位组织的送温暖、看望和慰问弱势群体等形式。这些相对固定的慈善参与形式不仅限制了人们的慈善参与热情，而且不利于开展长效慈善。在现代慈善不断发展的情境下，我国慈善逐渐与国际接轨，涌现出了新的慈善形式，比如在我国出现了若干由企业发起设立的慈善基金会、由社区居民发起成立的社区基金会、由个人捐赠在慈善总会下设的慈善基金、公益创投、社会企业、各类志愿者等等。这些新的慈善形式极大地丰富了慈善非正式教学的内容和形式。

随着慈善的发展，慈善的非正式教学形式还出现了寓挑战和娱乐于慈善的倾向，比如2014年风靡全球的"冰桶挑战"，这个旨在引导人们关注罕见病的慈善众筹活动，以其独特的运作方式吸引了全球视野，不但达到了其最初的目的，而且实现了在全球范围内的慈善营销。类似"冰桶挑战"这样的慈善非正式教学形式，将慈善与挑战、娱乐、公众人物结合在一起，很好地向社会传递了慈善的理念，是对公众进行慈善教育的良好形式。

其次，慈善非正式教学中个体从被动参与向主动参与转变。我国传统的慈善参与形式大都是单位动员[1]，这种动员有时候采取单位统一组织、个人认捐的形式，有时候直接从个人工资中扣除，有时候甚至采取红头文件的形式明确规定。个人慈善是建立在个人自愿的基础上的[2]，在行政命令的要求下，个人没有做出不捐赠的权力，只能服从命令做出捐赠行为。虽然通过行政指令进行募捐可以实现单位人的普通的慈善参与，对单位人进行相应的慈善教育，但是它会导致人们将慈善看成一种负担，而不是将慈善作为自己的一种责任。久而久之，人们会对慈善产

---

[1] 毕向阳等：《单位动员的效力与局限——对我国城市居民"希望工程"捐献行为的社会学分析》，载《社会学研究》2012年第6期。

[2] 郑功成：《现代慈善事业及其在中国的发展》，载《学海》2005年第2期。

生一种厌倦甚至是厌烦，不利于慈善理念的传播和内化，不利于慈善的现代转型，从而不利于慈善事业的长远发展。

　　人们慈善意识的增强在很大程度上扭转了个人被动参与慈善的情况，慈善参与越来越呈现为个人积极主动参与。以 2014 年南京市举办的青年奥运会的志愿者招募为例，青奥会共需 1.8 万余名志愿者，而实际报名参加的志愿者的人数达到 10.3 万人①，是需求量的 5 倍。这充分显示了人们主动参与志愿服务的热情，是人们主动参与慈善的体现。在其他领域，人们也越来越主动地参与乃至组织慈善。比如，在社区层面，越来越多的社区出现志愿服务队、公益服务队、爱心服务小组等，为社区居民开展便民服务。新技术的发展促进了人们积极参与慈善的意愿和行动，以微博为例，2011 年的"微博打拐"、"免费午餐"等慈善活动的开展，不但丰富了慈善的形式，而且展示了网民的力量。在这些活动中，网民热心参与、出钱出力，共同推动了慈善活动的开展。

　　人们对慈善的积极主动参与也推动了个人在慈善非正式教学中从边缘走向中心。在传统的慈善过程中，由于个人处于被动员的状态，因此个人不但是被动的参与者，而且处于边缘位置。随着个人慈善意识的增强，在慈善参与中，个人开始从边缘走向中心，开始成为慈善活动的组织者和策划者。截至 2017 年底我国有民办 40 万个②，这其中相当一部分由个人推动成立。

　　第三，慈善非正式教学涉及的领域越来越广。随着慈善的现代转型，我国的慈善参与不再仅局限于过去的扶贫济困、赈灾救难、教育扶助，它已经延伸到健康和生命救助、社区发展、文化艺术保护和发展、体育事业发展、环境保护和改善、动物福利、公共安全维护等若干领域。可以说，几乎每个领域都或多或少地有慈善的影子。慈善领域的扩展也使慈善非正式教学不仅发生在学校范围内，还发生在党政机关、企事业单位、社区、乡村等各个场域，在不同场域开展的慈善非正式教学能够将体制内外、城乡之间、不同年龄段的社会公众都纳入慈善教育的范畴内，从而能够促进全社会慈善教育的发展。由此可见，慈善非正式教学不仅

---

　　① 朱国亮：《南京青奥会招募赛会志愿者 2 万名》，见 http://news.xinhuanet.com/sports/2014-08/15/c_126876249.htm。

　　② 《2017 年社会服务发展统计公报》，见 http://www.mca.gov.cn/article/sj/tjgb/2017/201708021607.pdf。

是培养学生慈善认知、慈善践行的有效方式，而且是培养社会公众慈善认知和慈善参与的恰当方式。

第二节　慈善非正式教学的实施

慈善的正式教学有较为固定的形式和内容，开展起来相对容易，与之相比，慈善非正式教学的实施则更具有挑战性，因为非正式教学不但要面对多样化的慈善形式、多元的慈善内容和不断变化更新的慈善现实，还要充分考虑实施过程中的具体问题，比如调动参与者的积极性、寓教于乐等。观察当前我国慈善非正式教学的开展状况可以发现，慈善非正式教学要取得良好的实施效果，应该坚持以下几个原则。

一、贯彻主体性原则

从哲学的角度来讲，主体是有认知和实践能力的个人，马克思认为"主体是人，客体是自然"[1]。在以往的教育实践中，主体往往被界定为在一定社会关系中从事教育实践和认识活动的人，在该活动中处于主导和支配地位的因素。[2] 这种将教师置于教育主体地位、将学生置于客体地位的观点已经被认为不符合当代教育现实。教育要充分重视受教育者的主体地位，杜威曾经鲜明地指出："现在我们的教育中正在发生的一种变革是重心的转移。这是一种变革，一场革命，一场和哥白尼把天体的中心从地球转到太阳那样的革命。在这种情况下，儿童变成了太阳，教育的各种措施围绕着这个中心旋转，儿童是中心，教育的各种措施围绕着他们而组织起来。"[3] 也就是说，在教育的过程中，受教育者应该成为主体。从20世纪80年代开始，我国的教育学者就对教育进行了反思，提出了教育主体理论，该理论认为教育的根本在于培育和发挥人的主体性[4]。主体教育理论认为应该对作为教育主体的学生主体性及其发展的

---

[1] 《马克思恩格斯选集》第2卷，人民出版社1995年版，第3页。
[2] 林伯海、周至涯：《思想政治教育主体及其主体性的构成新探》，载《思想教育研究》2012年第2期。
[3] 〔美〕杜威：《学校与社会——明日之教育》，赵祥麟、任钟印、吴志宏译，人民教育出版社2005年版，第39页。
[4] 王道俊、郭文安主编：《主体教育论》，人民教育出版社2005年版，第58页。

内涵问题和学生主体在其对象性活动中的地位和作用问题进行研究①。由此可见，该理论将学生作为教育的主体。该理论的倡导者之一郭文安教授认为，主体性就是"人作为活动主体的规定性，是指主体在认知、交往及自我反思与调整活动中表现出的基本特性，包括能动性、自主性、自为性、自律性、社会性"②。从哲学的角度来看，主体性是全面发展的人的根本特征。它集中了人的一切优秀品质和个性特征，是身、心或德、智、体、美诸方面都得到良好发展的综合表现③。

在慈善的非正式教学中，教育主体既包括施予教育者，也包括接受教育者，而贯彻主体性原则，则更为强调对受教育者的主体地位和作用的考虑。这种考虑基于两个方面的原因。

首先，从提升受教育者接受慈善非正式教学的学习动机的角度来讲，贯彻主体性原则就是要充分考虑接受非正式教学的受教育者的兴趣、爱好、年龄、接受能力、生活习惯、能动性、创造性等因素，坚持以人为本。"兴趣是最好的老师"，贯彻主体性原则在充分将受教育者的兴趣考虑在内的情况下，能够调动受教育者学习的积极性、主动性和创造性。

从本质上讲，受教育者的受教育过程，是在教育者施教影响下自主建构的过程，无论认知水平的提高还是知行转化的完成，都是受教育者自我选择、自我评价、自我改造、自我修养，并根据自己的认知状况进行自我反馈、自我调节和自我控制的结果④。因此，在慈善非正式教学中贯彻受教育者的主体性原则，能够使受教育者更好地做出自我选择，更好地接受慈善教育的内容，更好地完成自我改造过程，从而更为积极主动地从事慈善实践。

贯彻主体性原则，能够使受教育者真正感受到自己是学习的主人，从而将接受慈善教育看作是自己的事，不但能够积极主动地获取慈善知识、做出慈善实践，还有可能激发受教育者的慈善热情和创造性，使其根据自身的实际情况和自己所掌握的专业特长，发挥主动性，推动慈善非正式教学新形式的出现，从而进一步丰富慈善非正式教学的内容和

---

① 王道俊、郭文安主编：《主体教育论》，人民教育出版社 2005 年版，第 51 页。
② 郭文安：《主体教育思想发展的回顾与前瞻》，载《教育研究与实验》2006 年第 5 期。
③ 王策三：《教育主体哲学刍议》，载《北京师范大学学报（社会科学版）》1994 年第 4 期。
④ 曹清燕：《主体性原则——学校道德教育有效性的一种解读》，载《内蒙古社会科学（汉文版）》2005 年第 2 期。

形式。

其次，从杜绝被动慈善参与的角度来看，在慈善非正式教学中贯彻主体性原则意味着要摒弃以往通过单位动员、下发红头文件、搞慈善一日捐等形式组织社会成员被动参与慈善的做法。这些被动的慈善参与违背慈善自愿原则，使慈善成为负担。在这种情况下，虽然人们做出了慈善捐赠，从表面上看参与了慈善，接受了慈善教育，但实际上慈善成为一项政治任务，在完成这项任务后，个人即与慈善脱离了关系，既不会去考虑如何追踪和监督慈善的运作和效果，也不会想着主动去参与慈善。慈善非正式教学中贯彻主体性原则，能够使慈善组织方转变过去采用行政动员方式对人们进行慈善动员的做法，充分考虑人们的需求、意愿，从而实现从被动慈善向主动慈善的转变。

此外，贯彻主体性原则，还有助于建立教育者和受教育者之间的平等关系，使受教育者能够更好地与教育者进行沟通和交流，提升慈善教育的效果。将受教育者放在主体地位，能够使受教育者增强自信，敢于将自己的想法表达出来，从而能够使教育者聆听到受教育者的意见，在非正式教学的过程中做出相应的改进，提升教学效果。这也符合发展主体间性慈善教育的要求。

二、与课程教学相配合

尽管慈善非正式教学能够以灵活多样的形式向受教育者传递丰富多彩的慈善教育内容，但是一个不容忽视的现实是，慈善的非正式教学往往是零散的、不成体系的；即使是长期坚持的慈善项目、运转多年的慈善组织，它在慈善非正式教学中的作用也难以达到像正式教学那样的完整性、体系化。慈善非正式教学虽然能够以生动活泼的公众参与使人们在实践中认识慈善、领悟慈善，但是不同群体的认知能力的差异也使人们的体悟程度存在显著差异。慈善非正式教学对慈善教育的意义和功能反映了慈善非正式教学的地位，凸显了在慈善教育中重视慈善非正式教学的重要性。但是，我们必须注意到，非正式教学的发展离不开正式教学的理论指导。

正式教学的课程组织形式决定了它有完整的教学体系，更具有系统性和统一性，更具有理论性，这比非正式教学的灵活多样的教学形式更为系统，能够使受教育者更为全面地了解慈善。正是鉴于慈善正式教学和非正式教学各自的特点,在慈善教育中应该将正式教学和非正式教学结合起来,促进两者的有机统一。因此,加强慈善非正式教学的同时,要注意它与正式课程教学的衔接和配合,使慈善非正式教学成为慈善正式课程教学的必要辅助①,真正促进受教育者全面了解慈善并学以致用。

  慈善的正式课程教学主要是围绕慈善的价值、慈善理念、慈善运作、慈善监督等相关的理论知识展开的,慈善非正式教学则是将这些理论知识实践化,在具体的慈善参与中体现慈善理念、慈善运作、慈善技能和知识等。一方面慈善正式课程教学的抽象性使得慈善非正式教学是帮助受教育者更为形象地了解和认知慈善课程教学内容的重要途径;另一方面,慈善非正式教学的零散性、广泛性也决定了它需要慈善正式课程教学的归纳、总结和引导。因此,必须坚持慈善非正式教学与慈善正式课程教学的有机结合,使两者相辅相成,共同促进慈善教育的全面开展。

三、与社会生活相统一

  慈善行为的产生离不开一定的社会环境,慈善非正式教学也必然在一定的场域中进行。现代慈善强调要使慈善与人们的日常生活密切联系起来,要在日常生活中通过习惯性的慈善践行来实现道德积累。慈善要实现人人慈善,就不能只是在单位的发动下进行一次慈善募捐或参与一次志愿服务,而是要在日常生活中处处践行慈善——捡起地上的一片垃圾、为迷路的人指路、随手关掉水龙头……这些虽然都是小事,但是它体现着人们向善的品质。随手做出的"小善"因为其"小",更有可能被实践,在这种实践中不断培育人们的慈善习惯,最终将慈善作为日常生活方式的一部分,持久地践行下去;反倒是"大善",因其"大"而增加了践行的难度,比如不是每个人都可以捐赠 100 万,追求这样的"大善"固然没有错,但是可能会因此而给人们不做"小善"提供借口。事实上,无论一个人做的善行是多么的感天动地,还是多么的微不足道,只要是有行善之心,就应该鼓励。正如习近平总书记在《之江新语》一书中指出:"无论是个人还是组织,无论是贫穷还是富裕,不管在什么条件下,不管做了多少,只要关心、支持慈善事业,积极参与慈善活动,

---

① 吴剑丽:《新形势下大学生显性学力与隐性学力的培养》,载《高教探索》2006 年第 4 期。

就开始了道德积累。"①

慈善"小善"因其可行性，人人都可以践行，而且通过人际传播能够以几何级数的速度影响到身边的一大群人做出"小善"，千百万人的"小善"汇集起来，不但能够形成"大善"，而且将产生巨大的道德力量②，从而真正实现以善促善。从这个角度来说，慈善的非正式教学必须与社会生活密切联系，实现社会生活中随时随地可以践行慈善。

慈善非正式教学与社会生活的统一要求在人们生活、工作和学习的所有场域——家庭、学校、社区、机关、单位、乡村、社会组织等都能够营造慈善的氛围，成为慈善非正式教学的场所。同时，还要求不同的单位和组织之间要精诚合作，共同开发慈善资源。比如，学校要开展慈善活动，以义卖为例，家庭要积极支持，家长既可以为孩子提供义卖的实践指导，也可以购买义卖的产品，还可以在现场给孩子鼓劲。企业如果策划慈善活动，政府应该积极支持，给予适当的便利，慈善组织应该积极配合，媒体应该积极营造舆论氛围进行宣传造势，等等。总之，慈善非正式教学是发生在社会生活场域中的日常生活教育，它应该密切与社会生活相连，紧紧围绕人们的日常生活实践展开，努力促进人们在日常生活中从点滴小善做起，开启自己的慈善历程。

第三节　扩大慈善非正式教学的覆盖面和影响力

慈善不是富人的特权，而是每个人的责任。要在全社会形成人人慈善的局面，必须首先实现慈善非正式教学的全面覆盖，在此基础上提高慈善非正式教学的影响力。只有慈善非正式教学的全面覆盖和有效影响，才能使人们树立牢固的慈善意识和慈善观念，从而践行慈善行为。从我国当前慈善非正式教学的发展现状来看，慈善非正式教学远远未达到全面覆盖，比如在广大的农村地区，慈善非常薄弱；慈善非正式教学的影响力不足，一些慈善非正式教学形式仍然采用行政命令的方式，不能真正实现人们的自愿参与。要实现慈善非正式教学的全面覆盖并提升其影响力，需要在国家促进慈善发展的政策引导下，启动和推进慈善文化进

---

① 习近平：《之江新语》，浙江人民出版社2007年版，第252页。
② 景延安、韩亚栋、李放：《著名作家莫言：中国现在反腐力度超出我的想象》，见 http://www.ccdi.gov.cn/yw/201501/t20150101_49558.html。

机关、进企业、进学校、进社区、进乡村,以慈善文化在全社会各个领域的全面覆盖和渗透,推动各行各业的社会公众提升慈善认知水平和慈善参与度。同时,要从国家制度层面建立健全慈善非正式教学的长效机制,如社区与慈善组织联动机制,使慈善非正式教学能够长期可持续发展下去。

一、当前慈善非正式教学存在的主要问题

慈善非正式教学的覆盖面和影响力是测量慈善非正式教学的重要指标,覆盖面是针对慈善非正式教学涉及的广度而言的,影响力则是针对慈善非正式教学的深度而言的。慈善非正式教学只有实现全面覆盖,才能在全社会营造人人慈善的氛围,提升社会公众整体的慈善认知和慈善水平;慈善非正式教学只有产生了影响力,才能真正影响、引导、鼓励和巩固人们的慈善意识和慈善行为,使慈善成为自觉自愿的行动,成为日常生活方式的一部分。因此,从慈善非正式教学的效果来看,实现全面覆盖是初级目标,而真正产生影响力是关键追求。只有实现了慈善非正式教学的全面覆盖和深度影响,才能真正使慈善非正式教学产生效果。

从我国慈善的发展来看,慈善是改革开放后得以恢复重建的。在最初的恢复阶段,由于缺乏建设经验、人们的慈善意识比较弱、思想受到禁锢等原因,慈善大都采取了单位动员的形式开展,这与慈善的自愿奉献原则相违背。尽管如此,它仍然通过这样的形式或多或少地向人们传达了关注弱势群体、培育爱心等基本的慈善意识。只是由于这些慈善活动大多数发生在单位体制内,它的覆盖面十分有限。随着我国经济社会的发展、人们生活水平的提高、慈善意识的增强、媒体的宣传教育和全球化的影响,慈善事业在我国取得了持续快速发展。慈善的发展带来了慈善形式的多样化,并且伴随现代媒体的传播而逐渐为人们所熟悉,推动了慈善非正式教学在全社会的开展。

从慈善非正式教学在全社会的普及和推广来看,它远未实现全面而有效的覆盖。这不仅表现在机关、企事业单位、学校的有效慈善形式不足,也表现在若干城市社区中慈善的薄弱,还表现在广大农村地区慈善几乎处于缺席的地位。

首先,机关单位在我国最早有组织地开展了慈善非正式教学,但是与慈善事业在我国的快速发展相比,机关慈善一直停留在较为初始的阶

段,"慈善一日捐"、临时性的慈善捐赠较多,而长效化的慈善参与较少,慈善参与形式较为固定、缺乏多样化的参与形式,人们参与慈善的比例虽然高,但是多是被动慈善,而不是主动为之,与现代慈善追求的人人主动慈善的理念差距较远。机关作为慈善政策的制定者,其成员的慈善意识和慈善观念直接影响着与慈善相关的政策的出台和执行。而当前机关的慈善非正式教学明显落后于慈善的发展。

其次,随着我国企业的发展壮大,近年来企业慈善不断发展,企业成立慈善基金会、进行大额的慈善捐赠屡见报端,但是企业慈善与企业员工慈善是两回事。在看到企业慈善的同时,我们也要审视一下企业内部的慈善参与。企业慈善无论是为了回馈社会、履行企业的社会责任,还是为了进行社会营销、提升企业的社会形象,都是企业的行为,与企业决策层关系密切,而企业内部的慈善开展状况则是真正反映企业慈善文化、员工慈善认知的指标。从当前我国企业慈善来看,一方面大型企业慈善参与多,中小型企业慈善参与少;另一方面企业内部员工的慈善参与少、程度低。这意味着慈善的非正式教学不但没有覆盖到所有类型的企业,而且在企业内部的影响力也不足。此外,随着我国民营经济的发展,新经济组织不断涌现,在这些体制外的新经济组织中,慈善的非正式教学开展得很少,效果也十分有限。

第三,学校层面虽然开展了一系列的慈善非正式教学的探索,但是这些探索在高校较多,它们大都借助大学生支教、学生社团、慈善讲座和论坛等形式开展,而在广大的中小学和幼儿园,慈善非正式教学才刚刚开始。尤其是一些学校仍然受到应试教育思维的影响,认为这些与学生成绩不直接挂钩的实践教学形式应该尽量减少,阻碍了慈善非正式教学在学校的推进。

第四,社区慈善在城市取得了一定的发展,出现了社区基金会、社区慈善超市、社区志愿服务者等慈善形式,但是从整体上看慈善非正式教学并没有在社区全面展开,人们参与社区慈善的意愿低、实际参与率更低。一项对北京市民的社会调查发现,城市居民参与社区志愿活动的兴趣低、实际参与志愿活动的比例则更低,仅有2.5%的城市居民每1—2周参加一次志愿活动①。在城市中也存在大量的社区,社区本身的自治

---

① 陈晶环、董艳春:《北京社区居民的社区参与意愿及其行动》,载《北京青年政治学院学报》2011年第1期。

能力差,社区居委会成为街道办事处的执行机构,社区组织和开展的慈善活动很少。

第五,尽管当前我国的城镇化水平已经达到58.52%①,但是仍然有5亿多农民生活在乡村。农村发展落后于城市,尤其是中西部农村发展更为缓慢。农村经济社会发展的相对落后,使得农村一直作为慈善的受助对象出现。一些慈善项目都是针对农村地区的,比如希望工程主要是在农村地区建立学校,帮助农村地区提高办学条件,母亲水窖主要是解决边远地区农村饮水困难问题,免费午餐项目通过为山区农村的孩子提供免费的营养午餐确保孩子的健康成长……不可否认在农村地区开展的慈善项目、慈善活动在一定程度上能够促进受助农民感恩之心的建立和慈善意识的提升,但是如果不将农民作为慈善非正式教学的主体来看待,那么想使农民作为施予方参与慈善就难以实现。实际上,从我国农村地区的发展来看,当前许多农村地区已经具备了进行慈善的物质条件,只要进行恰当的引导和教育,将出现农民踊跃参与慈善的现象。

总体而言,当前慈善非正式教学在我国的覆盖面较小,影响力较低,这对于促进慈善教育的开展、提升人们的慈善意识、推动全社会的慈善参与十分不利。在我们正迎来"善经济"时代的情况下,必须要通过不断扩大慈善非正式教学的覆盖面和影响力,来助推人人慈善的实现。

二、启动和推进慈善文化教育"五进"战略

扩大慈善非正式教学在全社会的覆盖面和影响力,需要有国家的顶层设计。2011年民政部发布的《中国慈善事业发展指导纲要(2011—2015)》明确将"慈善文化全面普及,慈善理念广泛传播,公民、企业和社会组织的社会责任意识逐步增强,越来越多的公众、企业和社会组织参与慈善活动,慈善逐步成为社会风尚和人们的生活方式"② 作为慈善事业发展的主要目标之一列入纲要。2014年11月24日国务院印发了《关于促进慈善事业健康发展的指导意见》,在这份第一次以中央政府名义出台的指导、规范和促进慈善事业发展的文件中指出:"要着力推动慈

---

① 中华人民共和国国家统计局:《中华人民共和国2017年国民经济和社会发展统计公报》,载《人民日报》2018年3月1日第10版。

② 《〈中国慈善事业发展指导纲要(2011—2015)〉发布》,见 http://www.gov.cn/gzdt/2011-07/15/content_1907330.htm。

善文化进机关、进企业、进学校、进社区、进乡村,弘扬中华民族团结友爱、互助共济的传统美德,为慈善事业发展营造良好社会氛围。"[①] 2016年颁布实施的《慈善法》开宗明义地指出弘扬慈善文化是该法制定的重要目的,并且对国家、教育机构、广播、电视、报刊、互联网等在弘扬慈善文化中的职责做了明确要求。《慈善法》中还设立"中华慈善日",直接通过法律的形式来推动慈善行为。这些中央层面的政策的出台,为慈善的发展、慈善非正式教学的开展创造了良好的政策环境。

慈善文化"五进"战略覆盖了机关、企业、学校、社区、乡村,将人们的工作、学习、生活场所全部囊括其中。启动和推进慈善文化"五进"战略,将直接推动慈善非正式教学在全社会的开展。但是,在国务院发布的慈善文化"五进"战略出台两年之后,至今尚未看到与"五进"战略相关的实施细则。因此,应该尽快出台慈善文化"五进"战略的实施方案,在全国范围内开展慈善非正式教学。

第一,要扭转机关慈善过度依赖行政指令下达慈善任务的现状,突破行政命令推动慈善形成的思维定式,应该利用社会主义核心价值观教育、机关文化建设和党员干部培训、学习《慈善法》等契机,加强慈善观念的宣传教育。探索开展定期和不定期慈善活动相结合的方式,促进机关工作人员积极践行慈善。根据机关工作人员的不同的兴趣爱好,可以开展不同的慈善活动,如关注贫困儿童、关注环境保护、关注孤寡老人……通过组织多种多样的慈善活动,使人们在慈善参与的过程中更好地了解社会现实、更好地了解弱势群体的社会需求,更好地实现为他们的利益服务。

举办慈善文化专题研讨班,以专题研讨的形式促进机关干部慈善认知的提升。机关可以通过组织慈善专题论坛、短期慈善研讨班等形式,在机关深入开展慈善文化的广泛交流和讨论。专题论坛的形式可以在较短的时间内汇聚较多的慈善领域的研究专家,对慈善某个方面,如慈善的观念传播、慈善的财务管理、慈善的人才培养等进行专题性的研讨,通过演讲、提问、解答等环节,全面提升人们对慈善某个方面的深入了解。慈善研讨班则将短期的课堂教学和学员的广泛讨论结合起来,有利于促进研讨班学员的思想交流,促进学员对慈善的深入思考和挖掘。无

---

① 《国务院关于促进慈善事业健康发展的指导意见》,载《中华人民共和国国务院公报》2015年第1期。

论慈善专题论坛还是慈善研讨班,都需要参与者前期投入大量时间和精力关注慈善,在关注的过程中加深对慈善的认知,增进对慈善的思考。

建立退休官员参与慈善的渠道和管理方法,为退休官员发挥余热提供途径,也使其发挥对在任官员的示范作用。国务院前总理朱镕基进入胡润慈善榜在社会上引起了极大反响,这位退休总理将自己出书所得的版税悉数捐给了实事助学基金会,引起一片好评,也为全国官员树立了榜样。浙江原省长吕祖善退休后坚持在浙江省博物馆做义务讲解员,每月在博物馆进行一到两次的义务讲解,坚持3年有余,从省长回归到普通志愿者,赢得人们的赞许和肯定。根据2014年6月25日发布的《中共中央组织部关于规范退(离)休领导干部在社会团体兼职问题的通知》等相关规定以及社会组织去行政化的改革趋势,退休干部将逐渐退出社会组织领导层,在这种情况下,应该逐步探索合适的途径促进退休官员参与慈善,使他们成为慈善的传播者、实践者,通过他们的言传身教对在任的机关干部产生带动作用,从而促进慈善非正式教学在机关的推进。

第二,企业应该通过员工培训、制定长期慈善规划、成立基金会、进行公益创投等形式来推动慈善非正式教学。要将慈善内容融入员工的职业培训和素质拓展中,使慈善成为员工素质拓展的一部分,通过组织员工深入农村、贫困地区开展慈善项目、志愿服务等,使员工实地感受到慈善发展的必要性和重要性,并且在从事慈善的过程中,建立起对企业慈善的认同。

企业应根据自身的发展情况,制定企业慈善发展的中长期规划,并将慈善规划作为企业发展的重要目标进行管理。企业可以通过组织或聘请专业性的技术团队,根据企业的实际情况为企业量身定做企业的慈善发展规划,使企业慈善发展目标成为所有人可以看到、切实感受到的目标,从而在企业中营造人人应该慈善、人人可以慈善的氛围,使全体员工在从事经济活动尚有余力的情况下,将慈善作为一个重要目标进行实践。地处同一社区或地域的企业可以联合组成慈善联盟,根据当地的实际需要和企业各自的特长和优势,企业间统筹协调开展慈善,在使社区多元化的社会需求得到满足的同时,通过企业间的相互协作促进企业的沟通,也能够使不同的企业相互激励,共同促进企业慈善的发展。同时,可以在企业内部配套建立慈善目标的管理机制,将员工的慈善表现作为绩效考核的参考指标,与员工的薪酬等建立联系;建立企业的志愿时间记录制度，将员工的志愿服务时间记录在案，实施企业内部的时间银行方案，员工可以在需要的时候从时间银行提取相应的志愿服务时间，从而促进员工之间的社会互助。

有条件的企业可以成立企业的慈善基金会，将企业慈善与企业家慈善区分开来。企业家可以通过向慈善基金会捐赠为企业员工做表率，也可以以自己的名义成立个人冠名的慈善基金会。企业慈善基金会是按照企业的社会责任、企业的长期慈善目标进行专业化运作的社会组织，它可以通过将企业员工作为潜在的志愿者和捐赠者，通过雇佣慈善专业人才从事基金会的日常运作和管理，促使基金会将慈善资源用到最需要的地方，发挥其最大效用。

公益创投是近年来从国外引入国内的一个概念，它是"一种具有双重底线的公益投资，即以非营利组织社会公益使命与本质，结合商业创投基金模式的长期投资，其基本策略为：资金投入非营利组织或社会企业，并协助内部管理能力建构或技术支援"[①]。也就是说，公益创投是指借鉴商业创业投资的运行机制，对社会目标组织（包括各类公益组织与社会企业）给予持续金融支持并参与其管理的资本形态，它既追求社会价值最大化也考虑一定的财务回报[②]。通过投资非营利组织或社会企业，公益创投能够促进慈善事业的多元化发展。企业投资公益创投项目，可以促进更多的服务社会的慈善项目的开展；同时，企业也可以购买公益创投项目针对企业提供的服务，通过将专业社工人员引入企业，使社工以其专业知识、专业精神和专业方法，促进慈善理念在企业的传播，从而引导企业建立现代慈善理念，开展专业化的慈善教育、技术性的慈善运作。

第三，学校应该通过开展慈善讲座、慈善论坛，利用学生社团、举办公益创投比赛等形式，促进慈善非正式教学在学校的发展。学校可以邀请一些长期从事公益慈善活动的慈善家、爱心人士与学生一起分享他们的慈善故事，以他们的故事和精神来鼓励学生谱写自己的慈善自传。一些慈善家致力于将慈善的理念广泛传播，学校或宣传部门邀请他们参

[①] 刘新玲、吴丛珊：《公益创投的含义、性质与构成要素》，载《福建行政学院学报》2011年第4期。

[②] 刘志阳、邱舒敏：《公益创业投资的发展与运行——欧洲实践及中国启示》，载《经济社会体制比较》2014年第2期。

与学校的非正式教学,往往比较容易取得成功。这些慈善家、爱心人士以自己的亲身实践向学生展示慈善就在身边,从而可以激发学生更好地理解慈善、领略慈善文化。如南京大学设立河仁慈善论坛,邀请从事慈善研究的学者、从事慈善管理或工作的基金会人员、从事慈善捐赠的个人通过发表讲演的形式与师生共同分享慈善理念和慈善故事。论坛开设以来已经举办了 60 多期,受到广大师生的欢迎,对于促进慈善文化传播、推广慈善文化研究、激励慈善行为起到了重要作用。

学生社团是学校内非常活跃的力量。根据一项对武汉市四所高校 656 名本科生的调查发现,57.8% 的大学生参加了学生社团,其中超过四成的人参加了公益性学生社团。[1] 学生社团是能够对学生的思想和价值观产生影响的重要力量。研究发现,学生参与志愿活动受到重要他人(如好朋友、舍友等)的影响最大。[2] 因此,通过学生社团开展慈善活动、传播慈善文化能够使学生更为亲近慈善。同时,学生社团内部成员之间的互相影响也能够使社团本身更具公益性色彩。从目前学生社团在我国的发展状况来看,学生社团已经初步具备了承担非正式教学任务的能力,并且在积极参与慈善教育的非正式教学。如深圳市近 20 个中学生社团组织和策划了 2014 年中国青少年圣诞迎新慈善之夜活动,通过才艺表演、社团展示、梦想义卖等形式向社会宣传慈善文化。北京市史家小学成立的阳光公益社,不仅引导中高年级的小学生作为志愿讲解员为前来史家胡同博物馆参观的游客提供义务讲解,而且还为玉树孤儿搭建了援助平台,小学生社团在志愿服务、慈善救助中发挥了大作用。

社会实践是学生认识世界的重要途径,也是对学生进行慈善非正式教学的重要环节。学生的绝大多数知识都来自书本或他人传授,是间接性知识,而从社会实践中获得的知识是自身直接获得的,这种亲身体验性能够加深学生对社会的直接体验,拓展其知识面。在社会实践的过程中遇到的新问题、发现的新情况,能够促使学生不断地探寻新问题、认识新事物,从而推动认知的发展。同样,将慈善作为一种社会实践活动,在做慈善的过程中能够不断了解到人们的更深层次的需要,能够激发学生更为深入地参与慈善,更为全面地了解慈善。

---

[1] 李凤兰:《社会转型期大学生参与社团状况的调查及对策研究》,载《中国电力教育》2008 年第 19 期。

[2] 李国武:《重要他人对大学生参加志愿活动的影响》,载《青年研究》2010 年第 5 期。

为了鼓励学生对慈善的参与，一些地方政府出资支持学生公益创投项目的运作，如上海、南京等地纷纷开展大学生公益创投大赛，鼓励青年学生热心公益、从事慈善。学校层面也可以通过小额基金扶持学生公益创投项目的策划和实施，培养学生的慈善意识，推动学生的慈善意识转换为慈善行动。

　　第四，在社区层面，应该通过举办多样化的慈善活动、开展社区互助、建立志愿储蓄银行制度、创办社区慈善超市、成立社区基金会等形式推动慈善非正式教学的开展。社区要鼓励和倡导居民在社区内部开展慈善互助，如在社区内开展以志愿者为主的社区服务队，通过为社区居民及时有效地解决生活问题，以实际行动向社区居民倡导慈善。对社区居民间的自愿互助，可以建立志愿储蓄银行制度，将人们进行的志愿服务时间在志愿储蓄银行中储存起来，当人们有需要时可以从自己积累的志愿服务时数内得到他人的无偿服务。民政部于2012年印发了《志愿服务记录办法》，对志愿储蓄银行做了明确规定；共青团也启动了青年志愿者服务记录。早在2001年湖南省长沙市岳麓区望月湖社区就推出了全国第一家"道德银行"，并且被一些省市效仿。志愿储蓄银行的推广也应该首先解决人们的思想认识，使道德互惠成为人们的共识；其次要通过广泛征求社区居民的意见制定统一规范的、人们广泛认可的志愿储蓄银行制度。

　　社区慈善超市是设立在社区范围内以接受社区居民捐赠并将捐赠变现以帮扶社会弱势群体的常设性慈善机构。慈善超市起源于美国的"好意慈善事业组织"（Goodwill），它最早是由一位牧师在20世纪初通过雇佣失业人士来卖收集的旧物，获得相应的现金，以此来培训弱势群体的工作技能，并创造就业机会，从而改善残疾人和其他社会弱势群体的生活状况。这种慈善超市的经营模式在加拿大、英国等国家得到了发展，成为一种有效的慈善捐赠方式。在我国，经民政部的宣传和推广，社区慈善超市得以在全国范围内设立，这为人们在日常生活中进行慈善捐赠提供了便利，是培养人们日常捐赠习惯的重要举措。但是从实施效果来看，在社区慈善超市运行了一段时间后，它的问题凸显出来。以社区慈善超市发展最好的上海市为例，政府的资金扶持维持着社区慈善超市的运行，社区慈善超市难以实现"造血"①，应该引入市场机制，在市场规

---

①　张彦：《社区慈善超市如何做久做大？》，载《社会科学》2006年第6期。

律的引导下促进慈善的良性循环。

社区基金会是近年来在国外广泛流行的社区慈善形式，它不但能够调动社区内的资源，而且能够在一定程度上动员社区外资源，实现社会资源的有效整合，促进社会资源在社区的合理利用。发展社区基金会，一方面可以通过吸纳社区内外居民的募捐而为居民提供相应的服务，使社区居民既成为慈善的参与者，又成为慈善的受益者。因此，社区基金会能够在社区内组织慈善活动、发展志愿服务，以实际行动来促进慈善在社区的开展。另一方面，社区基金会可以通过设立项目资助那些在社区进行慈善活动、宣传慈善文化的组织和机构，从而促使慈善的理念切实进入社区、深入人心。

第五，乡村可以通过新型农民培训、大学生村官、慈善超市等形式开展慈善非正式教学。近年来国家一直在农村地区推行新型农民培训，在新型农民培训课程中融入慈善文化教育，通过专业教师的讲授使农民更好地了解慈善、认识慈善、培养现代慈善意识和慈善观念，也可以通过播放公益电影等形式，以农民喜闻乐见的方式潜移默化地向农民传播现代慈善知识。

早在20世纪30年代，倡导平民教育的晏阳初先生面对乡村社会问题时就曾经指出："乡村问题的解决，第一固然要靠乡村人为主力，第二亦必须靠有知识、有眼光、有新方法、有新技术（这些都是乡村人所没有的）的人与他们合起来，方能解决问题。"[1] 大学生村官作为有知识、有眼光、有新方法和新技术的人，应该发挥自身优势，积极传播慈善观念、传播慈善文化，组织农民开展相应的慈善活动。大学生村官放弃在城市工作的机会，自愿选择到农村服务，本身就在实践着慈善，同时他们又掌握较高的科学文化知识，通过对他们进行慈善文化的教育和培训，使他们成为慈善文化进乡村的传播者，不仅能够增强慈善文化在乡村传播的准确性，而且能够提高慈善非正式教学在乡村传播的可信度和影响力。

在乡村建立慈善超市一方面能够方便困难群众从慈善超市以较低的价格选取亟须物品，另一方面也可以通过接受农民的衣物、家电、家具等的捐赠，培养农民养成慈善习惯。我国从2003年开始就在城市尝试建

---

[1] 晏阳初：《晏阳初全集》第1卷，湖南教育出版社1989年版，第562页。

立了慈善超市,但是乡村的慈善超市较为少见,2014年时任民政部社会福利和慈善事业促进司司长詹成付坦承慈善超市数量太少、分布不均(主要分布在城市),没有惠及农村困难群体①。因此,应该加强农村的慈善超市建设。

慈善文化"五进"战略的启动和推进还应该更好地借助网络和新媒体的力量,尤其是对青年群体的慈善非正式教学更是如此。近年来网络慈善已经蔚然成风,并且对慈善的发展产生了相当大的影响。随着微慈善的发展,慈善非正式教学也应该开发网络形式,借助微博、微信等网络平台,积极开展慈善教育。同时,慈善组织在推进慈善文化"五进"战略中应该积极发挥自身的优势,建立与政府、企业、学校、城市社区、农村的良好合作关系,运用专业化的慈善方法,在开发人们的慈善潜能、挖掘慈善资源的同时,积极拓展慈善活动开展的新形式,在丰富的慈善活动实践中对人们进行普遍的慈善教育。

三、建立健全慈善非正式教学的长效机制

慈善非正式教学要取得成效,就要避免使非正式教学成为一次性的、临时性的教学形式,要通过多方努力,建立健全慈善非正式教学开展的长效机制。慈善意识的培养不是一朝一夕之事,它需要建立在长期的教育和实践基础上。慈善要成为人们日常生活方式的一部分,也不可能是通过一次或几次非正式教学就能够实现的。只有建立健全长效机制,才能使慈善非正式教学常态化,才能使人们在日常的社会生活中时时刻刻感受到慈善文化的熏陶,才能真正地发挥慈善非正式教学的引导和教育作用。

首先,要建立慈善文化建设的领导和协调机制,将慈善非正式教学纳入其中。中央层面出台了促进慈善事业健康发展的指导意见,并且将弘扬慈善文化作为重要的内容,而要落实这些政策和意见,需要有统一的领导机制,对慈善文化建设的方方面面进行整体规划和领导,并且对慈善发展过程中遇到的问题进行协调处理。领导和协调机制不仅要能够充分调动机关、企事业单位、学校、社区和乡村,还要制定慈善文化建设的路线图和推进方案,在全社会逐步推进慈善教育,营造良好的慈善

---

① 张维:《慈善超市为惠及农村困难群众》,载《法制日报》2014年8月20日第6版。

氛围。

其次，要建立不同部门之间的沟通协调机制，促进慈善非正式教学的跨部门开展。慈善非正式教学与社会生活的密切联系决定了它不仅是发生在学校内，还发生在更为广阔的社会生活领域。因此，要开展慈善非正式教学，需要不同的部门之间进行有效的沟通，比如慈善组织要联合社区开展慈善活动，就需要慈善组织与社区之间的有效沟通机制，而如果慈善组织要发展与社区的长期合作伙伴关系，则必须建立常态化的沟通渠道和交流模式。企业要联合社区、社会组织开展慈善活动，则需要得到政府的支持、社区和社会组织的密切合作，因此也需要建立沟通协调机制。

第三，学校应该建立对慈善非正式教学进行考核和监督的有效机制。慈善非正式教学虽然不一定发生在学校范围内，但是，学校是对学生慈善非正式教学进行有效监督的责任方。尽管对慈善非正式教学的考核机制不可能像正式教学的考核机制那样容易操作，但是，学校应该探索逐渐建立一套由一定测量指标构成的慈善非正式教学考核形式，一方面以外部激励和监督的形式促进学生的慈善参与；另一方面也不断总结和改进学校的慈善非正式教学，促进其不断发展完善。

慈善非正式教学的长效机制是动态机制、开放机制，随着慈善的发展、技术的进步和人们慈善意识的提高，它也会随着发生变化，它会随着慈善非正式教学遇到的新问题而积极进行调整，也会不断吸纳慈善发展的新形式并且进行自我更新。无论做出调整还是更新，慈善的非正式教学的长效机制都要围绕促进非正式教学在慈善教育中的作用发挥而展开。

第七章 回归生活世界的慈善教育

> 生活教育是给生活的教育，用生活来教育，为生活而向前向上的教育。
>
> ——陶行知

教育和生活有着密切的联系，许多教育学家都曾经论证过它们之间的关系，比如杜威的"教育即生活"、陶行知的"生活即教育"等观点，尽管他们强调的侧重点不同，但是都强调了生活与教育相统一的理念[①]。这种教育思想，蕴含着极其丰富的教育理论价值，对慈善教育也有着深刻的启示。现代慈善不仅强调慈善人人可为，而且强调慈善是一种生活方式，是日常生活的重要组成部分。让慈善成为生活的一部分，时时处处进行慈善，而不是只在特殊的情境下才从事慈善，是现代慈善教育的重要内容。要让慈善融入日常生活，就应该在日常生活中嵌入慈善教育，这与现代教育强调回归生活世界的理念不谋而合。人们的生活世界是由家人、朋友、同学、熟人、陌生人等共同构成的、发生在一定场域的活生生的生活。回归生活世界的慈善教育强调在日常情境下进行慈善教育，就要重视这些构成日常生活情境的人和其所处的场域在慈善教育中的作用，而这其中最为关键的人包括家人（尤其是家长）、朋友，最为关键的场域则为家庭和社区。因为，人首先成长在一定的家庭环境中，家长作为孩子的第一任老师，同样也是孩子慈善教育的启蒙老师，慈善教育始于家长的言传身教。孩子随着年龄的增长走出家庭后，会寻求建立自己的"朋友圈"，此时，同辈群体的影响开始凸显。同辈群体的慈善观念和慈善实践能够彼此影响，良好的慈善观念和慈善行为能够起到互

[①] 刘建英：《陶行知与杜威生活教育思想之比较》，载《中国德育》2011年第8期。

相激励的作用。而随着现代人生活场域向社区的转变，社区作为人们日常生活的最主要场所，也是进行慈善教育的重要场地。社区以非正式教学为主的慈善教育能够很好地促进社区居民的交流和互动，有助于促进社区社会资本的生成和提升，有助于促进社区和谐。当然，回归生活世界的慈善教育不仅仅是体现在家庭慈善教育、同辈群体慈善教育和社区慈善教育中，它还有更为广泛的内涵，本章以此三类日常化的慈善教育为例抛砖引玉，期待看到更多元化的日常化慈善教育的兴起和发展。

第一节 回归生活世界的慈善教育理念

20世纪90年代以来，面对教育异化导致教育背离其自身目标的现实，教育界提出了教育回归生活世界的教育理念，它包含着道德教育回归生活世界的意涵。作为与道德教育有着千丝万缕联系的慈善教育回归生活世界，是道德教育回归生活世界的自然延伸，也是现代慈善发展对慈善教育提出的内在要求。慈善教育不但要培养人的慈善观念、慈善意识，更重要的是要将人们的慈善意识转化为慈善行为，促进人们的慈善参与。"教育回归生活世界"这一理念的提出为将慈善教育融入人们的日常生活提供了理论支撑。"教育回归生活世界"意味着教育不再只是学校教育，而是要将教育与人们的生活紧密联系起来，在日常生活中进行教育，在教育中提升生活。与其他的教育内容相比，道德教育更为强调回归生活世界，因为道德教育更为注重微观个体的道德实践，而回归生活世界的道德教育恰恰为个体进行这种道德实践提供了场域，也有助于弥补宏观的道德说教产生的笼统性、甚至是模糊性的问题①。从广义上说，慈善教育是道德教育的有机组成部分，道德教育回归生活世界本身就蕴含着慈善教育回归生活世界，慈善教育本身的特性进一步对慈善教育回归生活世界提出了要求。从我国的现实情况来看，慈善教育回归生活世界就是要在日常生活的实践中培养人们的慈善行为，使人们将慈善融入生活中，将慈善看作是生活的一部分，从而将慈善观念内化，随时随地参与慈善。

---

① 蓝江：《回归生活：一种思想道德教育社会化的观念》，载《求实》2002年第10期。

一、教育回归生活世界的理念

"回归生活世界"本来是哲学家使用的概念,它是德国著名的哲学家、现象学的创始人胡塞尔(Edmund Husserl)在其晚年的著作《欧洲科学危机与超验现象学》中提出的。胡塞尔批判了实证科学忽视对人的生活意义的探讨,认为实证科学扼杀了哲学,导致对哲学的信仰崩溃、也即对理性信仰的崩溃。① 胡塞尔提出的生活世界有两层含义:作为经验实在的客观生活世界和作为纯粹先验现象的主观生活世界②。胡塞尔虽然不否认作为经验存在的客观生活世界,但是他重点讨论的是作为先验现象的生活世界。胡塞尔提出"生活世界"的价值在于对实证主义引发的客观主义进行反思,呼吁回归人本主义的哲学思考。胡塞尔之后的哲人们对生活世界的理解发生了很大变化,如哈贝马斯提出的"日常交往的世界"更多地侧重的是客观的生活世界,而不是先验的生活世界;列斐伏尔(Henri Lefebvre)则直截了当地提出了"现代世界的日常生活"。列斐伏尔认为由于日常生活中的一切都已经数字化(金钱、分钟、米、千克、卡路里、人口数量等),因此,日常生活是被计算的。尽管并没有给出日常生活的明确定义,但是,列斐伏尔采用列举式的方式指出,"日常生活是生计、衣服、家具、家人、邻居、环境……"③ 由此可见,列斐伏尔对日常生活的界定是现实的客观世界。综合来看,无论哈贝马斯还是列斐伏尔,都已经将生活世界看作客观的世界,而不再强调其先验性④。

科学的发展不仅带来了胡塞尔所批判的对客观主义的强调和对人的生活意义的忽视,还对教育产生了深远的影响,这种影响主要表现在工具理性对价值理性的替代,技术教育超越价值教育占据主导地位⑤,对学生上课时间的规定、学生成绩的要求、各种规则的制定和流程化的管

---

① 〔德〕胡塞尔:《欧洲科学危机和超验现象学》,张庆熊译,上海译文出版社 1988 年版,第 13 页。
② 朱刚:《胡塞尔生活世界的两种含义》,载《江苏社会科学》2003 年第 3 期。
③ Lefebvre, Henri. *Everyday Life in the Modern World.* Translated by Sacha Rabinovitch. *Harper & Row, Publisher, Inc.*, 1971, p. 21.
④ 仰海峰:《列斐伏尔与现代世界的日常生活批判》,载《现代哲学》2003 年第 1 期。
⑤ 潘斌:《论教育回归生活世界》,载《高等教育研究》2006 年第 5 期。

理使得学校教育成为"温顺性的教育""麦当劳化的教育"①。教育日益被技术、理性、功利等占据，逐渐丧失了启迪人的心灵、启发人们思考生活的意义和价值、追求人的自由和解放的功能。技术的发展、网络的发达更加促成了教育与日常生活的分离，受教育者日益成为科学的臣民，接受着不断增加的科学文化知识，人的生活质量和生活感受从教育中被剥离出来。面对教育的异化，20世纪90年代始，教育界开始提出"教育回归生活世界"的理念。

教育回归生活世界首先面临的问题是教育回归怎样的生活世界？从学界的争论来看，教育回归生活世界主要有三种理解方式。

第一种理解方式认为教育回归生活世界是教育回归现实的日常生活，这种理解认为，人总是处于客观的现实生活之中，教育要回归到人所在的真实的社会情境中，让人们（主要是学生）在自己所处的社会环境中接受教育，使人们接受的教育能够与自己身处的生活世界密切联系起来。日常生活是教育之根，教育最初的产生就是为了人们能够更好地生存下去，今天虽然教育对生存的意义已经没有过去那么大，但是教育与日常生活的脱节仍然会导致"应试教育"的普及和受教育者素质与能力的低下②，不利于培养具备综合素质的人才。目前我国制定的《国家中长期教育改革和发展规划（2010—2020年）》就是从这个意义上来设定战略主题的，其中明确要求"坚持能力为重。优化知识结构，丰富社会实践，强化能力培养。着力提高学生的学习能力、实践能力、创新能力，教育学生学会知识技能，学会动手动脑，学会生存生活，学会做事做人，促进学生主动适应社会，开创美好未来"③。

第二种理解方式是将教育回归生活世界理解为教育回归到人生有意义的且人生活于其间的生活世界，要关注引导人们去思考生活的意义和价值。在这里回归生活世界就是要回归对人的本身的探寻，体现了对人的生命及其意义的关照，是将教育拉回到以人为本的道路上来的过程。当前教学过程中对人性化教学的强调和实践，是这种思路的体现。

第三种对教育回归生活世界的理解是教育回归生活是要为学生未来

---

① 〔美〕瑞泽尔：《社会的麦当劳化》，顾建光译，上海译文出版社1999年版，第172页。
② 孟建伟：《教育与生活》，载《教育研究》2012年第3期。
③ 《国家中长期教育改革和发展规划纲要（2010—2020年）》，载《人民日报》2010年7月30日第13版。

的生活做准备。① 生活世界不是一成不变的,它会随着时间的推移、科学的发展和技术的进步而不断向前发展。教育要具有前瞻性,能够为人们融入未来的生活提供知识储备、技能培训、价值引导,使受教育者进入社会后能够为未来的生活做好充分的准备。为此,面向未来的生活世界的教育就要对当下生活世界中存在的问题进行深入剖析并且能够预估未来可能的发展趋势或方向,要能够培养受教育者的批判意识和质疑能力,并且能够增强受教育者自主寻求解决途径的能力,从而推动受教育者在未来建构自己的生活世界。批判性教学、启发式教学等教学方式,是进行此类教育的重要方式。

这三种对教育回归生活世界的理解各有其侧重,要真正实现完整的教育,应该是将这三种理解方式有机结合起来,即教育回归生活世界既包括教育要回归到现实的日常生活中来,也需要回归到对日常生活的意义世界,更需要回归到对未来的日常生活的前瞻和准备中。我国著名教育家陶行知在 20 世纪 30 年代就提出了"生活教育"的概念,他认为人既是现实的存在,也是一个可能性的存在,因此,"生活教育是给生活以教育,用生活来教育,为生活向前向上的需要而教育!"② 由此可见,只有将现实的生活世界、意义的生活世界和未来的生活世界三者结合起来,才能使受教育者既能面对今天的现实生活世界,思考其意义和价值,又能够为未来的生活做好准备,从而真正实现教育回归生活世界的目的,让人获得全面自由的发展。

教育回归生活世界不是教育与生活的简单叠加,而是要加强教育与生活的联系,让教育更为贴近生活,并且在此基础上实现教育对生活的超越,最终通过教育实现人的健康发展。③ 教育回归生活世界的途径有多种,有的研究者认为教育回归生活世界包括知识教育向文化教育的回归和文化教育向生活教育的回归两个步骤,从而突破狭隘的知识论视角,向更为广阔的文化论和生活论回归,将以知识为本的教育转变为以人为本的教育④。从教育与生活的关系而言,我们认同教育回归生活世界包括两大路径:作为学科形态的教育论向生活世界的回归和作为活动形态

---

① 张传燧、赵荷花:《教育到底应如何面对生活》,载《教育研究》2007 年第 8 期。
② 陶行知:《陶行知全集》第 5 卷,江苏教育出版社 1986 年版,第 477 页。
③ 陈井婷:《"教育回归生活世界"之我见》,载《江苏教育研究》2010 年第 25 期。
④ 孟建伟:《教育与生活》,载《教育研究》2012 年第 3 期。

的教育实践向生活世界的回归。① 前者可以概括为教学理念、教材建设和教学模式向生活世界的回归,教学理念向生活世界的回归是指导教材建设和教学模式向生活世界回归的基础,教材建设和教学模式向生活世界的回归则是实践教学理念向生活世界回归的具体表现。教育实践是教育者与受教育者在互动中实现教育的活动过程,教育实践应该是在一个真实的生活世界中进行,道德教育是教育实践的重要组成部分,建立在真实生活基础上的对受教育者德性的培育是其应有之义。

二、慈善教育回归生活世界的意涵

从生活与道德的关系来看,道德来源于生活,是为了生活更为井然有序而存在的,道德对人们社会关系的调节作用凸显了生活离不开道德。反过来,道德脱离了生活也失去了自身的价值。因此,道德教育要与生活世界紧密联系起来。② 然而,现代科学技术对教育的征服不仅体现在对知性知识的强调上,也体现在对道德教育的征服上。在科学和技术的指引下,现代道德教育逐渐实现学科化、知识化,作为一门学科的道德教育系统地向受教育者传授甚至是灌输道德知识,使道德教育走向工具化。③ 沦为道德知识灌输过程的道德教育忽视了作为个体的人的需要(尤其是人的情感需要)和生活之道,将道德与活生生的现实剥离开来,使道德教育脱离了其产生的社会背景和应用环境。④ 这种道德教育不但不能体现道德起源于日常生活的本质,也无法引导人们在日常生活中与人和谐相处、促进人的德行的提升和社会的和谐稳定。道德教育回归生活世界或曰生活德育成为应对这一问题的方式。同时,作为教育组成部分的道德教育,其回归生活世界也是教育回归生活世界的内在要求,是提高道德教育有效性、使道德教育适应现代社会生活需要的价值追求的一次革命。⑤

---

① 宴辉:《教育回归生活世界的基本方式》,载《华东师范大学学报(教育科学版)》2006年第1期。
② 张忠华、耿云云:《对生活德育理论研究的反思》,载《教育科学研究》2009年第10期。
③ 刘志山:《道德教育向现实生活的回归与超越》,载《北京师范大学学报(社会科学版)》2005年第4期。
④ 高德胜:《生活德育:境遇、主题与未来》,载《教育研究与实验》2012年第3期。
⑤ 朱磊:《道德教育回归生活世界探析》,载《江苏教育研究》2007年第4期。

慈善倡导和追求的核心价值是仁慈、善良、人道、博爱，这些价值蕴含着道德因子、彰显着道德力量。因此，慈善的本质是道德，慈善教育是道德教育的重要内容。道德教育回归生活世界的理念包含慈善教育回归生活世界，而慈善教育本身的特性也要求慈善不能脱离生活世界。慈善教育自身的特性是由现代慈善的特征决定的，传统慈善更多的是强调救济功能，慈善往往发生在出现大型自然灾害需要紧急救援时或者是扶助贫困、弱势人群；现代慈善则强调为公共利益服务，公共利益体现在日常生活的方方面面，它超越了传统慈善的扶弱济困范围，向更为广阔的日常生活领域延伸，比如环境保护、文化扶贫、医疗服务、动物保护等等。现代慈善是嵌入人们日常生活领域，寻求使人们建立慈善习惯，将慈善作为一种生活方式来看待的理念和行为。根据现代慈善理念，慈善是人们在日常生活中的行为，无论慈善行为是一次性的、临时性的，还是持续性的、长久的，它都是发生在一定的生活情境中。大的生活情境可能是自然灾害引起的捐款捐物或志愿服务，小的生活情境可能是为迷路的人指路、扶老人过马路、捡起地上的垃圾等。大的生活情境中的慈善因为灾难引起的巨大损失容易引起人们的同情心，也因为社会的广泛宣传和广设慈善渠道而便于人们参与，慈善教育也最容易从这些地方入手，通过激发人们的同情心、关爱意识、社会责任等促使人们参与慈善。现代慈善不仅仅要关注大的社会情境中的慈善需要，更要关注日常生活情境中的慈善需求。慈善要实现使人们在日常生活情境中随处可为、随时可做慈善，就必须倡导慈善教育回归生活世界，在真实的生活情境中培育人们的慈善意识，赋予生活世界以意义，并且为人们的未来生活世界奠定慈善基础。

慈善教育回归生活世界可以从3个方面来理解其内涵和意义：首先，慈善教育回归真实的、客观存在的生活世界。慈善教育要扭转过去将慈善看作思想政治素质高、具备集体主义精神的观点，真正将慈善放在日常生活情境中，使慈善成为人人可为的事业。回归客观存在的生活世界的慈善教育要倡导慈善对日常生活的关注，而不仅仅是对大灾大难的关注和行动。慈善追求共同的善的目标要通过人们日常的积小善成大善来实现，使人人做到"勿以善小而不为"，在日常生活实践中实现慈善的积累，也实现自身的道德积累。具体而言，在慈善教育中要引导受教育者关注自己身边人、自己周围人的需要，身体力行从事慈善，比如从节约用水、不使用一次性用品等开始引导受教育者关注环境保护、参与环境维护;从引导受教育者关爱自己的父母开始教育他们"老吾老以及人之老",从而敬老爱老;等等。

其次,慈善教育回归人们生活其中的赋予生活以价值和意义的生活世界。慈善能够带给人们对生活价值和意义的思考,能够使人们思考自我的价值、对社会的价值,也能够使人们在从事慈善的过程中获得心理的满足或者给予的快乐①。慈善能够使人们重新考虑自我和他人、社会的关系,引导人们去积极思考个人对社会的责任,从而建立正确的财富观,真正实现自身的社会价值。慈善教育要充分将慈善对生活世界的意义和价值传递给受教育者,使受教育者在日常生活实践中能够通过慈善寻求到个人对社会、对他人的价值,也在慈善的过程中获得生活世界的意义。

再次,慈善教育回归有助于人们更好地适应慈善经济时代。生活是一个连续体,今天的生活与未来的生活紧密相连。慈善教育回归生活世界要加入对未来生活世界的前瞻和预估,使人们接受的慈善教育能够在未来的生活世界中发挥作用,促进人们在未来的生活世界中安然生活。从社会发展的趋势来看,慈善在未来社会中的作用将越来越凸显,我们将逐渐进入"善经济"时代,对公民社会责任和企业社会责任的强调,将进一步推动慈善在未来社会中的发展。在慈善迎来大发展的时代,慈善教育必须回归到能够为人们在未来生活世界中合理进行慈善、有序参与慈善创造精神动力、知识储备,并且要培养人们当下的慈善践行,敦促人们养成日常慈善的习惯,从而能够适应未来的生活世界。

三、慈善教育回归生活世界的途径

从"教育回归生活世界"的理念提出以来,教育界对教育如何回归生活世界提出了各种可行的方式和方法,其中不乏对道德教育如何回归生活世界的探寻,比如强调生活世界与道德教育的紧密结合②、在生活实践中获得道德体验③等。教育是一项实践过程,从这个角度来讲,慈

---

① Andreoni, James. Giving with Impure Altruism: Applications to Charity and Ricardian Equivalence. *The Journal of Political Economy*, 1989, 97 (6): 1447 – 1458.
② 康钊:《道德教育的理性回归:生活世界》,载《教育发展研究》2011 年第 10 期。
③ 糜海波:《道德教育回归生活世界的若干思考》,载《思想理论教育》2007 年第 3 期。

善教育回归生活世界就是要在日常生活的过程中融入慈善教育,使慈善教育和生活相得益彰、互相促进。因此,慈善教育的推行不只是教育机构的任务,更是家庭和社会的责任。慈善教育回归生活世界更为强调的是日常生活实践中的慈善教育。因此,应该建立以受教育者为中心、以家庭教育为基础、以学校教育为主体、以社区教育为依托、以同辈群体相互影响为辅助、以社会教育来兜底的联动机制①,全方位促进慈善教育的日常化。关于学校慈善教育我们在前面的章节已经专门讨论,下面重点讨论学校慈善教育之外的家庭、同辈群体和社区在慈善教育回归生活世界过程中的作用及其发挥。

家庭不但是人们日常生活的最主要的场所,而且是培养人的行为习惯、思维方式、价值观念的重要场所。家长作为孩子的第一任老师,也是孩子慈善教育的启蒙老师。家长的一言一行都对孩子产生着潜移默化的影响,因此,家长对孩子的慈善教育是日常生活中时时刻刻都在发生的,这种慈善教育大多数情况下是在日常生活情境中自发产生的,比如家长对邻里的帮助孩子会看在眼里记在心里,并且会适时进行模仿,一旦孩子对家长慈善行为的模仿得到家长的认可和赞同,则会产生正向的强化作用,激励孩子继续参与慈善。反之,如果家长不但自身不从事慈善,还对从事慈善的人指手画脚、说三道四,那么,孩子也无法建立起慈善意识,自然也不会对他人、对社会产生责任意识。因此,回归生活世界的慈善教育首先要通过家长的言传身教来实现。

由地位相近,年龄、兴趣、爱好、价值观和行为方式大抵相同的人组成的群体可以称之为同辈群体②,社会学、心理学和社会心理学乃至营销学的研究都证明了同辈群体对人的社会化的影响,这种影响最初在青少年身上发现③,后来发现即使是成人身上亦存在④。对慈善捐赠的研究发现,同辈群体不但影响人们是否捐赠,而且影响到捐赠额的大小⑤。

---

① 张志红:《我国公益教育联动机制的构建》,载《当代教育与文化》2013 年第 6 期。
② 周晓虹主编:《现代社会心理学》,江苏人民出版社 1991 年版,第 128 页。
③ Bowerman, Charles E., and John W. Kinch. Changes in Family and Peer Orientation of Children between the Fourth and Tenth Grades. *Social Forces*, 1959, 37 (3): 206–211.
④ Evan, William M. Peer-Group Interaction and Organizational Socialization: A Study of Employee Turnover. *American Sociological Review*, 1963, 28 (3): 436–440.
⑤ Wu, Shih-Ying, Jr-Tsung Huang, and An-Pang Kao. An Analysis of the Peer Effects in Charitable Giving: The Case of Taiwan. *Journal of Family and Economic Issues*, 2004, 25 (4): 483–505.

因此，慈善教育回归生活世界就需要合理利用同辈群体对人的影响，通过同辈群体的相互激励促进慈善教育。

社区作为人们的家庭所在地，是人们日常生活的主要场域。随着社区自治的发展，社区不断涌现出的社会组织及其组织的丰富多彩的公益慈善活动，为人们体验慈善提供了机会。作为社区成员的居民，是社区公益慈善活动的支持者、参与者，也是受益者。在参与社区公益慈善活动的过程中，个人会自然而然地受到慈善的洗礼，在参与过程中接受慈善的教育。社区为慈善教育提供了天然场所，社区自治组织的发展、社区公益活动的开展则营造了慈善的氛围、创造了慈善的条件，因此，慈善教育回归生活世界必须将慈善教育放在社区这一生活情境中，让人们在自然的生活环境中接受慈善教育、感受慈善、参与慈善。

第二节　家长是孩子慈善教育的启蒙老师

家庭是社会的细胞。家庭教育是学校教育和社会教育之外的最重要的教育形式，伴随人的一生。作为孩子第一任老师的父母在家庭教育中发挥着言传身教的作用。与学校教育中受教育者更多地处于被动接受状态相比，家庭教育的互动性更强，事实上家庭教育几乎都是在互动中实现的，家庭互动是家庭教育的基本形式。① 但是，家庭不是纯粹的教育机构，家庭在教育功能之外还承担着生产、抚育、情感、娱乐、赡养等多项功能。在现代社会，家庭的核心功能转向情感功能，因此，家庭教育与家庭生活是融为一体的。人的社会化是从家庭开始的，家长对孩子的教化——要求孩子做什么、不做什么，奖励孩子做了什么、惩罚孩子做了什么，都是规范孩子行为的方式，也是向孩子传递什么是符合规范的、符合道德的方式。正如有研究者指出的，家庭教育应该着重让孩子学会做人，让孩子从"得到爱"到学会"付出爱"，懂得遵守规则、诚实守信、富有责任感、博爱感恩、乐于助人，从而成长为社会的合格公民②。这些是孩子成长为未来社会合格公民必须的。家庭教育内容对孩子道德品质尤其是责任、博爱、感恩、助人等品质的强调，正是家庭慈

---

① 缪建东：《家庭教育社会学》，南京师范大学出版社1999年版，第61页。
② 乔闻钟：《论新时期家庭教育的职责》，载《西南科技大学学报（哲学社会科学版）》2010年第6期。

善教育的重要内容。

一、家长对孩子慈善的影响是最深远的

法国著名的社会学家布尔迪厄（Pierre Bourdieu）在研究教育问题时曾经提出文化资本的概念，它将文化资本界定为三种形式：具体化形式、客观化形式和制度化形式，具体化形式的文化资本是人们心智和身体中体现的长久的性情，客观化形式的文化资本以文化产品（书籍、图片、词典等）的形式呈现，制度化形式的文化资本表现为教育资格授予（如学历证书）。[1] 文化资本在家庭中能够实现传承，这种传承不只是子女从父辈那里继承的文化产品，更主要的是对父辈的知识、兴趣爱好、生活习惯、处世态度、价值观念、道德认知等无形的文化资本的继承，即实现文化再生产。因此，家庭作为孩子培养习惯的场域，在文化资本传承中发挥着重要的功能。

家庭教育的内容包罗万象，它既包括对孩子进行基本的生存教育、生活常识教育，使孩子获得相应的生存生活能力；也包括向孩子传授必要的科学知识、道德知识，使孩子具备一定的知识水平和道德素质。随着学科分工的细化和现代教育的发展，学校教育在传授知识方面发挥的作用越来越大，它几乎垄断了对科学知识的传授。同时，学校教育也包括必要的生存能力、生活技能和道德品德教育。与学校教育的理论式、知识型教学为主的教学模式不同，家庭教育的随时随地性和亲子之间的互动性以及去权威性使家庭教育更为灵活，也更为多元化。灵活而多元的家庭教育能够较好地适应孩子的心智发展，因此更能够为孩子所接受。对孩子道德素质的培养，是孩子形成道德思想、进行道德判断的过程，也是家庭文化资本传承的重要内容[2]。捷克教育家夸美纽斯就曾经指出，儿童天然具有的模仿的能力，即使在不被要求的情况下，他们也会去模仿，因此，父母、保姆、导师和同学的整饬生活的榜样必须不断地放到儿童的跟前[3]，让儿童去模仿这些榜样，从而进行道德教育。

---

[1] Bourdieu, Pierre. The Forms of Capital. In Richardson, John G. (ed.). *Handbook of Theory and Research for the Sociology of Education*. Greenwood Publishing Group, 1986, pp. 83–95.

[2] 〔韩〕康闵菊、〔美〕格拉斯曼：《道德行动作为社会资本，道德思想作为文化资本（节译）》，陆心宇译，载《复旦教育论坛》2011 年第 4 期。

[3] 〔捷〕夸美纽斯：《大教学论》，傅任敢译，教育科学出版社 1999 年版，第 183 页。

从古至今，家庭教育都是人们关心的重要话题。我国传统文化中十分重视对子女的家庭教育，认为家庭教育首要的任务是教会子女如何做人。在我国古代有许多家庭流传着"家训"，有的家训甚至被刻印成本在社会上广泛流传，如《颜氏家训》《朱子家训》，在这些家训中道德教育占据了大量的篇幅，也因此，我国的家庭教育自古以来就重视对孩子道德品行的培养。民间流传着大量的关于家庭道德教育的故事，如孔融让梨、九龄温席；也流传着大量关于父母应该如何对孩子进行道德教育的故事，如曾子杀彘、岳母刺字等。

古代对家庭教育中道德教育的重视也影响到今天的家庭教育。邓小平在 1992 年 1 月 27 日视察珠海江海电子有限公司时，出人意料地谈到了家庭问题，提出"家庭是个好东西"①。2001 年中共中央印发的《公民道德建设实施纲要》中明确指出，"家庭是人们接受道德教育最早的地方。高尚品德必须从小开始培养，从娃娃抓起。要在孩子懂事的时候，深入浅出地进行道德启蒙教育；要在孩子成长的过程中，循循善诱，以事明理，引导其分清是非、辨别善恶。要在家庭生活中，通过每个成员良好的言行举止，相互影响，共同提高，形成好的家风。"② 为进一步加强家庭教育理论体系建设，规范家庭教育指导内容和要求，提高家庭教育的科学性、针对性、实效性，全国妇联、教育部、中央文明办等 7 部门于 2010 年 2 月 8 日联合印发了《全国家庭教育指导大纲》，2012 年 3 月 5 日又联合编制印发了《关于指导推进家庭教育的五年规划（2011—2015 年）》。党的十八大以来，习近平多次强调家庭建设。"家庭是社会的基本细胞，是人生的第一所学校。不论时代发生多大变化，不论生活格局发生多大变化，我们都要重视家庭建设，注重家庭、注重家教、注重家风，紧密结合培育和弘扬社会主义核心价值观，发扬光大中华民族传统家庭美德，促进家庭和睦，促进亲人相亲相爱，促进下一代健康成长，促进老年人老有所养，使千千万万个家庭成为国家发展、民族进步、社会和谐的重要基点。"③ 这为引导家庭开展道德教育指明了方向，是促

---

① 孙业礼：《邓小平：家庭是个好东西》，载《北京日报》2014 年 3 月 10 日第 17 版。
② 《中共中央关于印发〈公民道德建设实施纲要〉的通知》，载《中华人民共和国国务院公报》2001 年第 32 期。
③ 习近平：《在 2015 年春节团拜会上的讲话》（2015 年 2 月 17 日），载《人民日报》2015 年 2 月 18 日第 2 版。

进家长有效开展道德教育、促进家庭道德建设的重要指导。2019年10月中共中央国务院印发的《新时代公民道德建设实施纲要》，强调"用良好家风涵育道德品行"，并进行了详细部署。①

道德教育包括多方面的内容，慈善教育是其中的重要组成部分，我国的传统道德中有诸多与慈善相关的理念，比如倡导人们乐善好施、侠义相助、矜贫救厄。与道德教育的其他方面相比，家庭在慈善教育过程中发挥的作用更为重要，家长对孩子的慈善教育影响也最为深远。这是因为，与慈善相比，大多数其他的道德品质都是涉及个人与他人的关系处理，当个人做出有违这些道德准则的行为时，会受到社会的惩罚和排斥，也就是说社会、他人对监督和促进个人的道德践行发挥着重要的作用，对个人按道德准则办事起着社会监督的作用。比如，当个人失信于人时，他不但会被人们排斥，还可能会被体制排斥，如一旦出现个人信用不良，将很难从银行贷款、办理信用卡等。这意味着他人和社会都对个人的道德品行养成发挥着外部监督作用。慈善则不同，一个人不关心慈善、不从事慈善，无论个人还是社会抑或政府都不能对其实施惩罚，顶多是对其进行教育和引导，鼓励和激发他的慈善热情。也就是说，与其他的道德品质相比，外部监督对促进慈善行为的作用是微弱的，甚至是不起作用的。在这种情况下，个人的慈善养成更重要的是受到家庭教育的影响，受到父母的影响。香港实业家陈曾焘退休后与夫人共同创办"思源基金会"，在香港和祖国大陆推动教育和医疗的发展。陈曾焘夫妇的子女受到父母的影响，在事业有成后成立了择善基金会。择善基金会执行主席陈乐怡在择善基金会的网站上发布的执行主席致辞中说道：

> 自幼双亲即教导子女要回馈社会、不能忘本。他们创建的思源基金会，出自于中国古语——"饮水思源"，命名之初便蕴含着"取之社会，用于社会"的深意。父母亲的教诲以及他们行善不遗余力，言教兼及身教，再促使我们兄弟姐妹成立属于自己的慈善基金会——"择善"。……"择善"源自儒家思想经典《中庸》中的"诚之者，择善而固执之者也"。作为儒家的处世原则，"择善"彰显了我们对善良和正直的不懈追求，亦即"择善而从，与人为善"

---

① 《中共中央国务院印发新时代公民道德建设实施纲要》，载《人民日报》2019年10月28日第1版。

之深意。陈氏家族成员希望秉持推动善行和救助弱势的信念,而使这一中国传统美德在当代社会得以长存。①

从陈乐怡的这段致辞中可以看出父母对子女的慈善影响是深远的。这种慈善的代际传承不仅体现在慈善家身上,也体现在普通社会成员身上。例如,绍兴市的一群小学生从小跟随父母一起做志愿者,潜移默化地受到影响,成立了首支"义二代"小义工队伍。② 与"官二代"、"富二代"相比,"义二代"的出现凸显了家庭在慈善教育中的影响。现代慈善教育的发展和推进,必须充分利用家长对孩子慈善教育的影响,让孩子在成长的过程中、在家庭慈善的氛围中养成慈善的习惯,使慈善成为生活方式的一部分,使慈善成为家庭文化资本传承的重要内容。

二、家庭慈善教育的实施路径

美国著名的社会学家、社会心理学家库利(Charles Cooley)在研究人的社会化时提出"初级群体"(primary group)的概念。在库利看来,能够通过亲密的面对面接触和合作的人就构成了初级群体,初级群体对社会本性和个体自我概念的形成具有奠基性作用。③ 家庭、玩伴和邻居都属于初级群体,库利认为人的本性是在初级群体中形成的,包括同情心、善良、公平等人类美德也起源于初级群体。④ 对儿童行为的研究发现,儿童的亲社会行为(主要指为了帮助他人或使他人或群体受益而做出的自愿行为)受到家庭的影响。⑤ 儿童通常能够很自然地继承父母的利他主义习惯,实证研究在控制个体的经济地位和父母的经济地位后,仍然发现孩子的慈善活动参与由父母的慈善行为决定。⑥ 由此可见家庭慈善教育对孩子产生的重要影响。

---

① 陈乐怡:《执行主席致辞》,见 http://www.zeshanfoundation.org/hk/sc/aboutus.php?cate = Message from the Chair。
② 沈逸斐:《我们是"义二代"》,载《绍兴日报》2015 年 7 月 23 日第 7 版。
③ Cooley, Charles Horton. *Social Organization*. Transaction Publishers, 1983, p. 23.
④ Faris, Ellsworth. The Primary Group: Essence and Accident. *American Journal of Sociology*, 1932, 38 (1): 41 – 50.
⑤ Eisenberg, Nancy, and Paul Henry Mussen. *The Roots of Prosocial Behavior in Children*. Cambridge University Press, 1989.
⑥ Janoski, Thomas, and John Wilson. Pathways to Voluntarism: Family Socialization and Status Transmission Models. *Social Forces*, 1995, 74 (1): 271 – 292.

慈善本身要求的是人们的慈善行动，慈善教育的目的就是通过培养人们的慈善意识，激发人们的慈善动机，促进人们的慈善行为。由于现代慈善在我国的发展时间并不长，慈善教育也刚刚在我国起步，我国尚未形成适合我国国情的慈善教育方式，慈善教育的开展难免会走道德教育的老路，即以思想灌输为主。在家庭教育中，家长也会存在这样的倾向，即要求孩子关心他人、为他人着想、奉献社会等。但是，慈善教育不仅需要口头说教，也需要行动的示范和带动。事实上，家庭教育的内容要真正为孩子所接受，大都是经由家长的躬身示范而促成的。口头的说教固然能够使孩子建立一定的慈善意识，但是仅有口头说教则无疑会成为纸上谈兵的教育。

将言传和身教有机结合起来的家庭慈善教育，能够在言传的同时不忘身教，在身教的过程中体现言传的内容并不时对孩子进行点拨，从而将慈善教育渗透到与孩子的互动中，使孩子潜移默化地受到家长慈善观念的影响，逐渐建立起慈善意识，并且在观察和模仿中学会慈善、从事慈善。比如，英国的很多家长在献血时会将孩子带上，既让孩子感受慈善的过程，也让孩子学会给予。一名10岁男孩汤姆森这样描述自己和家长一起献血的经历，"第一次看到爸爸献血时，吓得我大哭。但爸爸说，这样可以救活其他人，我觉得爸爸特别勇敢。我长大也要像他一样。"①在我国也不乏这样的例子，比如天津市民安佳明受父亲坚持7年义务献血的影响，选择用献血来完成自己的"成人礼"，他说自己跟着父亲去献血，父亲告诉自己献血是好事，可以救人，自己就感到很羡慕，以后父亲不能献血了，他就会"接班"。②南京市高一女孩孙涵钰创建了"南京市中小学生公益爱心网"，孙涵钰从四五岁开始就定期被父母带着去养老院、福利院做志愿者，看望残疾儿童、老人，这在她的心里种下了慈善的种子，她在学校期间也不断组织同学到福利院看望老人，组织公益慈善演出等。③

家长以自身的慈善行动来进行慈善教育的方式是以润物细无声的教

---

① 陈甲妮：《家长献血带着孩子》，载《生命时报》2013年7月26日第5版。
② 王月焜、王曾：《为救人父亲义务献血7年 儿子希望拿下接力棒——18岁小伙儿献血中完成"成人礼"》，载《天津日报》2015年2月15日第8版。
③ 黄勇：《南外女高中生创建南京公益爱心网 为近270家养老院爱心帮扶搭起桥梁》，载《江南时报》2014年10月20日第A03版。

育方式在耳濡目染中培养孩子的慈善意识,这也有助于营造慈善的家庭氛围,使孩子传承家庭的慈善文化。比如,美国的洛克菲勒家族,从 1913 年石油大王洛克菲勒创建洛克菲勒基金会从事慈善事业到现在,洛克菲勒基金会已经经历了 100 多年的发展,其家族成员一直延续着对慈善的执着,不断从事着慈善事业,现在由家族第五代成员主持着洛克菲勒基金会的运转。

慈善教育不仅是家长的慈善示范和带动,家长和孩子一起参与慈善,让孩子在慈善的过程中接受慈善教育是最好的方式,这样不但能够让孩子感受到慈善是自己可以做的事情,而且能够从别人的受助中感受到给予的快乐。现实生活中,一些家长开始意识到应该从小对孩子进行慈善教育,和孩子一起参与慈善活动。随着孩子的成长,当孩子开始独立思考、形成自己的价值观时,家庭慈善教育也可以从示范带动向引导鼓励转移。家长可以通过向孩子阐明慈善的意义,鼓励孩子力所能及地参与慈善。这种教育方式将孩子从慈善的旁观者引向慈善的参与者,是引导孩子身体力行践行慈善的良好方式。比如,上海 3 名中小学生捐出自己积攒的 50 万元压岁钱,在上海市慈善基金会设立"青春之光爱心专项基金",用于资助特困学生和特殊儿童。其中有两个学生魏琮泰和魏启泰是兄弟,在谈到为什么会有捐钱设立基金的想法时,魏琮泰坦承捐钱最初是父母的意思,自己和弟弟非常赞同;另一位捐赠者杨行的妈妈则表示,在国家遇到自然灾害时,他们会鼓励孩子捐衣服、捐书。[①] 由此可见,家长对孩子的慈善引导和劝导,是培养孩子慈善意识、进行慈善教育的有效方法。反过来,孩子从慈善参与中收获的快乐,体验到的自己对他人的帮助和对自我价值的肯定,进一步巩固了孩子的慈善行为,从而形成良性循环。

家庭慈善教育还可以通过"移情"的启发式教育方式,培养孩子的同情心和责任感,从而为孩子参与慈善奠定精神基础。在美国很多家长都会鼓励孩子抚养小动物,美国有专门收养流浪狗、流浪猫等被遗弃或走失的动物的机构,很多家长会选择带孩子前往这些机构认养小动物,

---

① 郑磊:《三学生捐 50 万元压岁钱设基金》,载《京华时报》2014 年 11 月 17 日第 C06 版。

让孩子关心和爱护小动物的过程是培养孩子的同情心和责任感的过程。[1]而同情心和责任感是激发人们从事慈善的道德基础,现代经济学的创始人之一斯密(Adam Smith)早在18世纪时就提出了同情心是美德的基础,这位自由主义经济鼻祖在《道德情操论》的开篇就指出,"无论人们会认为某人怎样自私,这个人的天赋中总是明显地存在着这样一些本性,这些本性使他关心别人的命运,把别人的幸福看成是自己的事情,虽然他除了看到别人幸福而感到高兴以外,一无所得。这种本事就是怜悯或同情,就是当我们看到或逼真地想象到他人的不幸遭遇时所产生的情感。"[2] 斯密认为,人受利己心和仁慈的控制,利己心使人追求自己的幸福,而仁慈之心使人关心他人的幸福,同情心是奠定人们关心他人的心理基础,是使人产生正义、仁慈等美德的基础。因此,对孩子同情心和责任感的培养,是促进孩子树立慈善意识、关心他人的基础。

家庭教育是一种互动式教育,家长对孩子的慈善教育也是在互动中进行的。互动意味着孩子对家长的教育会做出反馈,而在现代社会中,由于观念的更新、信息传播的网络化等特征,孩子有时候会比家长更为迅速地接受新观念、获得新知识、获取新信息,从而形成子辈对父辈的文化反哺[3]。在慈善方面,也存在孩子比父母更快建立慈善意识、获取慈善信息的现象,这与慈善在我国的发展历史有关。在物质匮乏的时代,人们从事慈善心有余而力不足,加之对慈善的贬抑,压抑了人们对慈善的热情。近年来随着物质生活水平的改善,人们开始建立慈善意识,但是成人的慈善意识培育主要是社会教育的结果,一般是由自身的经历和社会事件触发的。而随着慈善教育进入学校,孩子开始在校园里接受较为系统的慈善教育,在这种情况下,孩子有可能比父母获得更多的慈善知识,从而将自己所学分享给父母,形成慈善的"文化反哺"现象。面对孩子的慈善文化反哺,家长不能无动于衷,应该积极地参与,让孩子感受到自己对家长的慈善影响,从而更加坚定地从事慈善。北京市海淀区曾经组织家庭文明微行动活动,孩子们自愿参与义务指路队,参加义卖,孩子的行动带动了家中父母长辈参与家

---

[1] 黄全愈:《家庭教育在美国》,广东教育出版社2001年版,第195页。
[2] 〔英〕斯密:《道德情操论》,蒋自强等译,商务印书馆1997年版,第5页。
[3] 周晓虹:《文化反哺:变迁社会中的亲子传承》,载《社会学研究》2000年第2期。

庭志愿服务。① 家长以实际的慈善行动支持孩子的慈善行为既是对孩子慈善行为的肯定，也在自己参与的过程中与孩子一起接受慈善的熏陶，接受了慈善教育。

将慈善教育的内容纳入家庭教育之中，需要家长有慈善的自觉。在当前我国居民慈善意识薄弱的情况下，要顺利地推进慈善教育进家庭，除了需要政府的提倡、学校的倡导（更为详细的内容将在下一节中单独讲述）、社会的呼吁外，更需要有直接的引导者，而嵌入在城市和农村社区中的慈善组织，为引导家庭慈善教育提供了新的途径。因此，慈善组织要积极参与到引导家庭重视慈善教育的轨道上来。具体而言，慈善组织可以通过与城市社区和农村社区的合作，在社区开展相应的倡导活动。慈善组织要根据自身的特点，在自身条件不足的情况下，通过借助外力（如家庭教育的专业力量），帮助家庭建立慈善教育计划、规划家庭慈善教育内容，并且通过在社区开展有益的慈善活动，协助推动家庭参与社区慈善，在慈善活动中体验慈善教育。

三、从家庭教育到慈善教育的合作机制

孩子在入学前主要生活在家庭环境中，家庭教育是最为重要的，但是随着孩子步入学校，学校开始对孩子进行系统的教育，社会教育也开始发挥作用，家庭教育的重要性相应地降低。但是，从家庭慈善教育的功能来看，即使在孩子进入学龄期之后，家庭仍然在慈善教育中发挥着重要作用。要将孩子培养成为有慈善意识、主动参与慈善的小公民，家庭对孩子慈善教育的启蒙离不开学校教育的支持和社会教育的合作。这不仅意味着在学校的课程体系设计和课程实践中应该为慈善教育留出空间，也意味着社会教育要积极倡导慈善教育。长期以来，我国的教育体系中有道德教育、思想政治教育，而忽视慈善教育，这导致家庭慈善教育和学校慈善教育的脱节，不利于全面培养孩子的慈善意识。由于社会教育实施主体的分散性，社会在慈善教育中发挥的作用也十分有限，遑论与家庭慈善教育的合作。可喜的是，近年来社会各界为推动慈善文化进校园不遗余力，如中华慈善总会从 2012 年开始在全国推行慈善文化进

---

① 王海亮：《3 万居民参与志愿服务》，载《北京晨报》2014 年 9 月 17 日第 A16 版。

校园活动,通过向中小学赠送《慈善读本》,联合开展慈善演讲、慈善征文比赛,开展慈善义工活动等,以社会力量推动了学校在慈善教育中承担相应的责任,也促进了家庭慈善教育与学校教育和社会教育的结合。2014年11月24日国务院印发的《关于促进慈善事业健康发展的指导意见》,明确要求着力推动慈善文化进机关、进企业、进学校、进社区、进乡村,弘扬中华民族团结友爱、互助共济的传统美德,为慈善事业发展营造良好社会氛围。这为促进学校慈善教育、社会慈善教育的开展,促进学校慈善教育、社会慈善教育与家庭慈善教育的结合创造了契机。

国家政策的倡导和鼓励、人们慈善意识的增强、社会组织力量的发展和壮大,共同促进着家庭慈善教育与学校慈善教育和社会慈善教育的结合。近年来一些社会组织、学校开始积极谋求与家庭共同努力培养孩子的慈善意识,涌现出了一些探索性的案例,如昆明市西山区的多家幼儿园联合组织爱心义卖,老师和家长们与孩子共同参与,很好地实现了家庭和学校的结合,在充满爱心的义卖活动中,给孩子上了生动的慈善教育课。宁波市北仑区慈善总会、北仑新蕾幼教集团联合举办"关爱特困儿童"慈善活动,新蕾幼儿园的小朋友在家长的陪同下义卖儿童服装、手工艺品、文具等捐赠物品,实现了社会组织、学校与家长合作组织和参与慈善活动,共同促进孩子助人精神的培养和践行。爱心人士邓勇组织成都川大附小东山校区的小学生关爱崇州市西山乡西山电影小学的留守儿童,获得家长的支持和帮助,家长们纷纷为留守儿童准备礼物,通过孩子赠送给留守儿童,在孩子与留守儿童建立友情的同时,促进孩子关爱他人。一些社会组织还联合媒体开展慈善公益讲堂,让家长带孩子一起学习慈善知识。这些探索家庭、学校和社会共同对孩子进行慈善教育的案例为我们思考三者有机结合促进慈善教育的开展提供了有益的尝试。同时,发达国家促进慈善教育的经验为我们提供了借鉴。在国家不断鼓励慈善事业发展、鼓励和培育社会组织发展的政策背景下,要培养孩子的慈善意识:首先,要建立家庭慈善教育的基础地位,通过提高家长的慈善素养来促进家庭慈善教育的开展;其次,学校要将慈善教育纳入课程体系中,积极配合家庭的慈善教育对学生进行慈善宣讲,并进行相应的慈善实践;第三,要充分利用社会组织、媒体等社会资源,挖掘社会力量在慈善教育中的潜能，积极构建以家庭教育为基础、学校教育和社会教育相互支持的慈善教育模式。

第三节　同辈群体的慈善激励

随着年龄的增长，孩子会走出家庭与其他孩子建立关系。那些价值观相似、地位相近、年龄相仿、兴趣爱好相投的孩子在一起就组成了同辈群体。同辈群体对身心都处于成长过程中的青少年影响最为明显，也能够影响青年人乃至成年人。本节主要讨论的内容是同辈群体对青少年的慈善影响，也兼及其对其他年龄群体的影响。同辈群体在青少年社会化过程中的作用已经被广泛讨论，它对青少年的道德社会化亦有不可忽视的影响。早在17世纪，捷克教育家夸美纽斯就指出："敏于而且乐于替别人服务的态度应当尽力在青年人身上培植起来。"[①] 慈善教育作为人的社会化的重要内容，是道德社会化的重要组成部分。随着家庭慈善教育的开展和学校慈善教育的发展，青少年开始参与到慈善中，并且积极地寻求与同辈群体共同开展慈善活动，这为发挥同辈群体对青少年的慈善影响提供了现实基础。同辈群体之间的慈善参与能够起到相互激励的作用，青少年在参与过程中感受到帮助别人的快乐，也建立起彼此之间的信任和认同，从而有助于青少年摆脱青春期危机，顺利实现社会化，快乐成长成才。

一、同辈群体慈善激励的理论基础

社会化是人从呱呱坠地的婴儿、生物学意义上的个体逐渐习得社会规范成长为社会人的过程，社会化伴随人的终身，而青少年时期的社会化对人的社会化具有决定性的作用。因为，人的价值观、行为方式、习惯等都是在这一时期养成的。青少年时期，个体由于身心的发展开始有意识地要摆脱家长的管教和束缚，谋求以独立的身份融入社会。这一时期的青少年对社会充满了好奇心，开始具备一定的独立思考能力，并对一些重要的人生问题进行思考和分析，他们期待参与多种事务，想突出自己的能力和贡献，以获得认同。但是，由于青少年的身心发展尚未成

[①] 〔捷〕夸美纽斯：《大教学论》，傅任敢译，教育科学出版社1999年版，第182页。

熟,缺乏必要的社会经验,成人社会仍然以看待"孩子"的眼光来看待他们,这与他们寻求获得独立的身份认同的愿望显然不符,因此他们会表现出一些所谓的青春期叛逆。实际上这一时期的青少年是因为不能得到其想要的群体认同而陷入身份认同危机,也即通常所说的"青春期危机"。在应对这场危机时,青少年非常容易与自己的同辈群体建立认同。

美国人类学家米德(Margaret Mead)在《文化与承诺:一项有关代沟问题的研究》一书中将文化分为前喻文化、并喻文化和后喻文化,前喻文化是指晚辈主要向长辈学习;并喻文化是指晚辈和长辈的学习都发展在同辈人之间;后喻文化是指长辈反过来向晚辈学习。并喻文化特别需要利用同侪之间、友伴之间、同学之间以及师兄弟之间的相互学习。① 同辈群体之间的影响在青少年身上表现得最为明显,这种影响最初是通过观察青少年的学习成绩发现的。② 之后学界对同辈群体的研究进一步扩展,出现了关于同辈群体对人的社会化影响的一系列研究,并出现了群体社会化的理论(group socialization theory)。1982 年匹兹堡大学的两位学者率先对小群体在社会化中的影响进行了研究,他们从评估、承诺和角色转换三个角度分析了群体是推动个人实现社会化的重要因素。③ 1995 年美国心理学家哈里斯(Judith Rich Harris)在一篇论文中提出了群体社会化理论,他认为在儿童和青少年的社会化过程中同辈群体发挥着家庭之外的社会化功能,同辈群体之间实现了文化的传播和对儿童性格的环境修正,他否定了家庭对人的社会化产生的长期作用。④ 尽管这一理论范式饱受争议,但是他对同辈群体在人的社会化过程中的影响的分析具有启发性。

同辈群体是非正式群体,与少先队、共青团、班级组织等正式群体存在差异,同辈群体完全是在群体成员自愿的基础上形成的,群体成员

---

① 〔美〕米德:《文化与承诺:一项有关代沟问题的研究》,周晓虹、周怡译,河北人民出版社 1987 年版,第 27 页。

② Coleman, John C. Friendship and the Peer Group in Adolescence. In Adelson, Joseph. *Handbook of Adolescent Psychology*. Wiley, 1980, pp. 408 – 431.

③ Moreland, Richard L., and John M. Levine. Socialization in Small Groups: Temporal Changes in Individual-Group Relations. *Advances in Experimental Social Psychology*, 1982, 15: 137 – 192.

④ Harris, Judith Rich. Where Is the Child's Environment? A Group Socialization Theory of Development. *Psychological Review*, 1995, 102 (3): 458 – 489.

之间因为有着相同的兴趣爱好等而聚集在一起，它往往有群体成员一致认同的行为方式、价值观念，但是并没有严格的规定性和严明的纪律性，群体保持着较好的开放性，成员之间大都亲密无间，平等相待，但是往往会有起主导作用的成员。群体成员因为认同相同的价值观而彼此聚集，彼此之间的心理依赖程度较高，因此同辈群体的凝聚力较强，并且往往会形成自己的亚文化[1]。这种亚文化会影响同辈群体中的每一个人，并且引导他们建立趋同的价值观念、行为模式，从而影响到青少年的社会化过程。

事实上，青少年通过同辈群体寻求身份认同的过程是青少年社会化的过程，在这个过程中，同辈群体发挥的作用可以概括为以下几个方面：

第一，青少年在同辈群体中的角色实践能够帮助青少年确立社会角色。青少年身份认同危机的根源就在于对自身的角色认知不清，通过在不同的同辈群体中担任不同的角色，比如在有的同辈群体中担任领导者，在有的同辈群体中担任普通参与者，青少年就开始了自己的角色调试过程。当担任领导者时，他需要有所担当，能够为同辈群体建立和凝聚力量做出努力，从这个过程中他要学会承担责任；当作为普通参与者加入同辈群体时，他要懂得和别人和谐相处，与人为善，融入同辈群体。每一个同辈群体中的成员，都会努力找准自己的位置，并且表现出适合自己的位置的行为。在这个过程中，青少年就逐渐学会了如何对自己进行角色定位。

第二，同辈群体内部成员之间情感的互相支持、亲密无间关系的建立能够促使青少年更好地思考个人与他人、个人与社会的关系，提升自己的交往能力、团队意识和处理问题的能力。同辈群体往往是一个"小圈子"，在圈子内部，成员之间通过频繁的互动和交流能够建立强信任关系，成员之间互相的情感支持、在遇到问题时给予的情感慰藉，都是青少年锻炼自己未来走向社会时如何应对社会关系的途径[2]。通过同辈群体建立的"小圈子"，青少年可以更好地观察和了解更大的圈子可能的情形，从而为未来迈出小圈子走向大圈子提

---

[1] Corsaro, William A. Interpretive Reproduction in the "Scuola Materna". *European Journal of Psychology of Education*, 1993, 8 (4): 357–374.

[2] 陈正良：《同辈群体环境对青少年发展的影响》，载《宁波大学学报（教育科学版）》2004年第5期。

供经验借鉴。

第三，同辈群体形成的行为规范、价值观念能够引导青少年表现出符合这些规范和观念的行为，从而促进青少年规范意识的建立和价值观念的确立。尽管同辈群体不是正式的组织，但是同辈群体也会有属于自己的一些规则，这些规则既包括一定的价值观念，也包括相应的行为规范。青少年要融入同辈群体中，就需要按照这些规范来调整自己的行为。从这些规则涉及的内容来看，它可能会涉及生活规范、道德伦理规范和政治价值观的规范。同辈群体是青少年获取生活信息、分享生活经验、应对生活问题的群体，通过彼此的交流和分享，成员能够获得相应的生活经验和规范。① 青少年有着纯洁的心灵，他们接受了一定的道德规训，有一定的道德判断，而同辈群体能够深化青少年的道德认知，并且互相激励做出符合道德的行为，这表现在两个方面：一是同辈群体中的道德表率能够引导其他人也这么做；二是一旦有人做出了与同辈群体成员的道德认知不符的行为，会受到群体压力，从而矫正其行为。我们的生活离不开政治，政治社会化作为人的社会化的重要内容，也是青少年需要面临的社会化问题。尽管学校教育和家庭教育都会对青少年进行基本的政治教化，但是同辈群体之间的政治态度、政治认同、政治行为对青少年的影响更大，那些具有较好政治素养的成员能够影响其他成员的政治态度和行为。②

当然，在肯定同辈群体对青少年社会化带来的积极影响的同时，我们也不能忽视同辈群体可能带来的消极影响。事实上最初研究者们在提出同辈群体的概念时，更多的是基于同辈群体亚文化对青少年产生的不利影响展开的。比如同辈群体建立的亚文化如果与主流文化相背离，则会使群体成员建立起与主流文化相反的价值观念和行为方式，从而阻碍青少年的正常社会化过程。③ 那些处于叛逆期的青少年如果在同辈群体中获取的是同样的叛逆心理，那么会增强他的叛逆心理，做出与主流价

---

① 包兴敏：《同辈群体及其对青少年社会化的影响》，载《沈阳教育学院学报》2001年第2期。
② 吴亚荣：《同辈群体及其对青少年社会性发展的影响》，载《北京青年政治学院学报》2009年第1期。
③ 朱安安：《同辈群体对大学生价值观影响的社会学研究》，载《广东教育学院学报》2000年第2期。

值观相违背的行为,甚至是违法行为。① 因此,要促使青少年如期社会化,就要重视同辈群体对青少年社会化的影响,引导同辈群体形成积极向上的、与主流价值观相统一的亚文化,使其发挥促进青少年社会化的作用。

现代慈善要追求人人慈善、终身慈善,而青少年时期形成的慈善观念对终身的慈善认知有奠基性作用。慈善作为道德社会化的重要内容,在青少年的社会化中不容忽视。正是同辈群体在社会化中的作用凸显了利用同辈群体进行慈善教育的重要性,奠定了同辈群体慈善激励的理论基础。

二、同辈群体在促进青少年慈善教育中的作用

同辈群体是培养青少年道德认知和道德体验的重要力量②,在推动青少年的道德社会化方面发挥着不容忽视的作用,同辈群体也是促进青少年接受慈善教育、进行慈善实践的推动力。我们可以从三个角度理解同辈群体在促进青少年慈善教育中的作用。

首先,同辈群体之间的相互交流能够增进青少年对慈善的认知。家庭慈善教育和学校慈善教育的开展使青少年开始建立一定的慈善认知,但是这时候的慈善认知由于更多的是成人的传授,可能会与青少年的认知存在一定的距离,因此还是比较模糊的,而同辈群体之间的交流则能够使模糊的慈善认知清晰化和具体化。因为同辈群体可以从自身的经历来阐述什么是慈善,这种具有个体化经验的阐述方式,更符合青少年的认知方式,也更容易被青少年理解。也就是说,同辈群体的慈善影响能够有效弥补长辈慈善教育的不足,促进同辈之间更好地从自身出发认识慈善、了解慈善,建立良好的慈善认知。一旦同辈群体内部形成了一定的慈善认知,这种慈善认知就能够影响到群体内的所有成员,甚至能够通过这些成员影响到周边的其他人,从而提升整体的慈善认知水平。

其次,青少年的慈善行为获得同辈群体的认可能够巩固青少年的身份认同。青少年时期他们寻求身份认同,而慈善是建立身份认同的重要

---

① Hartup, Willard W., Jane A. Glazer, and Rosalind Charlesworth. Peer Reinforcement and Sociometric Status. *Child Development*, 1967, 38 (4): 1017 – 1024.

② 高中建、孙崇:《青少年同辈群体道德养成分析》,载《教育探索》2009 年第 2 期。

方式。慈善往往被认为是积极向上的、表现一个人高尚品德、关爱他人、奉献社会的事。当慈善能够有效地帮助社会弱势群体、给他人带来快乐时，这种认知就更为强烈。实验研究还发现，即使付出一定的经济成本，人们也愿意从事慈善以便获得别人对自己慷慨的认同[1]，而那些积极参与慈善的人往往会得到同辈较高的认可[2]。由于同辈群体是青少年认可而自愿加入的组织，相较于其他群体对自身的认可，青少年更渴望获得同辈群体的认可。因此，当自己的慈善行为能够得到同辈群体的认同时，青少年会更加认同自己的慈善行为，巩固自己的慈善认知，从而促进个人更好地从事慈善。

第三，同辈群体中的慈善行为能够通过同辈群体成员之间的互相传播，在同辈群体之间树立榜样，促进慈善行为在同辈群体中的广泛开展。青少年所处的年龄阶段及其心智尚未成熟的现状决定了他们容易受到同辈群体的影响，尤其是对那些以同辈群体为参照群体的青少年而言，同辈群体的行为对他们来说无疑是一种示范。他们会以参照群体的行为为范本，模仿他们的行为，这种模仿在同辈群体之间能够形成一种从众行为，最终使慈善成为同辈群体中的行为规范。尽管学校、家庭和社会都会对青少年进行一定的慈善教育，但是相比而言，同辈群体的慈善行为更具有说服力。因为，同辈群体的慈善行为使青少年切实地感受到慈善就在自己身边、慈善是人人可为的，同辈群体成员能够做到的，自己通过努力也可以做到，因此，他们能够以同辈群体的慈善行为为蓝本，思考自己怎么去做慈善；同时，同辈群体的邀请，能够进一步提升他们参与慈善的可能性。这是因为：一方面，由于同辈群体中彼此的认可度较高，当同辈群体成员向自己发出慈善邀请（如邀请一起募捐、一起去看望孤寡老人）时，个体从心理上更容易接受；另一方面，对大多数青少年而言，和同辈群体共同开展慈善活动是参与同辈群体活动的重要组成部分，对同辈群体的认同使他们愿意参加这样的活动。

我们以深圳市青少年建立的一个冠名基金会的案例来说明同辈群体在慈善教育中的影响。2009 年深圳市的刘俊良、蔡岸栏、李成祥、解松

---

[1] Clark, Jeremy. Recognizing Large Donations to Public Goods: An Experimental Test. *Managerial and Decision Economics*, 2002, 23 (1): 33–44.

[2] Muehleman, J. T., Charles Bruker, and Clara M. Ingram. The Generosity Shift. *Journal of Personality and Social Psychology*, 1976, 34 (3): 344–351.

若、黄树森等几个好朋友（当时是初二学生）一起通过深圳市慈善会申请设立了冠名基金"深圳市慈善会·我生日我慈善基金"，号召青少年在过生日时不收取礼物，只收取捐款，将捐款用于救助弱势群体，如为福利院的小朋友过生日。这几位发起人中，刘俊良和解松若是从小一起长大的好朋友，蔡岸栏、李成祥和解松若是从一年级开始的同班同学，解松若和黄树森是初中同学。正是好朋友之间的相互交流促成了使慈善想法转化为慈善行动，并且使慈善常态化的想法。他们又通过自身对青少年群体的影响，使更多的青少年参与到慈善中来，据了解，他们的基金已经吸引了超过1000名中学生加入。[①]

从这个案例中我们可以看到，首先是几个相同年龄、价值观相似、教育背景相仿的好朋友在一起交流，彼此之间的慈善想法不谋而合，并且产生了将慈善想法转化为慈善行动的意愿。这说明，同辈群体之间的交流能够增进彼此对慈善的理解，而且能够促进慈善行为的产生。其次，当他们建立冠名慈善基金时，这样的慈善行为本身就强化了他们的慈善认知，而他们的这种慈善行为又对上千的青少年产生了影响，吸引他们加入到慈善中来。由最初的交流增进慈善认知到吸纳上千中学生加入慈善基金，同辈群体在慈善教育中发挥的作用不容小觑。

三、慈善养成中同辈群体作用的发挥

同辈群体对慈善教育的作用可以简单地概括为激励，这种激励既体现在同辈群体之间思想交流形成的慈善观念的激励，也体现在同辈群体对青少年慈善行为的认可产生的社会激励，还体现在同辈群体慈善行为对同辈群体成员产生的行为激励。这种激励是在青少年日常生活和学习中潜移默化形成的，而不是刻意为之。因此，在青少年慈善习惯的养成中，应该充分利用同辈群体的慈善激励作用，促进更多的青少年建立慈善意识、践行慈善行为、参与慈善活动。

同辈群体对青少年的影响可能是积极的，也可能是消极的，要使同辈群体在慈善教育中发挥激励作用，学校、家长和社会必须对青少年进行正向引导。首先要引导青少年同辈群体建立正确的价值取向，消除其潜在的负面影响，及时关注青少年的思想和行为动态，并适时矫正出现

---

① 李飞、向薇：《生日不收礼只收捐款1000多名中学生玩转慈善party》，载《深圳晚报》2014年2月24日第A23版。

的不良倾向。比如，学校或家长可以鼓励青少年一起去敬老院看望老人，可以引导他们关注环境保护，支持他们将自己的慈善想法付诸实践等。其次，对同辈群体的慈善行为要及时给予鼓励和褒奖，以强化其慈善行为。学校、家长和社会应该探索恰当的联动机制，能够及时获知青少年同辈群体的慈善行为，并且建立制度化的奖励机制，对慈善行为给予表扬、鼓励和适当的奖励。精神激励和物质激励的结合是最有效的方式，但是更应该注重对他们的精神激励，使他们在从事慈善后获得成人社会的认可。大众媒体要及时地捕捉青少年同辈群体的慈善典型，向全社会进行宣传推广，一方面对做慈善的同辈群体是一种激励，另一方面在宣传和鼓励青少年慈善行为的同时，带动更多的人向他们学习，激发更多的慈善行为。

现代科技的发展为同辈群体慈善教育的开展提供了极大的便利，而青少年群体对新技术的掌握能力强，他们能够快速地学会并熟练地应用新技术尤其是网络技术。事实上，网络已经成为青少年交流的主要渠道，同辈群体借助网络能够实现良好的沟通。因此，同辈群体可以尝试以网络交流的形式实现慈善的互相激励。比如，微信推出的"众筹平台"为同辈群体慈善提供了空间。"众筹"（crowdfunding）本来是兴起于美国的一种融资模式，融资者借助众筹网络平台为自己的项目筹集资金，出资人可以获得一定的实物或股权回报。[①] 众筹的理念很快为公益慈善界所接受，并且得到较为广泛的应用，我国慈善界也使用了众筹的模式进行募捐，比如"免费午餐"项目就是通过倡议每天捐赠3元钱为贫困地区的孩子提供免费午餐，该项目取得的成功及其引起的广泛的社会关注，从一个侧面说明慈善众筹是可行之道。对青少年同辈群体而言，慈善众筹还提升了慈善的趣味性，比如2014年风靡全球的"冰桶挑战"，它本身是慈善众筹的良好典范，而因其独特的推广模式和挑战模式，更容易引起青少年的喜爱，在"冰桶挑战"中接受了挑战的人可以指定一个挑战者，被指定的挑战者必须在24小时内或者接受挑战将一桶冰水浇到自己身上，或者是捐款。这种滚雪球的慈善推广模式本身就能够彰显同辈群体的影响力，因此可以为同辈群体的慈善激励提供借鉴。

在社交网络成就"晒文化"的当下，青少年在社交网络中"晒慈

[①] Lehner, Othmar M. Crowdfunding Social Ventures: A Model and Research Agenda. *Venture Capital*, 2013, 15 (4): 289-311.

善"能够激发同辈群体的效仿。社交媒体的发达为青少年通过网络建立信息交流和分享提供了便利，QQ、微博、微信、网站等，都可以实现慈善信息的传播和交流。在同辈群体之间的这种慈善传播和交流，还能够迸发出火花，创新慈善形式。

同辈群体发挥慈善激励作用的途径有很多，它在青少年慈善教育中的作用更多地体现在青少年日常的交流、玩耍、互助和助人过程中。随着社会慈善氛围的浓郁，青少年将更好地受到慈善文化的熏陶，同辈群体也将会以更为多元化的方式影响青少年的慈善观念和慈善行为。

第四节　社区慈善和志愿服务的带动作用

家庭生活总是发生在一定的社区环境中，社区不但为家庭提供了生活和活动的空间，也促进和支持着家庭教育的开展[1]。作为生活场所的社区是培育人们生活习惯的地方，也是在日常生活中将慈善融入人们的生活，使慈善成为一种生活方式的重要场域。德国哲学家哈贝马斯认为文化、社会和个性是构成生活世界的三大要素[2]，慈善文化是文化的重要组成部分，社区对慈善文化的弘扬是在生活世界中提升人们慈善意识、培养人们慈善习惯的重要途径。社区慈善的开展能够有效地增强社区居民的互动，增进人们的互信，提升社区社会资本，促进社区的和谐和稳定。随着社区社会组织的发展，以社区为场域开展的公益慈善活动将更为频繁和常见，而社区慈善超市、社区公益创投等形式都为社区开展慈善教育提供了途径和方式。

一、社区是慈善教育的基本场所

随着计划经济的解体，人们在社会中的基本角色呈现出从单位人向社会人的转变[3]。这一基本角色转变反映了在现代社会中，单位不再包

---

[1] Crow, Graham, and Catherine Maclean. Families and Local Communities. In Jacqueline Scott, Judith Treas, Martin Richards (eds.). *The Blackwell Companion to the Sociology of Families*, Blackwell Publishing Ltd., 2004, pp. 69–83.

[2] 〔德〕哈贝马斯：《交往行动理论》第2卷，洪佩郁等译，重庆出版社1994年版，第192页。

[3] 蒋云根：《历史性的转换——从"单位人"到"社会人"》，载《探索与争鸣》1999年第9期。

办人们的一切生活,为人们提供基本生活服务的职能由单位转移到社会;但是从职能承担的主体来看,过去由单位承担的诸多社会服务功能并没有转交给社会,而是转交给了社区。社区逐渐取代了单位,在为人们提供基本的公共服务、日常生活服务等方面发挥着不可替代的作用,这意味着人们正在从单位人向社区人转变,社区成为人们日常生活最主要的空间。社区不但为人们提供着多样化的社会服务,也是推动人们社会参与、促进社会整合的重要力量。社区慈善作为社区参与的重要形式,是推动人们参与社区建设、提升社区居民福祉、增进社区社会资本、维护社区和谐稳定的重要方式。

随着我国社会转型的推进,从熟人社会走向陌生人社会是必然的趋势。早在19世纪德国社会学的奠基人之一的滕尼斯就感叹从"共同体"向"社会"的转型,在他看来,共同体是持久的和真正的公共生活,而社会是暂时的和表面的共同生活①。我国著名社会学家费孝通则将"共同体"和"社会"这两个概念分别翻译为"礼俗社会"和"法理社会",礼俗社会是熟人社会,熟悉是从时间里、多方面、经常的接触中所发生的亲密的感觉,在熟人社会里,人们从心所欲而不逾矩②。法理社会则是由于彼此的陌生而使得法律成为约束人们的规范。在现代社会,由于社会流动性的增强,人们难以对彼此知根知底,因此信任关系的建立成为重要的问题。法国历史学家托克维尔(Alexis de Tocqueville)早就意识到陌生人社会可能产生的问题,他认为现代社会是民主社会,人们享有平等的身份,由平等而扩展出个人主义,从而产生只顾自己而心安理得的情感,当每个公民建立了自己的小社会以后,他们就不管大社会而任其自行发展了③。这意味着,在失去了血缘纽带的社区中,每个人都是独立的利益主体,是原子化的个体,因而传统社会中的那种有着血缘纽带的熟人聚居区中的人们之间相互熟悉、同情、信任、互助关系不再存在,取而代之的是相互陌生、反感、冷漠和独立④。也就是说,当社会呈现原子化、个体化发展趋势时,会导致公共精神的缺失和公共

---

① 〔德〕滕尼斯:《共同体与社会——纯粹社会学的基本概念》,林荣远译,北京大学出版社2010年版,第44页。
② 费孝通:《乡土中国》,北京出版社2009年版,第8页。
③ 〔法〕托克维尔:《论美国的民主》,董果良译,商务印书馆1988年版,第623页。
④ 张康之、石国亮:《国外社区治理自治与合作》,中国言实出版社2012年版,第19页。

道德的丧失。社区慈善就是要在人们日常的生活领域，通过互帮互助、相互扶持来改变这种现状。诚如学者所观察到的，在以礼俗为主要准则的熟人社会中，慈善尚且发挥着扶危济困、救助弱势群体的作用；在契约精神主导的陌生人社会中，慈善更应该有一席之地①。

哈佛大学政治学教授帕特南以研究社会资本闻名于世，他的两本奠定了自己学术地位的专著《使民主运转起来——现代意大利的公民传统》和《独自打保龄——美国社区的衰落与复兴》都是围绕社会资本的分析展开的。他认为，"社会资本的存量就是一个社区中人们参加、参与社团活动的水平，测量的标准包括阅报、参与志愿组织以及对政治权威的信任表达等。"② 在美国这种社区社会组织十分发达的国家，慈善组织积极在社区开展慈善活动，对推动人们的慈善参与发挥了重要作用。近年来，随着社会的发展，我国也开始萌发大量的社区社会组织，在有些社区还出现了社区基金会，这为社区开展慈善教育提供了载体。

"慈善社区化"是近年来学界提出的慈善发展模式，"慈善事业社区化，强调社区应在提供福利服务方面扮演更加积极主动的角色；鼓励社区主办慈善事业，参与募集、整合、分配各种慈善资源，提供慈善服务；主张依托社区政府部门、营利部门和非营利部门的最优化合作机制，最大限度地满足社区发展需求，提升慈善事业和社区发展水平"③。慈善社区化将社区作为慈善的场所，将社区居民作为慈善的参与主体，将慈善行动作为人们共建家园的方式，是在社区这个人们熟悉的环境中开展慈善教育、弘扬慈善文化、践行慈善行动、促进慈善传播的有效方式，也是在陌生人社会中培养人与人之间的互信，培育公共精神和公共道德，促进社区和谐发展，进而促进社会有机团结的路径。

社区作为人们的生活场所，必须能够解决人们的生活问题，为人们提供相应的生活服务。从服务范围来看，社区的服务涵盖：劳动就业、社会保险、社会服务、医疗卫生、计划生育、文体教育、社区安全、法制宣传、法律服务、法律援助、人民调解、邮政服务、科普宣传、流动

---

① 周小毛、何绍辉：《陌生人社会更需要雷锋精神》，载《光明日报》2012年10月2日第4版。
② 〔美〕普特南：《独自打保龄球——美国下降的社会资本》，虞大鹏、赵世涛、栾斌译，载《规划师》2002年第8期。
③ 李宝梁：《我国慈善事业社区化发展探析》，载《学术交流》2007年第3期。

人口服务管理、便民利民服务等。面对人们的多样化服务需求，仅依靠社区居委会、社工是难以实现的，当社区出现服务供给不足时，调动社区力量参与社会服务提供就成为必然的选择。现在一些城市社区出现了由有一技之长的志愿者组成的志愿服务队，这些志愿者发挥自身的特长为居民解决生活中遇到的紧急问题，如家电维修、照顾孤寡老人等，从而让社区居民切实感受到社区的关爱和支持。这种建立在日常生活服务基础上的社区互助，在调动社区居民参与社区公共服务提供、为居民解决生活困难的同时，在社区内部营造了慈善氛围，弘扬了慈善文化，使更多的人从自身出发力所能及地从事慈善，从而建立起居民对社区慈善文化的心理认同，实现社区文化同构，增强居民的社区荣誉感。

社区是社会治理的主体之一，应对风险社会的来临是社区治理的重要内容。作为一种系统地处理现代化自身引致的危险和不安全感的方式，风险已经随着技术能力的增长而变得不可计算[1]，它无处不在甚至难以察觉。而慈善是人们尝试集体解决公共问题的重要途径[2]，在解决人们面临的风险社会危机时，慈善能够通过凝聚社区内成员的力量，增强人们应对风险社会的能力。在社区内部往往聚集了来自各行各业的从业人员，在应对风险方面，不同专业背景的人可以根据自己专长提供不同的应对策略，从而促进风险的化解。

社区慈善是对社区内所有居民的慈善动员和慈善教育，而不是只针对某个群体进行的。与学校慈善相比，它包容的参与主体更为广泛；与家庭慈善相比，它更强调社区成员的互动性，增强社区内部的团结。随着社区慈善组织的发展和活跃，社区将在慈善教育中扮演越来越重要的角色。而社区慈善教育与家庭慈善教育的结合，将能够更为全面地促进对孩子的慈善教育，使大人和孩子共同提升慈善认识、践行慈善行为。

二、社区慈善教育的路径

我国社区建设的历程并不长，社区作为人们的生活中心也是近20年发生的事情。因此，社区经历了从单位社区的蜕变，在社区慈善方面，也开始了艰难的探索过程。从当前社区慈善的开展来看，倡导和组织慈

---

[1] 〔德〕贝克:《风险社会》，何博闻译，译林出版社2004年版，第20页。
[2] 〔美〕佩顿、穆迪:《慈善的意义与使命》，郭烁译，中国劳动社会保障出版社2013年版，第17页。

善活动仍然是主要的形式。在人们的慈善活动参与中，使人们切身地感受到自己的付出给他人带来的快乐，是增进人们慈善认同、巩固慈善行为的重要方式。随着社区慈善的发展，社区慈善也萌生了诸多新的形式，为社区慈善教育提供了新的路径。

居民自发建立的为社区居民提供生活便利的志愿者队伍，通过为社区居民及时有效地解决生活问题，以实际行动向社区居民倡导慈善。索取和回报是对应的，当人们从社区志愿服务队获取了帮助之后，这些帮助积累到一定程度，人们自然会做出一定的行为选择，将社区内的慈善文化传承下去。这种潜移默化的慈善教化方式，能够起到润物细无声的良好效果，往往比急功近利地宣传慈善文化更有效。如万州市高梁镇福安路社区的义务服务队，自2009年成立以来义务为社区清扫卫生，感染和带动了社区居民，服务队从成立之初的几个人，发展到现在的90多个人。被评为"马鞍山好人"的张清泉组织社区内的6名能工巧匠成立"夕阳红服务队"，为社区居民提供生活中最常见、最急需的小家电维修、疏通管道、换修开锁配钥匙、缝补、理发等服务。这些在社区内设立的志愿服务队，通过日常的慈善践行，向人们传递慈善理念，用实际的慈善行动代替空洞的慈善说教，使人们在享受慈善服务的同时，领悟到慈善的真谛。

社区慈善超市是设立在社区范围内以接受社区居民捐赠并将捐赠变现以帮扶社会弱势群体的常设性慈善机构。社区慈善超市在上个世纪的英国等国家得到了大量发展，成为一种有效的慈善捐赠方式。在我国，经民政部的宣传和推广，社区慈善超市得以在全国范围内设立，这为人们在日常生活中进行慈善捐赠提供了便利，是培养人们日常捐赠习惯的重要举措。重庆市的大渡口新工社区，是全国文明社区，从2006年开始社区设立了"爱心超市"，居民可以把闲置的日用品、穿不上的衣物、卖不了的小商品送到爱心超市，有需要的居民从这里免费领取，实现物尽其用。经过几年的发展，社区居民已经形成了将闲置物品放到爱心超市的习惯，没有人觉得大惊小怪，反倒是认为在日常生活中就应该如此。通过一个小小的社区慈善超市，动员人们将闲置物品分享出来，让有需要的人使用，既实现了资源节约，又使人们在日常生活中培养起了慈善观念，还使邻里关系更为和谐，一举多得。

社区慈善组织是居民自愿联合的推动社区发展的重要力量，社区基金会是其中的重要组成部分。与一般的基金会不同，社区基金会是社区居民共同募资创建的，它虽然不具备公募资格，但是可以在社区范围内进行资金募集，因此它服务于一定地域（通常是特定的社区）的人们。[①] 帕特南在研究美国社区时曾经指出，居民自发组建的社区基金会的发展对促进现代慈善转型起到了重要作用，从 1920 年到 1950 年，美国的社区基金会由 39 个增加到 1318 个，覆盖了美国人口的 57%。[②] 社区慈善的发展直接推动了美国慈善的繁荣。深圳市第一家社区基金会——圆梦南坑社区基金会成立之初由社区内的爱心企业捐款筹得原始基金，基金会关注扶贫救弱，资助改善社区内的服务设施及社区教育、卫生、环保事业等领域，在成立不到半年的时间内，基金会基本掌握了 355 名 50 周岁以上长者、17 名残障人士及 16 户困难家庭的情况，帮扶 5 人，促成 2 户家庭再就业。基金会还出资举办深圳建设者子女"小候鸟"夏令营活动，开设团队协作、开班礼仪、手工制作、军训体验、朗文英语、博物馆学堂等多项精彩课程。[③] 社区基金会围绕社区居民的生活开展相应的救助、提供帮扶、促进社区发展，通过在社区开展实实在在的慈善行动，能够很好地向人们传达慈善的理念，促进人们关心慈善、关心社区发展，为社区基金会发展贡献自己的力量。

除了上述社区慈善途径外，社区开展的慈善活动、社区的其他慈善组织（包括社区草根慈善组织）、爱心企业进社区开展扶贫、公益创投等形式都是开展社区慈善教育的有效载体。随着网络的普及和移动互联网的发展，网络慈善也成为社区慈善的有效组织形式。

三、社区慈善教育的优化

社区作为慈善教育的重要载体，通过多元化的慈善形式促进了慈善教育在社区的开展，促进了人们慈善意识的提高和慈善参与，也增进了社区福利，推动了社区和谐发展。然而，不容忽视的是，我国社区还带有一定的行政色彩，居民委员会在一定程度上成为街道办事处的执行单

[①] Carman, Joanne G. Community Foundations: A Growing Resource for Community Development. *Nonprofit Management and Leadership*, 2001, 12 (1): 7-24.

[②] 〔美〕帕特南:《独自打保龄——美国社区的衰落与复兴》，刘波等译，北京大学出版社 2011 年版，第 127 页。

[③] 陶清清:《南坑社区基金会——开启社会管理新路径》，载《南方日报》2014 年 8 月 15 日第 A07 版。

位,社区并没有真正成为自治主体,社区在慈善教育中发挥的作用与它应该承担的职责还不相匹配。2015年6月19日,习近平总书记在贵州考察时针对扶贫开发工作的开展,提出了四点要求,其中明确指出要"切实加强基层组织","要把扶贫开发同基层组织建设有机结合起来"①。这为社区及社区内的决策组织更好地参与社会事务创造了契机,社区应该抓住这一契机,更为积极地参与慈善,优化社区慈善教育。要实现这一目的,使社区能够真正成为对人们进行慈善教育的场所,必须从国家层面重视社区自治、鼓励社区社会组织的发展、完善社区慈善的管理机制。

制定社区慈善实施方案,推动社区慈善的顶层设计。2014年12月国务院下发了《关于促进慈善事业健康发展的指导意见》,其中明确指出要推动慈善文化进社区,这充分显示了国家对社区慈善的重视。《慈善法》中也认可社区慈善的社会地位——"城乡社区组织、单位可以在本社区、单位内部开展群众性互助互济活动。"但是,目前国家层面尚未出台具体的实施方案和实施细则规范社区慈善的开展。社区慈善可以由社区自觉地承担,如果能够有政策设计、财政支持,再加上社区的积极性、主动性和创造性,将产生截然不同的效果。因此,推动社区慈善教育的开展,政府必须要有所引导和扶持。首先,要出台全国性的社区慈善实施意见,使地方在操作过程中有指导性的、原则性的参考文件。其次,要将慈善文化建设纳入社区建设的总体之中,社区建设囊括社区组织、社区服务、社区卫生、社区治安、社区文化、社区环境等若干方面,慈善文化是社区文化的重要组成部分,因此要将慈善文化建设嵌入社区文化建设中,使慈善文化真正融入社区之中。社区慈善文化建设要充分利用社区现有的资源和条件,利用好文明社区建设、幸福社区建设、和谐社区建设等社区建设项目的契机,将慈善文化融入其中。

社区建设中的"三社联动"为社区慈善的开展提供了契机,以社区服务为主要内容,通过包括慈善组织在内的社会组织这一组织载体和专业的社工人才,可以实现社区服务有经费、有组织、有专业策划,从而推进社区慈善更为专业化地传播。慈善组织是社区自治的主体之一,慈善组织广泛参与社区实践,能够促进社区治理能力的现代化。应该积极引导慈善组织参与到"三社联动"中来,并努力为其解决资金、人才等

---

① 《谋划好"十三五"时期扶贫开发工作 确保农村贫困人口到2020年如期脱贫》,载《人民日报》2015年6月20日第1版。

问题。

修改《基金会管理条例》，促进社区基金会的发展。我国现行的《基金会管理条例》中规定国务院民政部门和省、自治区、直辖市人民政府民政部门是基金会的登记管理机关，地市级和县级不具备登记管理基金会的权力，这制约了社区基金会的发展。作为改革开放的排头兵、计划单列市的深圳在全国范围内率先进行了探索，摸索出了一定的经验。2014年出台的《深圳市民政局社区基金会培育发展工作暂行办法》，将社区基金会的登记管理规定为"市级登记+区级管理"，并且将非公募基金会的原始资金从不低于200万降低到不少于100万。这一政策的出台引发了深圳市成立社区基金会的热潮，对促进社区慈善的发展助益良多。应该根据《慈善法》的精神，总结各地基金会改革的经验，通过简化登记流程、分类管理、加强信息公开与监管等促进基金会发展。

建立和完善志愿储蓄银行制度，回馈志愿服务。志愿储蓄银行制度是鼓励人们进行社区慈善的一种制度，人们进行的志愿服务时间可以在志愿储蓄银行中储存起来，当有需要时可以在自己积累的志愿服务时数内得到他人的无偿服务。民政部于2012年印发了《志愿服务记录办法》，对志愿储蓄银行做了明确规定；共青团也启动了青年志愿者服务记录。要进一步落实这些管理规定，通过广泛征求社区居民的意见制定统一规范的、人们广泛认可的志愿储蓄银行制度，在社区层面建立统一的记录，并且建立回馈机制。

鼓励和发展公益创投，助力社区社会企业的发展。公益创投是近年来在国内外新兴的慈善形式，它将资本运作的理念带入公益慈善领域，通过为创立初期的公益组织提供种子基金促进其发展壮大。2014年10月29日李克强总理主持召开国务院常务会议确定发展慈善事业的举措，会议指出："地方政府和社会力量可通过公益创投等方式，为初创期慈善组织提供支持"[1]，公益创投的理念从国家层面进入公众视野。从公益创投在国外的发展情况来看，社区公益创投日渐成为趋势。社区公益创投鼓励社区内社会企业的发展，不仅能够带来经济利益，还能够通过满足当地居民的需求、发展社区自治的能力实现社区的复兴。[2]

---

[1] 《李克强主持召开国务院常务会议》，载《人民日报》2014年10月30日第2版。

[2] Haugh, Helen. Community-Led Social Venture Creation. *Entrepreneurship Theory and Practice*, 2007, 31 (2): 161–182.

成立和发展社区学院,加强慈善课堂教学。尽管社区慈善教育更多的是依靠非正式教学的方式开展,但是适当的课堂教学有助于人们更好地理解慈善文化,把握慈善的本质。社区学院能够满足社区慈善正式教学的需求,为社区的发展进行教育培训、培育和输送人才、促进学习型社区的建设。在社区学院的课程体系中嵌入慈善文化、慈善知识,不仅有助于学员更好地理解和把握慈善,而且通过社区学院的专业化技能培训,能够提升学员策划和执行慈善的技术和水平。美国的社区学院发展完善,而且形成了为社区服务的传统,早在1947年杜鲁门总统高等教育委员会就指出:"不管社区学院采取什么形式,其目的应该是为整个社区提供教育服务……此外,社区学院还要成为活跃的成人教育中心,努力满足整个社区对中学后教育的需要。"[①] 社区作为社区学院办学资金的主要来源,从社区学院的发展中获益良多。要使社区学院在慈善文化进社区中发挥应有的作用,需要解决社区学院的建制问题,要通过合理利用社区现有的资源发展社区学院,使社区学院成为真正服务于社区居民的学习场所。

---

① 王英杰:《美国高等教育的发展与改革》,人民教育出版社1993年版,第221页。

第八章　慈善教育中的典型示范

> 榜样的力量是无穷的。善于抓典型，让典型引路和发挥示范作用，历来是我们党重要的工作方法。实践证明，抓什么样的典型，就能体现什么样的导向，就会收到什么样的效果。
>
> ——习近平

典型示范作为一种有效的教育方法已经在教育领域得到了广泛的应用①，并且也不断在社会领域发挥着作用。从历史的角度看，我们党历来重视对先进典型的宣传和推广。在不同的历史时期涌现出的不同先进典型，对改变人们的认知、为人们树立效仿的榜样、推动人们的行为改善起到了重要的作用。1939 年，毛泽东专门写过文章《纪念白求恩》，向人们宣传白求恩的事迹，号召党员和群众学习白求恩毫不利己专门利人的精神。1944 年，毛泽东专门发表了演讲《为人民服务》，号召人们学习张思德不怕牺牲为人民服务的精神。1963 年，毛泽东亲自题词"向雷锋同志学习"。在改革开放和社会主义现代化建设的新时期，党和国家领导人高度重视先进典型对人们的示范作用。作为一种通过具有代表性的人或事进行示范，引导人们学习对照和效仿，提高人们思想认识的教育方法，典型示范被广泛应用到思想政治教育之中②，发挥了激励和鞭策作用，对熏陶人们的道德情感、提高人们的道德意识、促进人们的道德行为发挥了重要作用。从本质上讲，慈善是一种道德活动③，要推进

---

① Frea, William D., Cynthia L. Arnold, and Glenda L. Vittimberga. A Demonstration of the Effects of Augmentative Communication on the Extreme Aggressive Behavior of a Child with Autism within an Integrated Preschool Setting. *Journal of Positive Behavior Interventions*, 2001, 3 (4): 194–198.

② 祖嘉合:《思想政治教育方法教程》，北京大学出版社 2004 年版，第 249 页。

③ 任建东:《作为道德范畴的慈善与慈善事业》，载《广西民族大学学报（哲学社会科学版）》2008 年第 4 期。

作为道德范畴的慈善教育，应该借鉴教育特别是道德教育的有效方法。从国外慈善教育的实践来看，典型示范在慈善教育中的确发挥着重要作用，是推动人们更好地思考慈善、效仿慈善行为的有效方式。[①] 慈善教育强调人们将慈善观念转化为慈善行为，先进典型的示范作用有助于慈善行为的养成。本章重点探讨典型示范在慈善教育中的应用。

第一节　示范效应及其在慈善教育中的影响

人的成长过程也是不断接受社会规范、实现社会化的过程，在这个过程中，随着认知水平的提升，人们会经历模仿学习、观察学习、反思性学习等学习阶段。无论处于哪一个学习阶段，典型都会对人的学习产生影响。慈善教育作为贯穿人的一生的教育，应该根据人们的不同年龄阶段的学习特点，合理使用典型示范，促进人们的慈善观念养成和慈善习惯培育。

一、示范效应及其理论基础

示范效应（demonstration effect）是社会心理学研究发现的一个重要概念，它指的是一种示范行为引起人们的普遍效仿，从而形成一定的社会风潮的现象。示范效应被广泛应用于解释人们的学习行为，如上层阶级的炫耀性消费能够引起其他社会阶层的普遍效仿[②]、旅游者的行为能够带来当地居民的模仿[③]、父母对长辈的态度影响孩子对父母的态度[④]等等。示范效应所起到的作用引起了教育学家的普遍关注，并且被视为是可行的教育方法而在道德教育、艺术教育、行为教育等方面发挥着重要的作用。

示范效应首要的理论支撑是社会模仿理论。该理论认为，人有模仿的天性，婴儿期即存在简单的模仿，如婴儿能够模仿大人吐舌头。模仿

---

① Anheier, Helmut K., and Diana Leat. *Creative Philanthropy*: *Toward a New Philanthropy for the Twenty-First Century*. Routledge, 2006.
② 〔美〕凡勃伦：《有闲阶级论》，蔡受百译，商务印书馆1964年版。
③ Fisher, David. The Demonstration Effect Revisited. *Annals of Tourism Research*, 2004, 31, (2): 428–446.
④ Wolff, François-Charles. Private Intergenerational Contact in France and the Demonstration Effect. *Applied Economics*, 2001, 33 (2): 143–153.

可以被界定为是观察者对示范者身体运动特征的复制①，模仿的规律是一种普遍的社会事实②。根据模仿者是否有意识地进行模仿，可以将模仿分为自动模仿和选择性模仿。自动模仿是模仿者在看到示范者的某个动作后无意识地、情不自禁地做出的模仿行为，选择性模仿则是模仿者在看到示范者的动作后根据自己的主观判断做出是否进行模仿的决定。在选择性模仿中，存在过度模仿，即模仿者效仿了示范者的无效行为，这与模仿者对示范者的行为意义的理解有关。③ 社会心理学普遍认为模仿是一种有效的学习方式，借助模仿人们能够建构对社会现实的认知。④ 法国著名的心理学家塔尔德（Gabriel Tarde）曾经指出下层阶级对上层阶级的模仿更为常见和容易，因为下层阶级总是感觉到上层阶级的威望。⑤

示范效应的第二个理论基础是社会学习理论。班杜拉（Albert Bandura）认为人的学习是在一定的社会环境中产生的与环境交互作用的结果，人们通过观察学习和模仿可以获得新的知识、技能和行为习惯。⑥ 当人们接触一种新的知识或者是技能时，这些新内容首先会引起人们的高度关注，由关注而产生持续的观察，在观察的过程中，学习者会逐渐将呈现者的行动牢记于心，并且在适当的时候予以再现。班杜拉认为社会新知识的传播分为两个过程：习得与采纳，而习得主要通过示范实现。⑦ 他特别强调榜样对人们学习的重要性，认为父母、教师、同伴、英雄人物等都可以成为榜样而被人们效仿。

示范效应的第三个理论基础是需求层次理论和社会认同理论。根据马斯洛的需求层次理论，人有归属和爱的需要⑧，模仿能够使人产生归属感，即建立对示范者的认同和归属，从而满足归属和爱的需要。人的归属的需要也影响着人的模仿，因此人们在不同的社会情境下会产生不

---

① Heyes, Cecilia. Causes and Consequences of Imitation. *Trends in Cognitive Sciences*, 2001, 5 (6): 253 – 261.
② 〔法〕塔尔德：《模仿律》，何道宽译，中国人民大学出版社2008年版，第9页。
③ 陈武英、刘连启：《模仿：心理学的研究述评》，载《心理科学进展》2013年第10期。
④ Gebauer, Gunter, and Christoph Wulf. *Mimesis: Culture, Art, Society.* University of California Press, 1995, p. 22.
⑤ 〔法〕塔尔德：《模仿律》，何道宽译，中国人民大学出版社2008年版，第262页。
⑥ 刘长清：《社会学习理论的道德教育观评析》，载《齐鲁学刊》2000年第2期。
⑦ 〔美〕班杜拉：《思想和行动的社会基础——社会认知伦》，林颖等译，华东师范大学出版社2001年版，第197页。
⑧ 〔美〕马斯洛：《动机与人格》，许金声、程朝翔译，华夏出版社1987年版，第49页。

同的模仿行为。尤其是当个体在一定的社会情境中被排斥时,他更有可能采取模仿的策略来建立对群体的归属。事实上,人们在日常生活中的模仿总是对期待建立归属的目标群体的模仿,所以,下层社会的人更容易模仿中产阶级,中产阶级更倾向于模仿上层社会。

20世纪70年代以来,社会认同理论在社会心理学中得到很大发展,并且产生了深刻影响。泰弗尔(Henri Tajfel)通过区分内群体和外群体,发现人们会通过与外群体的社会比较、进行社会类型的划分来建构社会认同①。社会认同理论将认同区分为个体认同(self-identity)和社会认同(social-identity),个体认同是个体认为自己属于特定的群体,并且认同群体成员给自己带来的情感和价值意义,个体总是处于不断寻求积极的社会认同的过程中,当一种社会认同不能满足个体的需要时,个体会寻求更为积极的社会认同②,这在哲学家看来实乃是"为承认而斗争的过程"③,每个个体都为了实现自己的社会认同而不断斗争。模仿目标群体的社会行为是建立社会认同的重要方式,目标群体的社会行为更能够对人们产生示范效应。

二、示范效应在我国的应用

典型或榜样所起到的示范作用不但引起了学界的普遍关注和研究,其研究成果也不断被应用到社会现实中——不仅在我国社会中如此,在国外亦然。早在列宁组织和领导俄国革命时,他就充分认识到示范效应,并通过树立典型、宣传典型的方式向人们进行宣传教育。在十月革命胜利后,列宁旗帜鲜明地指出:"让那些向全体居民介绍我国少数先进的劳动公社的模范事迹的报刊广泛销行几十万几百万份吧!……这样我们就能够而且一定会使榜样的力量在新的苏维埃俄国成为首先是道义上的、其次是强制推行的劳动组织的范例。"④他认为在劳动公社的榜样作用比任何其他的办法都能更好地解决组织任务。用先进人物的先进思想和先进经验去武装所有的人,能够达到以先进促后进从而实现共同提高的目

---

① Tajfel, Henri. Social Identity and Intergroup Behaviour. *Social Science Information*, 1974, 13(2): 65-93.
② 张莹瑞、佐斌:《社会认同理论及其发展》,载《心理科学进展》2006年第3期。
③ 〔德〕霍耐特:《为承认而斗争》,胡继华译,上海人民出版社2005年版。
④ 《列宁全集》第34卷,人民出版社1990年版,第136—137页。

的，真正做到经济宣传和政治思想教育的结合。① 根据列宁的思想，苏联塑造了若干先进典型，如少年英雄帕夫利克、劳动英雄斯达汉诺夫、女英雄卓娅等。

毛泽东十分注重榜样的示范作用。他在《长冈乡调查》中指出："反对官僚主义的最有效方法，就是拿活的榜样给他们看。"② 在抗日战争期间，毛泽东指出，"在长期战争和艰难环境中，只有共产党员协同友党友军和人民大众中的一切先进分子，高度地发挥其先锋的模范的作用，才能动员全民族一切生动力量，为克服困难、战胜敌人、建设新中国而奋斗。"③ 抗战时期，在陕甘宁边区，共产党成功地塑造了一批典型，如农民典型吴满有、工人典型赵占魁。解放战争取得胜利后，在建设新中国的过程中，先进典型的示范效应一再被使用，在各条战线上涌现出了众多先进典型，如邱少云、黄继光等战士典型，王进喜、耿长锁等从事生产的典型，雷锋、向秀丽等道德模范典型。

改革开放以来，先进典型仍然是引领时代潮流、进行思想宣传的重要方式。邓小平明确要求宣传工作要注重宣传好的典型，"一定要讲清楚他们是在什么条件下，怎样根据自己的情况搞起来的，不能把他们说得什么都好，什么问题都解决了，更不能要求别的地方不顾自己的条件生搬硬套"④。改革开放以来的典型宣传开始多样化，领导人们进行改革、推动企业发展、促进农村繁荣的实干家成为榜样。这一时期的典型宣传开始摆脱"造神"的逻辑，典型不再是"高大全"的形象，开始出现真实个性的回归。

进入 21 世纪以来，面对复杂的国际形势和人民需求的日益多元化，对人们思想进行正确的舆论引导成为重要的任务。新闻媒体是营造舆论氛围、引导价值观的重要力量，典型报道作为时代的号角发挥着重要作用⑤。江泽民曾指出，"新闻媒体是党和人民的喉舌，应准确、鲜明、生动地宣传中央的精神，应及时、如实、充分地反映人民群众的意愿。要继续坚持团结稳定鼓劲、正面宣传为主的方针，深入宣传爱国主义、集

---

① 张威：《典型报道——渊源与命运》，载《新闻与传播研究》2002 年第 2 期。
② 《毛泽东文集》第 1 卷，人民出版社 1993 年版，第 277 页。
③ 《毛泽东选集》第 2 卷，人民出版社 1991 年版，第 523 页。
④ 《邓小平文选》第 2 卷，人民出版社 1994 年版，第 317 页。
⑤ 刘建明：《现代新闻理论》，民族出版社 1991 年版，第 147 页。

体主义、社会主义思想,进一步做好典型宣传、热点引导、舆论监督工作,扶正祛邪,振奋精神,鼓舞人们奋发向上。"① 胡锦涛要求媒体"深入宣传党的基本理论、基本路线、基本纲领,宣传爱国主义、集体主义、社会主义和艰苦创业精神,宣传改革开放和现代化建设的巨大成就,宣传各条战线的先进典型和先进经验,宣传和弘扬一切有利于国家统一、民族团结、经济发展、社会进步的思想和精神"②。习近平在全国宣传思想工作会议上明确提出,"多宣传报道人民群众的伟大奋斗和火热生活,多宣传报道人民群众中涌现出来的先进典型和感人事迹,丰富人民精神世界,增强人民精神力量,满足人民精神需求"③。

　　近年来,媒体树立典型的方式不断创新,树立的典型也更为贴近人们的生活。比如,从 2003 年开始,中央电视台推出《感动中国》节目,每年在全国评选一次震撼人心、令人感动的人物或团队。十多年来,《感动中国》挖掘出了各行各业带给人们感动的人,他们中有知名人士,如巴金、季羡林、钱学森、钱伟长、杨利伟等,但更多的是工作在不同岗位上的普通人,如徐本禹、魏青刚、李春燕、王顺友、谢延信、韩惠民、刘丽等。如果说知名人士的故事更多的是给人们提供一种精神的引导和奋斗的方向,那么普通人的故事则能够鼓励人们付诸实践、将精神转换为行动。因为普通人的兢兢业业、勤勤恳恳、乐于奉献更能让人感觉到自己也能够在普通的岗位上实现自我提升。

　　不同时期的典型人物及其事迹通过新闻媒体的宣传和报道,成为人们效仿的榜样。先进人物的典型事迹通过感染人们的心灵、激励人们的行为,引导人们树立正确的价值观、人生观和世界观,起到了思想政治教育的作用,同时也凝聚了社会力量,共同促进了社会的发展和进步。

三、示范效应理应在慈善教育中发挥作用

　　从国内外慈善的推广来看,典型示范是推动慈善教育、促进慈善行为的有效方法。美国著名的石油大亨洛克菲勒将后半生的精力用于发展

---

① 秦杰、刘振英、武卫政:《全国宣传部长会议在京召开 江泽民与出席会议同志座谈并作重要讲话》,载《人民日报》2001 年 1 月 11 日第 1 版。
② 《胡锦涛在全国宣传思想工作会议上发表重要讲话强调 坚持用"三个代表"重要思想统领宣传思想工作 为全面建设小康社会提供科学理论指导和强大舆论力量 》,载《人民日报》2003 年 12 月 8 日第 1 版。
③ 习近平:《习近平谈治国理政》,外文出版社 2014 年版,第 154 页。

慈善事业，通过洛克菲勒基金会向社会捐献出 5.4 亿美元的资产①，对促进美国社会中富人参与慈善起到了重要作用。比尔·盖茨、巴菲特等人的慈善捐赠更是在全世界产生了积极的影响。香港实业家邵逸夫、霍英东、李嘉诚、李兆基、田家炳等人对慈善的投入，不但对香港社会产生了良好的示范效果，也通过对大陆的慈善捐赠，影响了大陆企业家、党政机关领导干部和普通百姓。近年来，随着企业社会责任感的增强，主动参与慈善事业、建立长远慈善规划的企业和企业家越来越多，给社会带来了新气象。如福建福耀玻璃创始人曹德旺成立河仁基金会，通过股权捐赠等形式参与慈善，不但实现专业化的慈善运作，还促进了慈善捐赠在我国的创新。不仅企业家积极参与慈善，领导干部、明星、普通民众都在共同努力促进我国慈善的发展，为社会树立典范。如朱镕基退休后将版税捐赠给慈善事业、李连杰成立的深圳壹基金公益基金会、腾讯公益发起"99 公益日"等，都在我国社会推动了慈善观念的传播和慈善行为的实践，起到了慈善教育的效果。综合来看，典型示范在慈善教育中可以发挥的作用包括：

第一，慈善的典型示范能够转变人们的慈善观念，起到引导社会风气的作用。慈善与道德有着密切的关系，人们的慈善行为对于扭转道德颓势，重塑良好的社会风气具有重要作用。尽管富商巨贾的慈善捐赠能够起到很好的道德教育作用，但慈善不只是巨额捐赠，它更是一种量力而行的关爱。这种量力而行的关爱既包括公众人物对社会弱势群体的关心和帮扶，如明星对艾滋病患者的关心和帮扶；也包括普通人对他人的帮助和支持，如全国道德模范阿里木，以卖烤羊肉串为生，但仍然坚持资助贫困学生数百名。一位经济上并不富裕的青年人，以其实际行动向人们展示了，不是只有富人才能够参与慈善，平凡的人仍然能够为社会尽自己的绵薄之力，给他人带来温暖。对像阿里木这样以自己的微薄之力身体力行地去做慈善的人的宣传，能够感染更多的人转变慈善的观念，认识到慈善是人人可为的事业，从而从身边做起去践行慈善。

第二，慈善的典型示范能够促进慈善文化的传承，弘扬和发展慈善文化。我国有着悠久的慈善文化，崇德向善、乐善好施、积善成德都是中华文化中提倡的观念。慈善典型人物以自身的实践将乐善好施、乐于

---

① 肖国飞、任春晓：《论慈善文化的道德意蕴》，载《中州学刊》2007 年第 1 期。

奉献的传统慈善文化活生生地呈现出来，是对慈善文化最好的传承方式。而且，他们的慈善创举还不断丰富着我国的慈善文化。比如，河北的普通农民高淑珍，14年间收教近百名残疾孩子，她不但照顾孩子们的生活起居，还给孩子们传授知识，以一个农民的毅力和执着为残疾孩子撑起一片天空、满足他们对知识的渴求。高淑珍在"炕头课堂"开始的善举，既是对慈善文化的弘扬，也进一步丰富了慈善文化。

第三，慈善典型人物的事迹能够感染、带动和激励人们广泛参与慈善。那些富甲一方、掌握话语权的人参与慈善能够带动更多的人参与慈善，比如比尔·盖茨和巴菲特对慈善的参与，影响了一批美国和其他国家的富豪们纷纷参与；比如姚明的前队友穆托姆博对自己祖国刚果的慈善捐赠，丰富了姚明的慈善知识，也促使姚明后来成立姚基金。那些并不富裕的、不掌握话语权的人参与慈善，更能感动普通人，从而促进人们普遍的慈善参与。比如，出身贫寒的刘丽用打工挣来的钱资助几十个学生实现读书梦，她的事迹感染了数百名热心人士，带动他们参与到助学的队伍中来。在大家的共同努力下，刘丽发起成立了厦门市丽行公益慈善会，慈善会以组织的形式推动慈善的持续发展，也吸引和感召着更多的人关注慈善、参与慈善。

第二节　公众人物慈善的示范效应与行胜于言的应然要求

公众人物因其本身的公众性决定了他们的一言一行有可能成为公众关注的话题，甚至成为社会焦点，这也导致他们的慈善行为更容易曝光在聚光灯下。无论党政领导干部，还是娱乐明星、体育明星，抑或是先富阶层，他们的慈善行为更容易通过媒体传递给社会。媒体对这些公众人物慈善行为的报道，不仅能够体现他们的慈善观念、责任意识，而且能够在全社会营造慈善氛围，带动更多的人从事慈善。从慈善教育的角度来看，行动比语言更响亮，那些直接参与慈善、给人们做出慈善示范的公众人物以其实际行动对人们进行着广泛的慈善教育，是推动全社会慈善认知提升的重要方式。本节主要围绕党政领导干部、明星和富人的慈善及其产生的示范效应展开，详细讨论这三类公众人物参与慈善对慈善教育和整个社会产生的影响。

一、领导干部在慈善教育中的带头示范

党员干部是群众中的先进分子,他们不仅没有任何特权,而且要比普通群众肩负更多的责任。尤其是党政领导干部,他们在社会中拥有较高的政治地位,往往拥有话语权。他们的言行举止在很大程度上代表着组织的形象,对广大人民群众具有示范引领作用。领导干部积极参与慈善,在一定程度上代表了组织对慈善的态度,有助于引导和带动更多的人关心慈善、支持慈善、参与慈善。我国当前有数百万机关干部,如果连同退休干部计算在内,他们就形成了一个对社会公众具有相当影响力的群体,他们的慈善行为能够影响到几千万党员,形成强大的善行的力量,这恰如莫言所说:"千百万人的善念会形成一种巨大的道德力量。这种道德力量会使很多丑恶现象得到限制,使很多不正确的东西得到校正。"[①] 党员的慈善行为又能够影响到一批群众,最终在全社会形成慈善的氛围。因此,作为公众人物的领导干部,他们的慈善实践能够将慈善观念传播给社会公众,形成一股巨大的社会道德力量,促进更多善行的发生。

党政领导干部参与慈善能够促进有利于慈善事业发展的政策出台和实施,随着慈善的科学化、专业化和项目化运作,慈善越来越成为一项具备"技术门槛"的事业。即使是负责慈善组织管理的民政部门,也只是比其他部门相对更为熟悉慈善事业,而只有领导干部参与慈善事业,才能真正了解慈善是怎样运作的,并且在慈善的参与中了解慈善的发展、更新慈善观念,从而在制定和出台与慈善有关的政策、法规时,提出更为适合慈善事业发展现状、符合现代慈善观念、适应慈善发展趋势的意见和建议,也才能更好地对慈善组织的运作进行监督和管理。这恰如龙永图指出的:"政府官员当中应当有一批懂慈善的人,否则无法对基金会和慈善活动进行监管。"[②] 领导干部参与慈善,给群众树立了慈善的榜样,而且使群众真切地感受到领导干部不但在制定推动慈善发展的政策,也在身体力行促进慈善的发展,领导干部以身作则、率先垂范能够使人

---

① 景延安、韩亚栋、李放:《著名作家莫言:中国现在反腐力度超出我的想象》,见 http://www.ccdi.gov.cn/yw/201501/t20150101_49558.html。
② 桂杰:《龙永图:政府官员应当懂慈善》,载《中国青年报》2012 年 12 月 30 日第 3 版。

们建立对慈善可持续发展的信心，从而以领导干部为榜样，更为积极地投入慈善中。

领导干部参与慈善既是践行社会主义核心价值观、走群众路线的途径，也是转变社会"仇官"心态、促进社会和谐的举措。群众路线是我党的法宝，领导干部参与慈善，接触社会弱势群体、了解他们的疾苦、帮助他们解决困难，是践行群众路线的应有之义。由于一些领导干部脱离群众、不关心群众疾苦、贪污腐败等问题，当前社会中存在着"仇官"心态。领导干部参与慈善，站在人民中间与人民一道扶危济困，不仅有助于扭转当前社会中公众对领导干部形象的负面认知，而且能够带动人们更好地关爱他人，以实际行动培育和践行社会主义核心价值观。

由于我国各机关单位普遍存在着行政指令的慈善，慈善作为机关单位的一项政治任务被执行，有时候甚至明确规定什么级别的领导干部要捐赠多少善款，在这种指令性慈善募捐的要求下，领导干部捐赠成为一种"被动选择"，而领导干部参与慈善活动也往往是作为工作内容放入工作日程中，而不是个人主动的慈善选择。即使到现在，仍然有一些政府部门通过红头文件的形式要求机关干部进行"一日捐"。这种被动的慈善捐赠和慈善参与，不能激发领导干部发自内心的慈善动机，也不利于制定和出台与现代慈善观念相吻合的慈善政策。

与在任领导干部的被动慈善相比，退休领导干部主动参与慈善的比例更高，但是退休领导干部任职慈善组织、发挥余热的同时，也往往将慈善组织转变为"二政府"，出现退休领导干部"以权募捐"，将政府指令性募捐的方式带入慈善组织，影响慈善组织的健康发展。针对退休领导干部在社会团体任职的现象及其造成的影响，2014年中组部专门下发文件，对退休领导干部在社会团体任职做了明确的规定，要求退休领导干部只能兼任1个社会团体的职务，年龄界限为70岁且必须进行审批或备案，同时还对退休领导干部兼职社会团体期间的工作做出了较为详细的要求，如不得利用个人影响要求党政机关、企事业单位提供办公用房、车辆、资金等。随着对退休领导干部兼职社会组织的规范性文件的出台和实施，未来退休领导干部参与慈善组织将更为规范、有序，更能促进慈善组织的健康发展。

与领导干部被动慈善、兼职慈善组织相区别的是，近年来有不少领导干部主动从事慈善，这给社会带来了新气象。领导干部主动慈善的主要方式包括：成立基金会、进行慈善捐赠、参与慈善活动等。目前由退休领导干部成立的基金会数量并不多，但是产生的影响很大，如全国政协前主席李瑞环从 1996 年开始拿出个人稿费所得和奖金等收入资助大学生，他在 2004 年筹资成立天津宝坻桑梓助学基金会，将自己珍藏的吴冠中的《北国风光》画作捐给基金会；国务院前总理朱镕基将自己的版税全部用于慈善事业，成立实事助学基金会，用于改善贫困地区少年儿童的学习和生活条件，他的慈善捐赠接近 4000 万，也因此连续两年荣登中国捐赠百杰榜[①]；国务院前副总理李岚清将自己稿费捐赠给复旦大学并成立复旦管理学奖励基金会；全国人大常委会前副委员长成思危成立中华思源工程扶贫基金会。在慈善捐赠方面，领导干部也是不遗余力，如国务院前副总理钱其琛将其《外交十记》的版税捐给外交学院设立奖学金；湛江市政协前主席陈光保退休后回到雷州承包荒山经营果园，收入全部用于助学，他还承诺裸捐，并影响和带动了子女参与慈善。

除了进行慈善捐赠外，参与慈善活动也是领导干部慈善的重要形式，领导干部参与慈善活动使受助者直接受益，并将慈善的理念广泛传播开来。如海南省前副省长陈苏厚退休后回家乡当农民，带领农户成立合作社、聘请专家教授农业技术、经营反季节蔬菜种植、兴建农贸市场，实现了农民的发家致富[②]；2010 年 "健康快车音乐送光明" 慈善演唱会在国家大剧院举行，数位在任或退休部长（包括黄洁夫、项怀诚、田期玉、殷大奎等）献唱，为 "健康快车" 筹款；浙江省前省长吕祖善退休后到博物馆当志愿者[③]。领导干部直接参与慈善活动，使人们看到领导干部作为普通公民所尽到的社会责任，具有很强的感召力。以吕祖善的慈善参与为例，"中国文明网" 在新浪微博上转发了《光明日报》对吕祖善退休后当博物馆讲解员的报道后，被转发 2000 多次，评论 100 多次；"央视新闻" 在新浪微博上发布的吕祖善做志愿者的信息被转发 500 多次，评论 300 多次。在微博上，网民纷纷对吕祖善的行为点赞，认为他传播了正能量、为社会树立了榜样、真正做到了全心全意为人民服务、

---

① 陈荞：《朱镕基再登捐赠百杰榜 两年总计捐赠约 4000 万元》，载《京华时报》2015 年 2 月 10 日第 3 版。
② 周正平、赵叶苹：《陈苏厚：副省长退休当农民》，载《人民日报海外版》2006 年 1 月 7 日第 4 版。
③ 严红枫：《省长卸任后乐当讲解员》，载《光明日报》2013 年 10 月 24 日第 1 版。

为领导干部退休后发挥余热提供了典范。

也有一些领导干部十分低调地从事慈善,不愿意被宣传。比如邓小平曾经两次以"一个老共产党员"的名义向希望工程捐款,李瑞环也曾以相同的方式资助贫困学生并一再要求不要外传,他第一次与受助学生见面时甚至指出,助学的事情公开了是件"坏事",因为不能匿名了。当这些不追求名誉的领导干部的慈善事迹进入人们的视野时,更能激发人们对领导干部慈善的认同,从而催生更多公民以他们为榜样,更为默默无闻地奉献自己的力量。

从国际经验来看,领导干部尤其是退休领导干部从事慈善是十分普遍的事。例如,克林顿卸任美国总统后成立克林顿基金会,基金会围绕健康安全、经济权力、领导能力发展和公民服务、种族、民族和宗教的和解等在全球开展慈善工作;澳大利亚原总理陆克文与众多企业家一起露宿广场的水泥地上,以此为无家可归者募款;英国前首相卡梅伦三次参加冰河慈善越野赛,为当地公益事业筹集资金。不仅这些位高权重的国家领导人积极参与慈善,普通的公务员参与慈善也非常普遍①。由于慈善在我国的复兴时间并不长,我国尚未形成领导干部参与慈善的有效机制。随着领导干部慈善在社会中产生的积极效应的凸显、领导干部慈善观念的转变和慈善事业的发展,将会有更多的领导干部参与慈善,推动慈善的发展。

在我国当前慈善现代转型的背景下,除了出台规范退休领导干部兼职社会组织的规定外,还应该从以下方面入手,加强领导干部参与慈善的制度建设,以更好地发挥领导干部参与慈善对社会公众的带头示范作用:

第一,从顶层设计层面建立和完善领导干部参与慈善的规范和机制,畅通促进领导干部参与慈善的渠道。中组部对退休领导干部兼职社会组织的规定是一种尝试,但是在规范的同时也不能忽视建设性的政策的出台,要建立合理的领导干部参与慈善的机制,使领导干部参与慈善的热情能够发挥出来,也能够更好地带动全社会的慈善。

第二,在党员干部培训中加强慈善文化教育。认知影响着人们的行

---

① Houston, David J. "Walking the Walk" of Public Service Motivation: Public Employees and Charitable Gifts of Time, Blood, and Money. *Journal of Public Administration Research and Theory*, 2006, 16 (1): 67-86.

为，要提升领导干部的慈善参与行为，就必须加强对领导干部的慈善教育。因此，应该在党组织的集中学习、干部培训等过程中增加慈善文化教育，将现代慈善理念、现代慈善运作方式、现代慈善的经典案例、现代慈善的追求目标等内容，融入党员教育和干部培训内容中，使党员、干部对现代慈善有充分的认知和了解。同时，可邀请从事慈善问题研究的专家学者、有慈善实务经验的慈善组织负责人、熟悉慈善事务的政府官员等对党员干部进行慈善知识讲解、慈善经验传授和慈善问题解惑，通过互动加强机关工作人员对慈善文化的认识和领悟。

第三，试点建立将个人慈善表现纳入官员晋升考核的机制。这并不是要强制领导干部参与慈善，而是要以晋升考核来激励更多的领导干部从事慈善。众所周知，美国的大学在招收学生时会将学生的慈善行为（主要是志愿服务）作为一个重要的方面予以考察，这并没有导致对高中生的强制性慈善行为的发生，反而培养了高中生的慈善意识和帮助别人的能力[1]。这一措施启发我们可以在考核官员的晋升时将个人的公益慈善活动纳入考核指标中，通过制度设计来改变机关工作人员的慈善意识，增强其慈善观念。同时，要建立严格的公益慈善活动记录，防范官员利用权力制造公益慈善记录的情况，使真正挤时间参与慈善的官员能够脱颖而出，从而为其他人树立榜样，激发更多的人从事慈善。

二、"追星"与明星慈善的示范效应

明星是社会中备受关注的一群人，大众传媒的普及、传播技术的发展、人们物质生活水平的改善以及商业炒作等方面共同促进着人们"追星"。尤其是对青少年群体和青年群体而言，追星不但是一种潮流，更是他们获得群体认同的一种方式。新媒体的发展极大地便利了人们追星，通过微博、微信、Facebook、Twitter 等网络形式，粉丝可以和明星互动，这进一步促进了人们的"追星"行为。以新浪微博为例，粉丝量排在前位的多为演艺家和娱乐界明星，他们的粉丝数量动辄上千万，甚至更多，如谢娜、何炅的新浪微博粉丝数量超过 1 亿。[2] 凭借这些超级粉丝量，他们在微博上发布的任何状态，都能够在较短的时间内产生较大的效应。

---

[1] 王淑玉、张萌园：《美国青少年公益慈善意识的培养及其借鉴意义》，载《当代教育科学》2012 年第 23 期。

[2] 统计时间截至 2020 年 5 月 1 日 00：00，以下均以此时间节点为准。

比如,《法治周末》发布"关于网络送养孩子"的报道后,转发量为1559,评论量仅为85,点赞量为1301;但是,在谢娜转发该报道后,谢娜此条微博的转发量为1308,评论达到1543,对这条状态点赞的达到47958。明星的粉丝效应,通过这一微博转发将其在传播中的力量表现得淋漓尽致。这意味着,明星借助庞大的微博粉丝数,实现了慈善信息的裂变式传播。①

无论影视明星、歌星还是体育明星,他们都因为享有较高的社会地位和经济地位,而比一般人有更大的社会影响力。在他们的周围往往聚集了大批"粉丝",这些"粉丝"对明星有着较为执着的热爱、甚至达到疯狂的程度②。众多的研究发现,明星的行为对社会公众有着极强的示范效应③,同时,明星参与慈善还能够使人们更为关注一些特定的社会问题,提升人们对社会弱势群体等的人文关怀,并且改善社会的道德风气④。对我国的实证研究发现,明星参与艾滋病防控起到了很好的示范效应,不仅有助于艾滋病的预防和控制,还普遍提升了人们对艾滋病的认识和参与艾滋病防控的意愿⑤。也就是说,明星慈善能够通过明星的身体力行产生晕轮效应,激励公众的慈善行为。

明星慈善影响普通公众的过程可以被理解为明星形象的意义迁移过程,这一过程包含着三个不同阶段:在第一个阶段,特定的社会文化环境会赋予明星以特定的象征性意义,使得明星成为某种思想观念、价值取向、社会地位、生活方式的代表或象征;第二个阶段,当明星与慈善一起出现在普通公众视野中时,明星便会将这种代表性或象征性的意义或形象迁移到慈善活动中去,进而使慈善活动带有某种象征性的意义;

---

① 张馨正、巩梦鑫:《明星微博在社会公益活动中的传播功能与效果研究》,载《新媒体研究》2016 年第 20 期。

② 郑欣:《当平民遭遇"皇后"——"粉丝"及其偶像崇拜行为研究》,载《青年研究》2007 年第 3 期。

③ Choi, Sejung Marina, Wei-Na Lee, and Hee-Jung Kim. Lessons from the Rich and Famous: A Cross-Cultural Comparison of Celebrity Endorsement in Advertising. *Journal of Advertising*, 2005, 34 (2): 85–98.

④ Hood, Johanna. Peng Liyuan's Humanitarianism: Morality, Politics and Eyeing the Present and Past. *Celebrity Studies*, 2015, 6 (4): 414–429.

⑤ Hood, Johanna. Celebrity Philanthropy: The Cultivation of China's HIV/AIDS Heroes. In Edwards, Louise, and Elaine Jeffreys (eds.). *Celebrity in China* (Vol.1), Hong Kong University Press, 2010.

进入第三阶段，普通公众通过跟随、效仿明星，了解、关注和参与到慈善活动中去，从而使得慈善活动拥有了更多的人群参与，使得慈善精神在更多人群范围中得以有效塑造、发扬和传播。①

具体而言，明星参与慈善对社会公众的示范和带动作用首先体现在明星身体力行向"粉丝"传播的正能量，直接促进了"粉丝"参与慈善。尽管不排除有的明星参与慈善是为了提高个人声誉或形象②，但整体上，国内外的实践都证明，明星的慈善行为可以显著地影响到粉丝的慈善行为。一项有关 Lady Gaga 的慈善行为对粉丝影响的研究发现，这位借助筹资平台促进粉丝关注慈善事业的歌星，成功动员了大批粉丝参与慈善事业。③ 我国也存在大量这样的案例，比如韩庚 2010 年 9 月 15 日在北京参加 1200 助学行动，资助了 10 名儿童。他的"粉丝"紧随其后陆续资助了 200 多名失学儿童，并且在之后陆续组织辅助孤老、救助儿童、捐资助学等慈善活动。李宇春曾经担任多项环保活动的形象大使，参与捐款、献血等公益活动。在李宇春的感召下，"粉丝们"自发成立了"玉米爱心基金"，这是我国首个以歌迷捐款设立和命名的基金，在我国慈善史上开创了先例。该基金主要用于白血病儿童资助、援建博爱卫生院（站）、救灾以及其他重大疾病的救助等，至 2013 年该基金的募捐总额已经超过 1000 万元，在扶危济困、救助弱势群体方面发挥了重要的作用，也在全社会传播了公益慈善的理念。

明星慈善对社会公众的示范和带动作用除了体现在影响"粉丝"行为外，还体现在明星慈善能够形成一种慈善文化④，在明星之间培育参与慈善的社会氛围，促进更多的明星做出慈善行为；同时通过大众媒体的传播，起到引领社会风尚的作用。近年来明星参与慈善成为一种时尚，众多明星投入公益慈善事业，带动了慈善的发展。比如，韩红先后发起"百人援藏"、"百人援蒙"、"百人援疆"、"百人援青"等大型公益行

---

① 石国亮、曲俊燕、李培晓:《明星慈善对青少年影响的深层透视》，载《中国青年研究》2014 年第 4 期。

② Bell, Katherine M. Raising Africa?: Celebrity and the Rhetoric of the White Saviour. *PORTAL Journal of Multidisciplinary International Studies*, 2013, 10 (1): 1 – 24.

③ Bennett, Lucy. "If We Stick Together We Can Do Anything": Lady Gaga Fandom, Philanthropy and Activism Through Social Media. *Celebrity Studies*, 2014, 5 (1 – 2): 138 – 152.

④ Alexander, David. Celebrity Culture, Entertainment Values and... Disaster. In Krüger, F., Bankoff, G., Cannon, T., Orlowski, B. & Schipper, E. L. F. (eds.). *Cultures and Disasters: Understanding Cultural Framings in Disaster Risk Reduction*. Routledge, 2015, p. 179.

动,与全国顶尖医疗专家合作,深入西部贫穷地区,进行义诊会诊、送医送药,为我国偏远地区的人们提供医疗救助,吸引了众多明星参与;她还以公开信的形式呼吁全国的明星加入公益行列。① 在新浪微博上,宣传慈善成为韩红微博的重要内容,她不但宣传自己的慈善行为,还宣传其他人的慈善参与,比如 2015 年 5 月 1 日,她在微博上发布:"感谢我的好哥们黄晓明捐款十万元,邱启明捐款十万和我的小朋友鹿晗为西藏日喀则灾区捐款!善心可贵!替藏族同胞感谢你们。"这条微博被转发 10532 次,被评论 3360 次,被点赞 28010 次。在评论的内容中,不乏有人表态想加入。

随着慈善事业的发展和明星慈善意识的增强,明星慈善正在成为一股社会风潮,在社会中蔚然成风。明星慈善渐渐地从最初的一次性、临时性的慈善参与,逐渐向项目化、组织化的慈善运作转变,明星慈善的形式变得越来越丰富多彩。概括来看,目前明星参与慈善的形式主要有三种,分别是成立慈善基金会、设立专项慈善基金、直接参与慈善活动。

第一,成立慈善基金会。成立慈善基金会能够实现慈善的组织化运作、规范化运作和长远化发展,也能够通过专业人士管理、外部监督,促进慈善的可持续发展。尽管随着明星慈善意识的增强,慈善基金会的数量在不断增加,但是,整体而言,明星慈善基金会的总数并不多。这些慈善基金会有的直接以明星的名字命名,如北京成龙慈善基金会、刘德华慈善基金会、古天乐慈善基金会、上海袁立公益基金会;有的则以其服务内容或价值理念命名,如阳光文化基金会(吴征、杨澜发起)、深圳壹基金公益基金会(李连杰发起)。

第二,设立专项慈善基金。设立专项慈善基金是明星参与公益的重要方式,相比于成立慈善基金会,设立专项慈善基金更为便捷。目前明星设立的慈善基金多是选择与某个慈善组织合作,在该组织内设立一个基金,如濮存昕爱心公益基金是濮存昕与中国青少年发展基金会合作,在后者设立的,这也是因为第一个以个人名义设立的公益基金;王俊凯在北京新阳光慈善基金会下设的焕蓝梦想基金。从明星慈善基金的设立缘起和初始资金来源看,有的是明星主动设立的,比如姚基金是姚明主

---

① 《韩红给全国明星一封信 号召艺人投身公益》,见 http://ent.qq.com/a/20150609/020686.htm。

动设立并出资的；有的是由明星的粉丝推动设立的，如玉米爱心基金是由李宇春的粉丝发起并出资设立，后来得到李宇春的积极支持和参与。

第三，直接参与慈善活动。明星直接参与公益活动，在活动中既体现自己的社会责任担当，又传播慈善观念，是行之有效的慈善参与方式。明星直接参与慈善活动的形式十分多样，包括组织和参与慈善项目、直接参与慈善活动、进行慈善捐赠、担任慈善代言人等。

组织和参与慈善项目是近年来明星参与慈善的流行做法，针对某一主题或某一人群，开展相应的慈善服务，因此，慈善项目往往有很强的针对性。比如，陈坤发起的"行走的力量"慈善项目主要是号召人们通过行走来获得内心的平静、寻找到正能量，并将其传递下去。黄晓明发起的"被遗忘的单向线——让爱回家跡录展"，通过艺术展览的形式鼓励人们去关爱空巢老人。

直接参与慈善活动和进行慈善捐赠是明星参与慈善最传统的方式，但是在参与慈善活动的方式上不断有创新。就参与慈善活动而言，支持和参与政府部门、慈善组织、其他明星组织的慈善活动是最常见的形式。此外，明星还通过发挥自己的专长参与慈善，比如举办慈善演唱会、参演公益电影、拍摄公益广告、推出公益歌曲等。如五月天 2014 年在北京和深圳分别举办慈善演唱会，筹集善款 800 万全部捐赠给浙江省新华爱心教育基金会"捡回珍珠计划"，资助贫困学生返校学习；在公益电影《有一天》中，包括徐帆、周迅、韩庚、张涵予、安以轩、袁姗姗、斯琴高娃等在内的 12 名艺人出演，冯绍峰献声旁白，以 9 个小故事向人们呈现弱势儿童追梦的故事；郭晶晶等明星参与保护海洋的公益广告拍摄。随着网络店铺的发展，明星参与义卖的方式也延伸到网上，如孙俪在淘宝网开设店铺，出售商品所得定向捐赠给青少年体育事业、儿童、"湛蓝小孩"等项目。

担任慈善代言人是国际社会盛行的明星慈善的方式，比如联合国聘请若干明星担任慈善形象大使或宣传大使，如联合国儿童基金会曾聘请保罗·加索尔、陈坤等担任形象大使，联合国艾滋病规划署曾聘请贝克汉姆的妻子维多利亚担任亲善大使，联合国开发计划署曾聘请周迅担任亲善大使等。近年来明星担任慈善大使在我国也逐渐流行起来，如濮存昕担任艾滋病宣传员、无偿献血形象大使，李冰冰担任"地球一小时"全球大使，刘涛担任中国青少年发展基金会发起的公益徒步活动"挑战

8 小时"的爱心大使，许晴担任"笨小孩"（自闭症患者）活动大使，齐豫担任深圳市社会福利基金会公益形象大使。

整体而言，近年来明星慈善在我国得到了快速发展，通过大众媒体和新媒体等方式迅速传播出去，通过粉丝的实践带动了更多人认识慈善、参与慈善。明星慈善体现了作为具有较高社会号召力和影响力的社会群体，利用其个人魅力和风采，引导社会公众向善的心理和行为过程。明星慈善的最大价值并非明星本人捐助款物的多少、参与慈善活动的深浅，而在于他们影响和带动了多少人去了解和参与慈善，在于他们对慈善文化和志愿精神发挥了多大的正面引导作用，在于他们是否身体力行地投入慈善活动中去，进而唤起社会公众内心深处善的理念①。然而，一个不容忽视的现实是，由于明星慈善在我国尚处于发展的初级阶段、我国对明星慈善的监督和管理机制尚不健全，因此，不可避免地出现了一些明星慈善负面事件，如诺而不捐、诺而少捐、基金会运作不透明从而遭受质疑等现象。这些慈善事件的出现对我国本来就未发展成熟的慈善事业造成了较为严重的负面影响，也给明星自身形象带来不利影响。这些慈善事件的出现警示人们对明星慈善要加强制度建设、加大监管力度，促进其健康发展；与此同时，媒体应该引导社会公众辩证地看待明星慈善，不能因为个别人的慈善不端就扩大为所有明星的行为，更不能因此而否定明星慈善对推动我国慈善事业发展的作用。对处于成长过程中的明星慈善，社会公众要有一定的宽容，毕竟慈善是个人的无偿付出和奉献，"不管在什么条件下，出于什么动机，只要他参与了，他就开始了他的道德积累"②，不能因为它的瑕疵而否认它的付出和贡献。

要推动人人慈善在我国的实现，应该更为积极地鼓励和宣传明星慈善，带动更多的人参与慈善。在当前明星慈善日益兴盛的情况下，要促进明星慈善应该注意以下几点：

第一，进一步落实公益慈善类社会组织直接登记管理的政策，根据《慈善法》的相关要求，加快修改和完善社会组织尤其是基金会的管理条例，促进明星慈善基金会、慈善组织、慈善基金的设立，解决明星慈善"身份"难定的问题。通过更为便利的登记制度、更为规范的监督管

---

① 石国亮、曲俊燕、李培晓：《明星慈善对青少年影响的深层透视》，载《中国青年研究》2014 年第 4 期。
② 季羡林：《季羡林谈人生》，当代中国出版社 2006 年版，第 125 页。

理办法，促进明星更多地通过组织化的方式长期参与慈善。

第二，加强对明星慈善的正面引导和精神激励。加强对明星慈善意义的社会宣传，使更多的明星建立慈善意识，积极参与到慈善中来。完善对明星参与慈善的精神激励机制，利用中华慈善奖评选、慈善榜排行、道德模范评选、时代楷模评选等形式，对积极参与慈善并发挥了突出作用的明星予以激励，进一步巩固他们对慈善的认同。尝试建立明星慈善回馈机制，如邀请对慈善做出突出贡献的明星参加国家重大庆典活动等。

第三，建立和完善对明星慈善的监管机制，以专业化的监管方式对其进行监督。一方面，要加强对明星成立的慈善组织的监督，通过账目公开、慈善组织评估、定期检查等方式，使其成为"玻璃口袋"，建立起社会公信力；另一方面，要建立和完善诚信体系和契约制度，将明星的慈善承诺纳入规范化、制度化的管理体系中，实现有诺必捐。

第四，慈善组织要积极谋求与明星的合作，引导明星参与慈善活动、贡献慈善正能量。慈善组织是现代慈善事业发展的主体力量，慈善组织要充分挖掘社会中孕育的慈善能量，而明星慈善蕴含的慈善能力不容小觑。因此，慈善组织要想方设法建立与明星的合作，通过他们对慈善活动、慈善项目的参与和支持，扩充慈善活动、慈善项目的影响力，从而吸引更多的人转变慈善观念、参与慈善行为。慈善组织吸引明星参与慈善的方式有多种，比如邀请明星担任慈善活动的形象大使，邀请明星通过慈善捐赠或慈善义卖、义演等方式直接支持慈善活动，邀请明星以志愿者的身份参与慈善等等，选择何种方式邀请明星参与慈善，取决于慈善组织自身，但是慈善组织在与明星合作的过程中，也要注意对明星形象的维护和监督，避免出现"诺而不捐""作秀式慈善"等行为，从而实现明星参与慈善的良性互动和良好效果。

三、富人慈善及其带动作用

改革开放以来，随着"先富带动后富"理念的提出、市场化改革的引入，我国出现了一批率先富裕起来的人，企业家构成了这个先富群体的主体部分，也成为这个群体中最为活跃、最经常出现在人们视野中的群体。传统的慈善一般是富人对穷人的接济，富人被认为先天负有慈善的义务，否则就会被人们斥责为"为富不仁"。笔者曾经主持过一项全国范围内的抽样调查，当询问人们对"发展慈善事业是富人的责任"这一陈述的认同情况时，17.37%的人非常赞同，24.21%的人比较赞同，24.92%的人态度持中，24.62%的人比较不赞同，8.89%的人非常不赞同①，赞同"发展慈善事业是富人的责任"的比例高于不赞同的比例，从而反映出人们对富人慈善的认知和期待。受全球化深入发展和互联网技术发展的影响，人们通过媒体对国外富人慈善的了解程度不断提升，这在客观上提高了人们对我国富人慈善的要求。也就是说，从慈善发展的历史和传统的慈善观念来看，富人慈善是一种责任；从全球化的视角来看，富人慈善是一种趋势；从社会财富积累的角度来看，富人的财富来源于社会，富人慈善是富人回馈社会的有效途径，也是提升富人形象、实现自我价值、参与社会公共事务的重要途径②。

在国际社会上，富人在拥有一定的财富积累后从事慈善已经有悠久的历史，比如美国著名的钢铁大王安德鲁·卡耐基坚信"在巨富中死去是耻辱"，他几乎把所有的财富都用于慈善事业；石油大王约翰·洛克菲勒后半生一直从事慈善事业，成立洛克菲勒基金会，该基金会至今仍然活跃在国际社会，在全球从事着慈善。受早期实业家的影响，当代美国的企业家也十分热衷慈善事业，如比尔·盖茨不仅成立慈善基金会，还与巴菲特一道在全世界劝善；硅谷崛起的技术新富，也都将慈善作为自己的重要事业，如Facebook创始人扎克伯格在2013年捐赠了价值近10亿美元的Facebook股票，2015年在女儿出生后捐出个人股份的99%（按照当时价格计算约合450亿美元）用于慈善；甲骨文公司创始人埃里森不但参与盖茨和巴菲特发起的"给予承诺"，还捐赠数亿元用于医学研究和教育事业；Google的联合创始人布林捐赠给治疗帕金森氏综合征机构的善款超过3000万美元……

在我国港台地区，积极参与慈善是企业家事业成功后的重要选择，如TVB创始人邵逸夫在1973年创立邵氏基金，邵逸夫捐赠巨额资金支持教育事业发展，大陆地区建立大量的"逸夫楼"；设立邵逸夫奖用于奖励在天文、医学和数学上有卓越成就的学者。香港首富李嘉诚设立李嘉诚基金会，主要用于教育和医疗领域，包括投资创办汕头大学、长江

---

① 石国亮：《我国居民的慈善意识及其影响因素——基于全国五大城市的调查分析》，载《理论探讨》2014年第2期。

② Frumkin, Peter. *Strategic Giving: The Art and Science of Philanthropy*. University of Chicago Press, 2008, p. 3.

商学院，创建养老院等。霍英东、田家炳、曾宪梓、李兆基、吕志和、郑裕彤、余彭年等对慈善做出了巨大贡献。

随着改革开放的不断深入，我国与国际社会的接触不断加强，受到国际社会富人慈善的影响，我国的富人在从事慈善方面也做出了积极努力。早在1994年，民营企业家响应国家扶贫计划，筹资成立了中国光彩事业促进会，以扶贫为宗旨，中国光彩事业促进会开展农业产业化扶贫、生态建设扶贫、资源开发扶贫、医药卫生扶贫、智力开发扶贫、移民安居扶贫、招工就业扶贫、建设市场扶贫、公益捐助扶贫和国际援助扶贫等多项扶贫工程，将个人富裕与社会共同富裕结合起来，在社会上产生了良好的影响。受这些企业家的影响，企业家参与慈善的热情不断增强，根据胡润慈善榜的数据，不断有新的企业家进入慈善榜，并且他们捐出的慈善额度也不断增加。如2007年胡润慈善榜榜首的余彭年捐赠额为20亿，2008年仍然位居榜首的他捐赠了30亿，2009年时他维持了30亿元的捐赠，2010年时则增加到32亿元；2011年位列慈善榜首位的曹德旺家族捐赠了45.8亿，2012年位列榜首的曹德旺家族捐赠了36.4亿。不仅富人参与慈善捐赠的数额在增加，而且富人捐赠的比例也在不断提高。如在2003年50位捐赠最多的富人只有17位来自《胡润百富榜2003》，而到2010年50位捐赠最多的富人有33位来自《胡润百富榜2009》[1]。有众多企业家长期持续从事慈善，比如2008年胡润慈善榜中的100位入榜的企业家中有64位曾出现在2007年的慈善榜中，有54位曾出现在2006年的慈善榜中。尽管对富人从事慈善的动机争论不休[2]，但无论是出于利己目的还是纯粹利他目的而进行的慈善，只要是进行了慈善，就体现了对社会的担当和责任。通过大众媒体的传播，富人慈善一方面向人们展示了富人的社会责任担当，一方面也激发和促进着人们的慈善。这种激发和促进体现在三个方面：

第一，富人慈善能够带动更多的富人进行慈善，比如Google的联合创始人布林就表示，他将以盖茨为榜样，更多地投入慈善。与普通人相比，富人因其雄厚的经济实力，他们进行慈善显得更为容易，他们的慈善捐赠额度比普通人的捐赠也更大，对救助贫弱更为有效。富人慈善的

---

[1] 邓国胜：《中国富人捐赠水平及其变化原因》，载《中国行政管理》2013年第2期。
[2] Sargeant, Adrian, and Lucy Woodliffe. Gift Giving: An Interdisciplinary Review. *International Journal of Nonprofit and Voluntary Sector Marketing*, 2007, 12 (4): 275-307.

相互激励会促进富人之间慈善价值观的形成,从而有助于"取之社会,用之社会"的财富观的形成,进而促进慈善的长远发展;从另一个角度讲,富人慈善文化的形成会对不参与慈善的富人形成一种无形的外在压力,从而客观上敦促更多的富人参与慈善,接受慈善文化,促进慈善发展。

第二,富人慈善向全社会展现了富人对社会的责任,会激励普通人承担自己的社会责任。这种激励首先体现在富人慈善对富人所在企业的员工的带动作用上,很多作为企业所有人或管理者的富人,他们的慈善行为能够为企业员工树立榜样,向员工传递慈善观念,在企业中塑造慈善氛围,促进员工的慈善行为。企业员工的慈善行为能够带动家人、朋友的慈善参与,从而产生更为广泛的影响。富人慈善的激励作用还体现在对企业员工以外的更为广泛的社会成员的慈善引导和激励。改革开放以来人们对成功的理解发生了很大变化,富裕在一定程度上代表了成功。因此,作为成功者的富人,往往会拥有一批追随者。他们的行为对追随者有很大的带动作用。现代慈善并不仅仅是捐赠善款,而是"有钱出钱,有力出力",富人慈善能够激发追随者及更广泛的普通人去思考自己的社会责任,他们在富人慈善的感召下,通过从事具体的慈善活动、当志愿者等形式来参与慈善,促进了慈善的全面发展。

第三,富人慈善在向社会传播慈善价值理念的同时,也提升了富人所在企业的社会声誉,起到社会营销的作用,一旦人们认可了企业的慈善担当,会激发人们更多地购买该企业的产品和服务①,从而促进企业利润的提升和富人身价的抬升,这为富人继续从事慈善提供了可能,从而有助于实现富人慈善的可持续发展,实现良性循环。

此外,在当前我国社会转型的背景下,富人慈善还有更为深远的影响。在我国"不患寡而患不均"的思想由来已久并且得到民众的普遍认同,这种传统文化容易造成人们对先富者的不认同。缺乏公平合理的社会分配机制对收入差距进行恰当地协调,造成弱势群体感知到的不平等增加②,加剧了人们对富裕阶层的仇视,从而使当前我国社会中弥漫着

---

① James, Russell N. Charitable Estate Planning and Subsequent Wealth Accumulation: Why Percentage Gifts May Be Worth More Than We Thought. *International Journal of Educational Advancement*, 2010, 10 (1): 24 – 32.

② 张慧:《嫉妒与"感知的不平等"》,载《学海》2014 年第 5 期。

普遍的"仇富"心态。而富人慈善,尤其是富人对社会弱势群体的救助,能够直接体现富人对弱势群体的关怀和责任,降低弱势群体对富人"为富不仁"的刻板印象,削弱"仇富"心态在社会的消极影响,从而一方面提升弱势群体的生活境遇,一方面缓和群体间的社会关系,促进社会的稳定与和谐。

从我国富人慈善的现状来看,存在以下问题:首先,尽管越来越多的富人开始参与到慈善的行列中来,对慈善做出了较大贡献;但是,总体上富人参与慈善的程度较低。以福布斯公布的 2014 年富豪榜和慈善榜的对比来看,富豪榜前 10 名的富豪出现在慈善榜前 10 名的仅有 2 位,这意味着富豪的资产和其捐赠不成比例。这与国外的情况大相径庭,比如在 10 年之内,美国的富豪对各类慈善组织的捐赠总额超过了 2000 亿美元,最富有的美国人中的 20% 所捐赠的钱,占了全部慈善款的三分之二。[1]

其次,富人因为救灾等参与应急性社会救援的慈善行为较多,而固定化的、长远性的慈善项目较少。虽然近年来一些企业家开始通过成立基金会、设立公益基金等方式参与慈善,但是,更多的企业家的慈善行为只是通过慈善机构或政府进行慈善捐赠,而没有长远的慈善规划和慈善发展目标。也正因为这种暂时性的慈善行为,富人慈善有时候被认为是富人作秀。我们不否认有部分富人从事慈善是因其坚定的信仰[2],但考虑到我国政府对企业家劝募形成的直接或间接的压力、企业家自身的政治身份等因素,一次性的大额捐赠往往不但能够给足政府面子,满足政府的募捐需求[3],而且能够展现企业家在大灾大难前的社会同情心、对社会的责任,这在一定程度上加剧了富人慈善的短期效应,不利于富人慈善的可持续发展。

再次,当前对富人慈善的激励不足。从发达国家慈善的发展来看,"有私奉献"是普遍奉行的慈善观,也是公民捐赠久盛不衰的动

---

[1] 陈旭清、曲纵翔:《中国富人慈善事业的现状与对策——基于社会交换理论的分析》,载《经济社会体制比较》2012 年第 1 期。
[2] 周怡、胡安宁:《有信仰的资本》,载《社会学研究》2014 年第 1 期。
[3] 高勇强、何晓斌、李路路:《民营企业家社会身份、经济条件与企业慈善捐赠》,载《经济研究》2011 年第 11 期。

力源泉。① 富人富有并不意味着富人慈善不需要鼓励,从我国的情况来看,无论对富人的物质激励还是精神激励,都明显不足。从物质方面来看,个人进行公益性捐赠后获得的税收减免仅为捐赠额未超过纳税义务人申报的应纳税所得额30%的部分,而企业进行公益性捐赠后可以获得的减免是年度利润总额12%以内的部分。② 从直接的减免额度来看,以企业名义进行捐赠获得的税收减免更多,这导致部分企业家以企业而不是以个人的名义进行捐赠。从精神方面来看,我国对富人慈善的精神激励机制不完善,仅有那些巨富的捐赠能够获得一定的精神激励,如被评为慈善年度人物,而这些人本身往往已经获得了较多的社会荣誉,对他们的这种激励未必有效,真正需要激励的是那些比富商巨贾的收入稍微低一些的富人,最富裕的这些人往往占据了过多的社会荣誉,而紧随其后的这些富人则难以取得相应的社会声望,这不利于鼓励他们广泛参与慈善。

在公民的社会责任日益被重视的时代背景下,要推动富人更多地参与慈善,首先应该在全社会营造慈善的文化环境,可以通过对富人慈善的大力宣传,使富人以富人为榜样,提升富人对慈善的认知,矫正富人的财富观,建立富人对社会的责任意识。其次,要畅通富人参与慈善的渠道,为富人设立慈善基金会,进行股权捐赠、房产捐赠、期货捐赠等提供便利,从制度建设层面促进富人的慈善创举。同时,要加强慈善组织公信力建设,使慈善组织成为人们信得过的组织,从而使富人放心地将善款捐出③。第三,加强对富人参与慈善的激励,一方面提升对个人公益性捐赠的税前扣除比例,使富人捐赠可以享受到更多的税前扣除;另一方面,要加强对富人慈善的精神激励,建立富人慈善的层级激励机制,不仅要对巨额的慈善捐赠进行精神激励,而且要对那些根据自身经济实力量力而行参与慈善的富人进行激励。第四,借鉴国外设立遗产税的方式,制定遗产税法,通过征收遗产税的形式,以负面激励的方式促进更多的富人进行慈善捐赠。

---

① 张强、韩莹莹:《中国慈善捐赠的现状与发展路径——基于中国慈善捐助报告(2007—2013)的分析》,载《中国行政管理》2015年第5期。
② 石国亮:《在政策评估基础上设计社会组织税收政策的改革方案》,载《中国民政》2015年第11期。
③ 陈东利:《中国富人的慈善现状剖析与财富伦理建构》,载《思想理论研究》2011年第9期。

第三节　慈善先进典型的选树与推广

鉴于慈善的典型示范对人们的启发、教育、带动、激励等方面的作用，在全社会倡导慈善典型的先进事迹是进行慈善教育的有效方式。上一节中我们对公众人物的慈善示范进行了分析，然而只选择这些公众人物作为慈善典型，会让普通群众觉得难以达到他们的条件而产生不参与慈善的借口。因此，要推动慈善的普遍践行，还应该大力发掘普通人中的慈善典型，以普通人的慈善实践来鼓励普通人的慈善行为。选树先进典型需要发现和挖掘典型、典型的事迹，更需要在全社会进行宣传和推广，但是选树典型不是为了"造神"，不能刻意拔高先进典型，而是要客观真实地呈现先进典型的事迹，用先进典型的精神来转变人们的慈善观念，促进人们的慈善行为。在运用先进典型开展思想政治教育、道德教育等方面，我国教育界、新闻界积累了丰富的经验，应该将这些经验运用到对慈善先进典型的选树和推广上，选拔那些最能打动人心、最具有感召力、最能鼓舞人的慈善典型，让他们成为人们学习和效仿的榜样。

一、选树慈善先进典型的背景和意义

慈善的先进典型是指在慈善方面做出了较为突出的贡献的个人和团体。如果说党政领导干部、明星和富人因为他们掌握的公共资源，先天性地就具有典型示范作用的话，那么先进典型则是从普通人中发现、培育、选树出来的，是后天形成的榜样。选树普通人中的典型、进行平民化的报道已经成为近年来先进典型选树的趋势，这些从普通人中选树出的先进典型更能拉近典型和平民的距离，因此更具生命力。① 选树普通人中积极践行慈善的人作为慈善的先进典型，不但能够拉近慈善先进典型与普通人的距离，而且更能够体现慈善的人人可为，是促进全民慈善的重要方式。无论党政领导干部、明星还是富人，他们在社会中仅占人口的很小的一部分，尽管他们对慈善的参与能够发挥的示范带动作用很大，但是他们从事慈善有着得天独厚的优势——他们本身拥有较为丰富的政治资源、社会资源和经济资源，而普通人并不一定具备这些资源。

---

① 严海艳：《平民化视角下的典型报道》，载《青年记者》2011年第29期。

在这种情况下，选树普通人中积极践行慈善的人作为慈善典型，更能够让普通人看到在自身拥有资源有限的情况下，从事慈善仍然是可行的。因此，从普通人中选树出来的慈善典型，更能够发挥先进典型对人们的教育、激励和带动作用，促进人们从自身的实际出发，改变慈善观念，参与慈善行为。

慈善教育作为道德教育的重要组成部分，特别需要先进典型的示范带动。对慈善文化、慈善观念、慈善知识的任何语言传授，都抵不上一个实实在在的慈善行为。在慈善教育方面，行动不但比语言更响亮，而且比语言更为具体、生动、可行。单纯的慈善文化或慈善知识教育难免让人觉得枯燥乏味，失去兴趣，而以慈善行为作为教育的方式，通过先进典型的行动进行慈善教育，则以活灵活现的实践案例使慈善教育变得易于接受和把握。因此，在慈善教育的过程中，先进典型对传播慈善观念、传承慈善文化、呈现慈善知识起着举足轻重的作用。

从全国范围来看，在各行各业涌现出了若干的先进典型，并且出现了一批对全国人民影响深远的典型人物。在慈善领域，近年来也出现了一些先进典型，他们的事迹被发现、被传播，在社会上产生了良好的影响，但是，全国性的有影响力的慈善先进典型尚未树立起来。这并不是因为慈善领域缺乏这样的人物，而是因为过去对慈善领域的关心和关注不够，对慈善领域的宣传和挖掘不足。事实上，在慈善领域奋斗着无数兢兢业业、无私奉献、舍己为人的典型。因此，要发现这些先进典型，"选树不同类型、不同领域、不同层级的先进典型，建立充实典型库"①，加大对人们的先进事迹的宣传和推广，使他们成为全国人民学习的榜样，成为引领人们慈善参与的标杆。

二、慈善先进典型的选树

慈善事业的不断发展离不开公益人的坚持和努力，但更离不开每个人的参与，慈善先进典型既包括那些长期从事慈善推广、慈善研究的人，也包括持之以恒地坚持慈善、无私奉献的人。从我国当前慈善先进典型选树的方式来看，主要有两种，一是由国家相关职能部门自上而下推行和选树的典型，一种是由民间自下而上选树的典型。

---

① 闫晓英：《深化主题 把推进社会组织创先争优活动引向深入——全国社会组织创先争优活动汇报交流会在京召开》，载《中国民政》2011年第3期。

由国家相关职能部门自上而下推行和选树的典型，主要指民政部设立的"中华慈善奖"。"中华慈善奖"从 2005 年开始设立，原先每年评选表彰一次，2014 年民政部修订的《中华慈善奖评选表彰办法》将其改为每两年举办一届。"中华慈善奖"是中国慈善领域政府最高奖，旨在表彰我国慈善活动中事迹突出、影响广泛的个人、单位、慈善项目、慈善信托等，由民政部负责实施。① 从评选的结果来看，最具爱心慈善楷模中选树出了一些默默无闻、无私奉献的普通人，比如为汶川地震和雅安地震捐赠了千枚硬币的"磨刀老人"吴锦泉，个人捐资成立了"朝阳市心愿道路清扫员援助中心"以支付职工意外事故处理前期费用的环卫工人夏志国。他们都是最普通、最基层的人民，他们尽己所能地服务他人、奉献社会的意识感染了很多人。自 2005 年以来，"中华慈善奖"已连续举办 10 届②，表彰了数百名个人、机构和项目，对建立中国慈善表彰奖励机制、发挥先进典型的示范作用、传播现代慈善文化和理念发挥了重要作用。除了民政部外，各地也开展各种形式的慈善先进人物的评选。如广东省民政厅联合相关部门举办的十大慈善人物评选、东莞市民政局联合相关部门举办的十大慈善人物评选等等。但是也必须看到，"有些地区尚未建立慈善表彰奖励制度，个别政府性慈善评选表彰工作不够规范、宣传报道不够充分，社会参与度和影响力有待提升"③。为贯彻落实《国务院关于促进慈善事业健康发展的指导意见》"完善慈善表彰奖励制度"的明确要求，2015 年 7 月 16 日民政部、人力资源社会保障部制定了《关于建立和完善慈善表彰奖励制度的指导意见》，就做好立项工作、确保表彰质量、规范工作程序、创新工作方式和严肃评选纪律等方面做出了明确规范。2016 年颁布实施的《慈善法》中明确要求"国家建立慈善表彰制度，对在慈善事业发展中做出突出贡献的自然人、法人和其他组织，由县级以上人民政府或者有关部门予以表彰。"这些法律法规的出台，为进一步促进慈善先进典型的选树确立了法律依据和制度

---

① 民政部：《民政部关于印发〈中华慈善奖评选表彰办法〉的通知》（民发〔2017〕146 号），2017 年 8 月 29 日，见 http：//www.mca.gov.cn/article/gk/wj/201709/20170915005733.shtml。
② 张晶晶、郑超：《民政部启动第十届"中华慈善奖"评选表彰活动》，载《中国社会组织》2017 年第 17 期。
③ 《民政部 人力资源社会保障部关于建立和完善慈善表彰奖励制度的指导意见》（民发〔2015〕138 号），2015 年 7 月 16 日。

保障。

由民间自下而上选树的典型既包括慈善组织举办的，也包括新闻媒体举办的评选。比如沈阳市慈善总会举办的感动沈阳十大慈善人物评选、北京市慈善义工协会举办的最美慈善义工十大榜样人物评选、中央电视台举办的"感动中国"十大人物评选等等。

无论采取哪种形式的选树方式，这些不断被发掘出来的慈善先进典型人物都为进行慈善教育提供了鲜活的案例。通过对他们事迹的宣传和报道，人们能够更为全面地了解慈善的范围、内涵、理念，从而鼓励人们以先进人物为榜样，参与慈善。但是，从当前我国树立的慈善先进典型来看，对这些先进典型的选树和宣传还远远不够。普通人占据了社会的大多数，以普通人的慈善践行来鼓励普通人的慈善参与是慈善教育的最好方式，因此，应该更为旗帜鲜明地对普通人的慈善行为进行宣传，使人们认识到慈善是人人可为的事业，并且以这些慈善典型人物为榜样，从自身做起从事慈善。在慈善先进典型人物的选树过程中，应该把握一定的原则和标准，把最具代表性的先进典型挖掘出来。

首先，要以先进典型人物的事迹和贡献作为选树依据，突出先进典型在平凡中的伟大。比如，全国道德模范林秀贞，这位河北省衡水市枣强县王常乡南臣赞村的普通农民赡养了6位毫无血缘关系的孤寡老人、资助14名贫困学生读书、捐款打井等乡村公益事业。选树这样的典型人物，能够让人们看到他们实实在在的对他人的关爱、付出，看到他们在日常生活中对慈善的实践。这样的先进典型既有亲和力，又让人赞叹和佩服，觉得值得学习，而且照顾孤寡老人、为公益事业捐资出力，都是从身边做起参与公益的良好方式。

其次，让人民成为选树的裁判，选树自己认可的榜样。网络技术的发展为人们参与推荐典型人物提供了便利条件，通过网络提名、网络投票等形式，人们可以推荐和票选先进典型。比如中央电视台主办的"感动中国"年度人物评选，就采取了网络投票的形式，让人们投票评选"感动中国"的年度人物。把选树的权力赋予人民，能够使人们通过对候选人的了解更为全面地做出判断，选出那些真正让他们感动的人物，从而使选树的人物更具感染力、感召力和影响力。如2014年"感动中国"产生的年度人物——默默捐款27年不留真名的普通市民张纪清，这位以"炎黄"为名进行过无数次捐赠甚至引发当地建立了"炎黄陈列馆"的老人，以自己的默默奉献、不求名誉的精神感动了人们。2014年6月3日，民政部印发了修订后的《"中华慈善奖"评选表彰办法》，设计了多项突出社会参与的条款。如在媒体参与方面，提出可以选择富有广泛影响力的新闻媒体作为合作单位，充分利用其宣传资源来扩大声势；在评选中增加了公众网络投票的环节①。根据《中华人民共和国慈善法》、《中共中央办公厅 国务院办公厅评比达标表彰活动管理办法（试行）》和《民政部表彰奖励工作规定》，2017年8月29日民政部修订完善了《"中华慈善奖"评选表彰办法》，重申了网络投票等方法。让人民发挥主体作用，选树值得学习的典型的方法正在逐渐为国家机关所接受和使用，如中宣部、中央文明办主办的"身边好人"的遴选，鼓励人们将身边的好人好事说出来，通过身边好人的事迹来感召更多的人从自身做起，向榜样看齐，因此成为挖掘身边先进典型的一个典范。

第三，先进人物的选树要与时俱进，充分利用新媒体的力量。新媒体的发展使得每个人都可以随时发现身边的典型，并且将典型挖掘出来。先进典型选树过程中要充分利用新媒体的力量，将人们挖掘出来的鲜活人物纳入先进典型的行列中来。比如，第三届全国道德模范中的见义勇为人物吴菊萍，最初就是因新浪微博发布的"英勇女业主徒手接住坠楼女童"的消息广泛引起人们的注意，并进入新闻媒体的视野，而逐渐被挖掘出来的。

在掌握选树慈善先进典型的原则的同时，应该建立挖掘和培育慈善先进典型的制度机制，使普通人能够沿着这样的挖掘和培育机制成长为先进典型，也能够使先进典型的选树制度化、常规化，避免突击性地进行典型选树。要建立慈善先进典型数据库，将先进典型的管理纳入日常工作，并建立管理的规则制度，使对他们的管理实现规范化、条理化和有章可循。在挖掘新的慈善先进典型的同时，不忘对已有的先进典型进行管理和鼓励，使其戒骄戒躁、在取得成绩的同时再接再厉，继续为慈善事业奉献自己的力量，从而使新典型和老典型互相勉励，共同促进慈善事业的发展。

---

① 民政部：《民政部关于印发〈中华慈善奖评选表彰办法〉的通知》（民发〔2014〕118号），2014年6月3日，见http://www.mca.gov.cn/article/zwgk/fvfg/shflhshsw/201407/20140700674145.shtml。

三、慈善先进典型的推广

将慈善先进典型挖掘和选树出来以后,要千方百计地让慈善先进典型的事迹为人们所了解,以先进典型的事迹去感召人,号召人们以先进典型为学习的榜样,努力向先进典型看齐。因此,对慈善先进典型的宣传和推广成为选树后的重要任务。在宣传和推广先进典型方面,我国积累了较为丰富的经验,形成了多种形式的宣传和推广先进典型的方式,比如召开先进典型事迹报告会、座谈会、经验交流会等。就慈善先进典型人物的宣传和推广而言,应该在吸收已有的先进典型宣传和推广经验的基础上,有步骤地开展慈善先进典型的推广。

第一,深入挖掘慈善先进典型的事迹,准确提炼,呈现一个有血有肉、活生生的先进典型。对先进典型事迹的挖掘要坚持以人为本,首先将先进典型看作一个活生生的人,而不是将其塑造成为"神"。作为人的先进典型,要摆脱的是高大全的形象,要在真实的社会情境中呈现先进典型的事迹,使先进典型的事迹真实可信,更具有感染力。慈善教育从本质上讲是道德教育,而"动情是道德教育的关键"①,只有在真实社会情境中呈现出来的先进典型才能真正达到动情的效果,过分拔高先进典型的形象的宣传,不但不能突出先进典型的特点,使先进典型脱离社会实际,也不利于人们接受先进典型。在对先进典型事迹的挖掘和提炼过程中,要将先进典型分散的事迹进行概括,充分把握其典型事迹细节,以细节的呈现来感动人,同时准确提炼出先进典型的精神,将二者完美结合起来,完整而准确地进行宣传。

第二,综合利用多种手段和途径宣传和推广慈善先进典型。大众媒体在慈善先进典型的宣传和推广中发挥着不可替代的作用,首先要利用大众媒体形成舆论宣传氛围,营造全社会学习慈善先进典型的社会环境。综合利用新闻通讯、特写、照片等形式,对慈善先进典型展开集中报道,使人们了解慈善先进典型的事迹。通过树立宣传标语,利用露天广告、社区宣传栏等形式,在人们熟悉的环境中开展慈善先进典型的宣传。通过文艺演出、戏剧表演、电影呈现等形式,将慈善先进典型的事迹以艺术的形式展现出来,使人们在娱乐中学习先进典型。发挥党团系统、工

---

① 朱小蔓:《育德是教育的灵魂 动情是德育的关键》,载《教育研究》2000年第4期。

会系统、妇联系统、社会组织系统等在各自领域的作用，在社会各界中营造宣传慈善先进典型、学习慈善先进典型的风潮。通过全国性的慈善先进典型人物事迹报告会、巡回报告会、经验交流会、座谈会、演讲会等形式，让慈善先进典型在与人们的交流和互动中感染人们。充分利用网络和新媒体的力量，建立网络宣传平台，对慈善先进典型的事迹进行宣传和推广；利用微博、微信等新媒体，向人们传播慈善先进典型的事迹，增加与社会公众的交流和互动，使慈善先进典型更具亲民性。利用人们的读图习惯，通过图文并茂的呈现方式，或者通过漫画等形式，将慈善先进典型的事迹表达出来。

第三，做好对慈善先进典型的跟踪服务，动态化地呈现先进典型的事迹，并为其提供相应的服务，也以此勉励先进典型在已经取得的成绩的基础上继续努力。慈善先进典型作为从普通人中选树起来的典型，与党政领导干部、明星、富人等存在的鲜明差异在于，他们没有应对成为公众人物的经验。在这种情况下，当他们从普通人中脱颖而出成为先进典型并且不断被宣传和推广时，难免给他们的正常生活带来影响，甚至是打断他们的正常生活节奏。在这种情况下，也可能会有一部分先进典型满足于已有的成绩，欣欣然，不再像以前那样做出慈善努力，这样不但会使其自身的"先进性"流失，也会对社会公众产生不好的影响。因此，在对慈善先进典型的宣传和推广过程中，要注重对他们的呵护，注重为他们提供相应的服务，使其能够在成为先进典型后不被这样的身份和荣誉所累，能够继续地从事慈善事业，真正发挥慈善的先进带动作用，促进更多的慈善行为。

第九章　新媒体时代的慈善教育

> 只要我们继续保持慷慨解囊的传统，我相信世界会变得更美好。
> ——比尔·盖茨

自 1967 年美国哥伦比亚广播电视网技术研究所所长戈尔德马克第一次提出"新媒体"（New Media）一词以来，新媒体正在以不可抵挡的势头，迅速渗透到世界各国政治、经济、思想以及文化等诸多领域。它改变着人们的生活，重塑着世界的面貌，推动着人类文明不断向更高层次迈进。较之于传统媒体中广播电视的出现，新媒体的影响具有更加深刻的革命性意义。新媒体已经并将继续颠覆一切，慈善及其教育也不例外。新媒体时代的到来，为慈善事业的发展提供了新的契机，也为慈善教育的开展提供了新的途径。新媒体对慈善价值和理念的宣扬、对慈善典型人物和事件的报道、对慈善募捐的号召能够从最广泛的意义上影响人们对慈善的认知以及人们的慈善行为。新媒体的发展使网络慈善的形式更为多样，微公益、微慈善成为时尚，慈善真正走进了千家万户，扩大了慈善教育的有效覆盖面。而慈善及其教育事业的发展，也给新媒体注入了新的活力。那么，在新媒体时代，媒体在慈善教育中肩负着什么样的责任，慈善教育呈现出哪些新趋势新特点，新媒体又对慈善教育提出了哪些新要求……这些都是本章要着重回答的问题。

第一节　慈善教育中的媒体责任

媒体是向社会大众传播信息的渠道，它的社会功能决定了媒体必须担当社会责任，客观、公正、严谨、及时地向社会公众进行报道。媒体的价值引领功能决定了要塑造以善促善、人人慈善的社会氛围，必须发挥媒体舆论引导、公众教育、社会号召的功能，展现自身的社会责任。

一、媒体的社会责任

社会责任是公民或组织基于公民权利和义务而应该承担的对社会的责任。媒体的社会责任是指媒体作为行为主体应该承担的对社会的责任。媒体的社会责任最初是由美国学者提出来的。在20世纪上半叶的美国，自由主义十分盛行，在自由主义的控制下，媒体驱逐利益，出现了报道浅薄、煽情，甚至是虚假报道等现象，不利于传播健康的社会观念和营造良好的舆论环境。在这种情况下，芝加哥大学校长哈钦斯（Robert Hutchins）组建和领导"新闻自由委员会"对当时美国的新闻自由现状进行调查，并在1947年发布了《一个自由而负责的新闻界》的调查报告。该报告认为"现代化工业社会、危急的世界形势以及对自由的新威胁，这种种复杂局面意味着，新闻界担负起新的公共责任的时刻已经来临"[1]。这份报告将美国社会对媒体的需求概括为五项：就当日事件在赋予其意义的情景中的真实、全面和智慧的报道；提供交流评论和批评的论坛；供社会各群体相互传递意见和态度的工具；呈现与阐明社会目标与价值观的方法；将新闻界提供的信息流、思想流和感情流送达每一个社会成员的途径[2]。在美国的新闻自由委员会发布这份报告的时候，英国也采取了行动来推动媒体履行社会责任。英国成立了皇家报业委员会研究媒体的问题，之后在该委员会的建议下设立了报业总评议会，主要负责倡导媒体的公共责任和公共服务意识。

"媒体社会责任"概念的出现推动了学界对媒体社会责任的探讨，西伯特（Fred S. Siebert）、彼得森（Theodore Peterson）、施拉姆（Wilbur Schramm）根据媒体与社会的关系提出了四种理论范式：威权主义理论、自由至上主义理论、社会责任理论和苏联共产主义理论[3]。彼得森在《传媒的社会责任理论》一章中将传媒的功能概括为六项：为政治制度服务，提供有关公共事务的信息、观点和讨论；启发民智，使之能够自

---

[1] 〔美〕新闻自由委员会：《一个自由而负责的新闻界》，展江、王征、王涛译，中国人民大学出版社2004年版，第9页。

[2] 〔美〕新闻自由委员会：《一个自由而负责的新闻界》，展江、王征、王涛译，中国人民大学出版社2004年版，第11—12页。

[3] 参见〔美〕西伯特、彼得森、施拉姆：《传媒的四种理论》，戴鑫译，中国人民大学2007年版。

治；监督政府，保障个人权利；为经济制度服务，利用广告沟通买卖双方的商品和服务；提供娱乐；保持经济自立，不受特殊利益集团的压迫。① 彼得森认为社会责任理论接受这六项功能，但是认为媒体在履行前三项功能上发挥的作用远远不够。

媒体社会责任的观念传入我国后，引起了我国学者的广泛关注，不同学者对媒体的社会责任给出了不同的界定。例如，杨保军认为，媒体的社会责任可以概括为三类：以实为本的科学精神、正义至上的人本精神、和谐为美的自由精神。② 童兵在《比较新闻传播学》中指出，社会责任是新闻媒体的基本观念，而媒体的社会责任乃是新闻媒介和新闻从业人员在新闻活动中对社会安定、国家安全和公众身心健康所承担的法律、道德责任和社会义务。③ 本质上讲，媒体最根本的社会责任应该是为社会提供迅速准确的信息和对信息进行全面深入的阐释和分析，形成一个代表性民意充分表达的意见平台。④ 无论媒体承担什么样的社会责任，一个不容忽视的事实是，媒体应该为社会公共利益服务，而不是为某一个或某一些利益集团服务。媒体社会责任的缺失会导致公共利益受损，这种受损主要表现在三个方面：媒体商业化、娱乐化导致忽视公共利益，媒体对公共议题的炒作引发社会恐慌，信息品质低劣造成负面社会影响⑤。随着信息传播技术的发展，社会逐渐进入微时代，每个人都成为媒体，可以对事件进行宣传，而且越是对社会热点问题，自媒体越有发言的激情和冲动。自媒体尽管能够带来即时的信息，但是进行自媒体传播的个人不一定能够站在客观公正的立场上传递信息，而且传达的信息也不一定具有专业性。自媒体的这些弱点决定了它可能会造成大众的认知混乱，不利于公共利益的维护。因此，大众媒体在新媒体时代要更加以守卫公共利益为己任，自觉承担社会责任。⑥

媒体作为社会公器，它对社会观念的传播、对社会事件的报道和分析、对公共意见的表达以及对政府和相关组织的监督能够发挥公共教育

---

① 〔美〕西伯特、彼得森、施拉姆：《传媒的四种理论》，戴鑫译，中国人民大学2007年版，第62页。
② 杨保军：《新闻精神论》，中国人民大学出版社2007年版，第49页。
③ 童兵：《比较新闻传播学》，中国人民大学出版社2002年版，第131页。
④ 王天定：《媒体担当社会责任的几个误区》，载《传媒观察》2007年第8期。
⑤ 张春华：《传媒控制、媒体社会责任与公共利益》，载《国际新闻界》2011年第3期。
⑥ 吴清雄：《新媒体时代的媒体责任重构》，载《新闻战线》2012年第10期。

的功能。媒体在进行传播的过程中,其价值观的传递和相关内容的报道与评论,能够对受众产生较大影响,并且产生公共教育的功能。美国知名传播学者、现代传播学奠基人之一的拉斯韦尔(Harold Lasswell)在《社会传播的结构与功能》一文中将传播的功能归纳为三项,其中第三项为"传播社会文化遗产"①。美国著名心理学家班杜拉(Albert Bandura)在研究人的社会认知过程时发现,大众传媒在知识传播和创新传播方面发挥着重要作用。② 我国著名社会心理学家沙莲香教授也曾经明确指出,大众传播能够把文化传递给下一代,并且对离开了学校的成年人、社会成员不断进行教育,使之共享统一的价值观、社会规范和社会文化遗产。③ 由此可见,承担公共教育的责任也是媒体的社会责任之一。

  媒体要承担公共教育的社会责任,首先应该传播正确的价值观念。教育的一个重要任务就是帮助人们树立正确的价值观。价值观不但影响人们的行为方式和行为选择,而且会影响整个社会的风气和社会风尚。媒体传播正确的价值观,一方面通过潜移默化的影响使个人建立起正确的价值观,另一方面通过营造一种良好的社会风气,使人们在正确价值观的氛围中接受熏陶,自然而然地建立起正确的价值观。其次,要传播准确的社会知识,这也是对媒体素养的要求。只有向人们传播准确的社会知识,而不是模棱两可的社会知识,才能真正提高社会公众的认知水平,否则会适得其反。再次,要能够用通俗易懂的语言深入浅出地使社会公众尽可能地了解专业的知识。随着学科分工的细化和科技的发展,专业化发展成为现代社会的重要特征,人们从事某一方面的工作或者学习某一方面的知识就往往意味着无暇对其他方面的知识进行深入学习或了解,这决定了媒体要承担向公众传播专业知识的责任。面对社会公众知识水平参差不齐的情况,媒体要实现公共教育的职能,就必须想方设法使自己传播的内容能够让社会公众理解和接受。因此,媒体在进行专业知识传播时,应该选择通俗易懂的语言将专业知识深入浅出地呈现出

---

① Lasswell, Harold D. The Structure and Function of Communication in Society. In L. Bryson (ed.). *The Communication of Ideas: Religion and Civilization Series*, 1948, New York: Harper & Row, pp. 37–51.

② 〔美〕班杜拉:《思想和行动的社会基础——社会认知伦》,林颖等译,华东师范大学出版社2001年版,第195页。

③ 沙莲香:《传播学——以人为主体的图像世界之谜》,中国人民大学出版社1990年版,第168页。

来。媒体进行公共教育能实现多元化的传播方式和娱乐化的呈现方式，往往比传统的学校教育课程更具有吸引力和影响力（尤其是对年轻一代而言）①，它也因此被称为"隐形学校"（invisible school）。

媒体作为引领社会舆论的力量，它的社会责任还表现在对未来社会发展的前瞻性的意识。媒体不但要关注当下社会发生了什么，还要特别关注未来社会可能发生什么，并且要对未来的发展趋势进行充分的评估、预测，积累关于未来的相关知识，适时地进行知识传播和相关报道，以切实体现媒体的前瞻性意识和责任。

二、慈善教育需要媒体责任的发挥

媒体是传播慈善、监督慈善的重要载体和途径。在传播慈善和监督慈善的过程中，有意识地和无意识地对社会公众进行了慈善教育。随着慈善事业在我国的持续快速发展，慈善与大众媒体的关系越来越密切。慈善的特性决定了大众媒体要承担其社会责任，必须更好地发挥慈善教育的功能。

首先，慈善是一种价值观，这种价值观能够对看重权力和财富（政治经济受它们驱使）的主流价值观进行约束、修正并不时对其进行教化②，它所表达的关心他人、利他的价值观念，与社会主义核心价值观的友善的要求具有高度一致性，是促使人们建立正确的财富观的重要因素。媒体负有引导人们树立正确的价值观的使命，媒体的这一使命和慈善的价值观导向决定了媒体应该大力对慈善的价值观进行传播，大力弘扬慈善所传递的价值观。事实上，媒体对慈善所表达的价值观的宣传报道往往能够起到传播正能量、启迪更多人树立利他价值观的作用。比如，媒体对盖茨和巴菲特慈善晚宴的报道不但使人们了解了"裸捐"这个概念，慈善晚宴在促使富人做出慈善承诺的同时，也激励了民间的慈善行为，向社会传递了慈善的价值观。与传统慈善相比，现代慈善更为追求全民慈善，强调慈善是人人可为的事业。媒体对身边的慈善行为的报道、评论，有助于人们改变慈善是富人的责任的观念，促进人们建立慈善是人人可为的现代观念。

---

① 张学波：《国际媒体教育发展综述》，载《比较教育研究》2005年第4期。
② 〔美〕佩顿、穆迪：《慈善的意义与使命》，郭烁译，中国劳动社会保障出版社2013年版，第37页。

其次，自科学慈善运动兴起以来，关于慈善已经建立了一套较为完备的知识体系，形成了一些相对较为固定的慈善术语。媒体是传播这些知识和术语的有效途径，比如"玻璃口袋"、"慈善的行政成本"、"全民慈善"等概念就是通过媒体的不断传播而被人们逐渐接受的。媒体的公开性决定了它对慈善知识和概念的传播有更广的影响力，这也是媒体履行其公共教育职能的重要体现。随着慈善的发展，媒体对慈善知识的传播将呈现广度和深度的提升，从而推动更多的人更为深入地了解慈善、认识慈善。

第三，媒体对慈善专业术语和专业知识的阐述，能够帮助人们更为透彻地理解慈善，从而使人们真正掌握现代慈善，并且运用媒体提供的信息进行慈善决策。现代慈善的发展呈现出专业化的发展趋势，专业化发展不但提高了对慈善的技术要求，也提高了对公众的社会认知要求，而绝大多数社会公众并非从事慈善的专业人士，因此难以建立对慈善的专业认知。大众媒体的社会责任就在于通过大众化的传播将专业化甚至较为深奥和复杂的慈善内容转换为社会公众可以理解的语言，以此推动社会公众对慈善的正确认知。比如，大众媒体对慈善组织财务公报的解读，能够帮助社会公众正确地理解和认知慈善组织的经费使用情况，并以此判断慈善组织的运作情况。

第四，大众媒体天然地负有对慈善进行监督的社会责任。现代慈善是"玻璃口袋"，它的运作和发展需要广泛的社会监督，媒体是对慈善进行监督的重要渠道。事实上，一些慈善组织的危机事件首先是由媒体曝光而被社会公众所知晓的。美国新闻史上曾经出现过影响深远的"揭丑运动"（也称为黑幕揭发运动、扒粪运动等），媒体勇敢地承担起社会监督的功能，也促进了新闻媒体的专业化发展。[1] 从慈善的发展过程来看，媒体对慈善组织的监督不但促进了慈善组织的自律和对自身能力建设的重视，而且促进了社会公众对慈善的关注，从而对慈善组织形成双重外部压力，在促进慈善组织规范化、专业化运作的同时，提升了人们的慈善认知。

从发达国家慈善事业的发展来看，随着经济生活水平的改善和人们慈善意识的增强，人们关注慈善、参与慈善的意愿会随之增强[2]。反观

---

[1] 杨静：《"揭丑运动"对媒介生态的影响》，载《媒体时代》2013年第10期。

[2] Schervish, Paul G., and John J. Havens. Money and Magnanimity: New Findings on the Distribution of Income, Wealth, and Philanthropy. *Nonprofit Management and Leadership*, 1998, 8 (4): 421 – 434.

我国慈善事业的发展也可以发现，2008年以来我国社会捐赠总额一直持续在较高的水平，加之国家不断出台促进慈善事业发展的利好政策，慈善事业在未来将在我国呈现出更为繁荣的景象。媒体要顺应慈善事业发展的趋势，积极地履行慈善教育的社会责任，才能在未来慈善事业的发展过程中准确把握慈善的运行规律、重视对公众的慈善教育和对慈善组织的监督，从而更好地履行自身的社会责任。《民政部 国家互联网信息办公室 国家新闻出版广电总局关于积极发挥新闻媒体作用做好慈善事业宣传工作的通知》指出："广大新闻媒体是推动慈善事业发展的重要力量，是慈善事业的主要宣传阵地。做好慈善事业宣传工作，是新闻媒体承担社会责任、引导主流舆论的重要方式，是弘扬慈善精神、培育社会主义核心价值观的有效途径。发挥新闻媒体的传播优势，扩大慈善事业影响力，有利于拓展慈善活动平台，创新慈善事业发展方式，有利于推动公开透明，促进慈善事业健康发展。"[1]

三、"善经济"时代的媒体和慈善教育

随着市场化改革的推进，我国已经建立起社会主义市场经济体制。在社会主义市场经济条件下，作为市场参与主体的媒体要在激烈的市场竞争中立于不败之地，就必须提供符合市场需求的产品和服务。从国外慈善事业的发展过程和我国慈善事业的发展现状来看，我国迎来了"善经济"时代。[2] 市场经济更多地强调企业的营利性，而"善经济"时代则呼吁企业在营利的同时要更多地承担社会责任。

"善经济"时代的来临对社会公众的慈善认知提高了要求。"善经济"时代要实现的是人人慈善，而不是个别人参与慈善，这意味着全体社会成员普遍参与慈善。慈善教育是提升社会公众慈善认知、端正慈善动机、促进慈善行为的重要途径，而媒体的慈善教育因其传播的无处不在而显得尤为重要。随着人们慈善意识的增强，人们渴望更多地获得与慈善相关的信息和服务，以准确地把握慈善，从而进行慈善决策，这也呼唤媒体能够审时度势地提供准确可靠的慈善信息。作为市场主体的媒

---

[1] 《民政部 国家互联网信息办公室 国家新闻出版广电总局关于积极发挥新闻媒体作用做好慈善事业宣传工作的通知》（民发〔2015〕139号），2015年7月20日。

[2] 关婧：《王振耀：中国到了"善经济"时代》，见 http://finance.ce.cn/rolling/201503/21/t20150321_4892202.shtml。

体要尽量迎合市场的需求，提供受众喜闻乐见的服务和产品。因此，媒体必须顺应社会公众对慈善教育需求的增长趋势，加大对慈善的投入力度，更好地满足社会公众的需求。

"善经济"时代对媒体的社会责任提出了更高的要求。作为社会责任承担主体的媒体要更多地担负起自身的社会责任，这种社会责任不仅包括大力传播慈善文化理念、积极宣传慈善事业成就、广泛宣传正面慈善典型、助力宣传推广慈善需求、着力推动慈善公开透明，还包括媒体以企业公民的身份直接参与慈善。媒体对慈善的直接参与是最好的传递慈善价值观的形式，借助媒体自身的影响力和传播力，往往能够起到事半功倍的效果。

从现实情况来看，在我国"媒体慈善"已经成为媒体竞争的新"利器"。媒体通过自身的影响力，广泛地发动企业、社会公众为慈善事业贡献力量，搭建慈善的公共平台，为有需要的人群提供服务和帮助[1]。媒体慈善在呼吁慈善的过程中也提升了媒体自身的形象和媒体的影响力，实现了一举多得的效果。综合来看，无论从满足市场需求的角度来看，还是从顺应"善经济"时代来临的角度来看，媒体参与慈善教育既是媒体深入融入市场经济、促进自身经济收益提升的举措，也是其承担社会责任、促进人人慈善的重要措施。"善经济"时代的来临呼吁媒体更多地承担慈善教育的责任！

第二节　媒体中的慈善与慈善中的媒体

作为信息传播的主要工具，媒体承担着传播慈善信息、监督慈善行为、推广慈善知识、弘扬慈善文化的作用；同时，媒体作为企业公民的组成部分，也是慈善参与的重要组成部分。媒体对慈善的呈现主要是通过发挥媒体的公共传播的功能来实现的，在慈善的报道、评论、监督过程中，媒体主要是站在客观的立场来工作，这体现了媒体的基本特征；而媒体对慈善的参与则使媒体以慈善参与主体的身份直接参与到慈善的运作中，使媒体不但成为慈善教育的倡导者、引领者和传播者，也成为慈善的践行者，以其自身的实际行动来推动慈善教育的发展。

---

[1] 魏涛：《媒体慈善——新闻竞争的新利器》，载《新闻战线》2006年第4期。

一、媒体对慈善的宣传与监督

媒体的基本功能是进行宣传,在慈善教育的过程中,媒体也首先发挥着宣传慈善的功能。在没有大众媒体的时代,宣传主要是靠口耳相传,传播范围和影响力都十分有限。由于口耳相传过程中的记忆失真,还会导致流言和谣言的盛行,从而使信息的可靠性大大降低。借助大众传播媒体,尤其是无处不在的网络媒体,信息不但可以实现全天候的准确传播,而且能够被绝大多数社会成员接触。大众媒体的这一特征,决定了它对慈善的宣传能够使慈善信息传递给绝大多数社会成员。媒体能够显著影响人们的认知,这是国内外经验和研究共同证实的结论[①],人们的媒体使用习惯和对媒体报道的认知会显著影响到人们对慈善组织的认知和公信力评价[②]。现代分工的精细化使每个社会成员直接参与慈善及慈善组织运作的可能性降低,通过媒体间接地了解慈善和慈善组织的运作成为人们建立慈善认知、进行慈善决策的重要依据。因此,媒体对慈善的宣传能够在很大程度上影响人们的慈善认知、慈善动机、慈善意愿和慈善行为。

从世界范围来看,各国的媒体都十分注重对慈善的宣传和报道。在英国,随着企业参与慈善行为的增多,关于慈善的报道经常出现在国家新闻媒体和出版物中。[③] 在我国,随着党和国家对慈善的重视和慈善事业的发展,慈善也越来越多地出现在大众媒体中。从报道的内容来看,消息的报道最多,而深度调查和报道较少。仅以报刊为例,有研究对2006年1月1日—4月1日《人民日报》《北京青年报》《新民晚报》刊登的对慈善的报道做过统计,发现这3大报纸在3个月期间分别出现了136篇、175篇和160篇与慈善相关的报道,其中《人民日报》中90%的慈善报道属于消息,《北京青年报》中67%的慈善报道属于消息,《新民晚报》中66%的慈善报道属于消息;而深度调查和评论分别在3大报纸中占

[①] Entman, Robert M. How the Media Affect What People Think: An Information Processing Approach. *The Journal of Politics*, 1989, 51 (2): 347-370.

[②] 石国亮:《慈善组织公信力的影响因素分析》,载《中国行政管理》2014年第5期。

[③] Brammer, Stephen, and Andrew Millington. Firm Size, Organizational Visibility and Corporate Philanthropy: An Empirical Analysis. *Business Ethics: A European Review*, 2006, 15 (1): 6-18.

2%、19%、14%。① 另一项对 2006 年 1 月 1 日—2011 年 12 月 31 日出版发行的《广州日报》的抽样分析发现，在抽取的 438 份报纸中慈善报道有 734 篇，其中 62.4% 属于消息报道，深度报道仅有 28 篇，占 3.8%。② 这从客观上反映出当前我国报纸对慈善的报道较为浅显，深度不够。从慈善报道的题材来看，报道的主要内容是与慈善活动相关的，这些慈善活动主要可以概括为 3 类：政府主导的慈善活动、慈善组织主导或慈善组织与政府/企业联合组织的慈善活动、明星参与的慈善活动。除了普通报纸中对慈善的报道外，我国还有《公益时报》《公益周报》等专门性的公益类报纸进行慈善宣传和报道。而且，越来越多的报纸设有慈善或公益周刊，如《人民政协报慈善周刊》《京华时报公益周刊》《北京晚报慈善周刊》《南方都市报公益周刊》和《晶报深圳公益周刊》等。

除了报纸的慈善报道外，电视、广播电台、杂志和互联网也是进行慈善宣传的重要途径。从发达国家的情况来看，专门的慈善节目是常见的宣传手段，如英国广播公司（BBC）在 1993 年就设立了志愿部门电视台（Voluntary Sector TV），专门对与慈善相关的内容进行报道。③ 我们目前虽然有一些地方电视台推出与服务"三农"相关的公益频道，但是真正与公益慈善相关的内容只占公益频道的一小部分内容，因此并不能算真正意义上的公益频道。而且，在省级及更高层面上，尚未出现公益频道。由于广播电台在我国的影响力已经大大降低，我们不再详细探讨它的慈善传播。从杂志对慈善的传播情况来看，目前我国有《中国社会组织》《社会与公益》《中国慈善家》《希望工程》《环球慈善》《社会创业家》等期刊，定期对慈善进行报道。就互联网在慈善宣传中的作用来看，当前互联网（包括新媒体）在慈善宣传中的作用日益显现，四大门户网站（新浪、网易、搜狐、腾讯）以及新华网、人民网、光明网、央视网等官方网站都建立了自己的公益频道。慈善组织自身也通过加强网络建设来进行慈善宣传。

---

① 方霞：《国内报纸慈善新闻现状分析》，华中科技大学硕士学位论文，2006 年 4 月，第 10—11 页。
② 李贺：《〈广州日报〉慈善报道研究（2006—2011）》，暨南大学硕士学位论文，2012 年 4 月，第 16—17 页。
③ Deacon, David, Natalie Fenton, and Beth Walker. Communicating Philanthropy: The Media and the Voluntary Sector in Britain. *Voluntas: International Journal of Voluntary and Nonprofit Organizations*, 1995, 6 (2): 119–139.

至于媒体对慈善的监督，以 2011 年郭美美事件为界，大体上可以分为前后两个阶段。在郭美美事件之前，媒体对慈善的报道以正面宣传为主，负面信息较少。这虽然有助于在社会上树立慈善榜样、宣传慈善文化，但是不利于媒体发挥对慈善的监督功能。造成这种现象的原因一方面与我国媒体对传播的观念认知有关，另一方面与媒体人对慈善的认知有关。客观地说，我国媒体发挥的更多的是宣传功能，即将信息传递给受众，而不是舆论监督的功能。与我国媒体相比，西方媒体在对慈善的监督方面发挥的作用更大，若干慈善丑闻都是由媒体最新披露出来的，引起社会公众的关注进而对政府和慈善组织形成压力，从而对慈善丑闻进行深入调查。

自郭美美事件后，媒体对慈善的监督功能得到重视。郭美美事件触动了整个社会敏感的神经，打击了全社会对慈善组织的信任，它作为一个爆发点和导火线，反映了人们长期以来累积的对中国慈善组织的怀疑与不满。郭美美事件引起了整个社会对红十字会的普遍质疑，政府和红十字会都积极应对这一事件带来的不良影响。国务院颁布了《关于促进红十字事业发展的意见》，其中明确提到加强红十字会的公开透明建设和建立综合监督体系。红十字会为此采取了三项措施，主要包括加强信息化体系建设、综合性的监督体系建设和基金会监督管理体系建设。2012 年还专门成立了社监委对红十字会进行监督。尽管如此，在北京"7·21"水灾和芦山地震中，红十字会的募捐和相关工作，都遭受质疑。红会一位中层对记者表示，"在 2008 年之前，红会对存在问题作出的种种解释还有人听，如今，不管他们再说什么，似乎都没有人相信了。"[1] 红十字会受郭美美事件的影响，被贴上了"黑十字"的标签，不管做什么都是错的。其实不难发现，这是一种典型的"塔西陀效应"[2]。当慈善组织失去公信力的时候，不管它是在说真话还是说假话，也不管它是做好事还是做坏事，都会认为它是在说假话做坏事，大家已经不再相信它。当然，这也与新媒体时代的传播特征、公众民主政治意识增强以及公众对慈善组织容忍度下降有关。

在这个阶段，媒体对慈善的监督还出现了两个值得注意的现象：一

---

[1] 郭晋晖：《红会整改如履薄冰 "8470 万善款改用途" 又遭质疑》，载《第一财经日报》2013 年 5 月 2 日第 A05 版。

[2] 朱铁志：《从 "塔西佗陷阱" 说起》，载《今日浙江》2014 年第 9 期。

种是缺乏常识的错误性批评。比如,公益慈善的运行是需要成本的,《基金会管理条例》规定基金会可以提取10%以内的运行成本费。但是,网友和媒体对任何公益慈善项目提取管理费都会提出质疑,甚至认为做公益慈善的人不应该拿工资。另一种是道德洁癖带来的泛道德化批评。这种批评实质上是沾染了公益慈善洁癖,对于公益慈善组织和捐助者的慈善行为及其慈善动机都投去了过于苛刻、全面质疑的目光,甚至将慈善行为理想主义化,不允许任何公益慈善组织有任何的差错,不允许捐助者除捐助之外存在任何"杂念"。这种泛道德化的批评,不仅容易给慈善主体带来道德误伤甚至道德创伤,还会增加公众的道德焦虑,降低公众对于慈善的认同度。这两种现象,在郭美美事件发生前就存在,但是在郭美美事件后更加突出。

　　类似上述缺乏建设性心态的批评,并不是真正意义上的监督。它既违背了公益慈善的本质,也不符合公益慈善事业"以善促善"的发展逻辑。公益慈善本是人们出于内心深处的同情和博爱之心而实施的善举,一旦美好的愿望遭遇不合理的批评就很容易"受伤"。这就如同一件精致的"瓷器",表面贵重却实则脆弱。尤其是我国的公益慈善事业尚处在初级阶段,难免存在各种各样的问题,一时难以解决,这就迫切要求全社会群策群力,传播和积聚公益慈善建设的"正能量",而这种"以恶待善"的批评带给公益慈善更多的是"负能量"。

　　秉持建设性心态的批评则不同,它不是不批评,而是依据事实讲道理,进行客观、公正、理性的批评;也不是少批评,而是多一些理解、宽容和支持,以包容互信为品格,团结公益慈善的力量;更不是为了批评而批评,获得发泄情绪的快感,而是在批评的基础上更进一步,从"发现问题"到"发现问题的原因"再到"促进问题的解决",最终的目的是助推公益慈善组织公信力的提高。

　　秉持建设性的心态对公益慈善进行批评,其实也不难。它需要批评者及时更新公益慈善的新知识和新理念,不断提高公益慈善的专业素养,依据新的常识而非自己既定的认知进行专业性的批评,以此引领公益慈善新知识、新理念的传播;需要批评者提升理性思考公益慈善的能力,依据事实而非情绪进行理性的批评,以此来监督和促进捐赠者和公益慈善组织把好事做得更好;需要批评者正确区分公益慈善与道德的辩证关系,依据以善促善而非道德的理想主义进行宽容性的批评,以此引导捐赠者和公益慈善组织在公益慈善参与中积累道德，最终促成以善促善、人人公益、人人慈善的新风尚①。

2015年7月20日，《民政部 国家互联网信息办公室 国家新闻出版广电总局关于积极发挥新闻媒体作用做好慈善事业宣传工作的通知》就"支持新闻媒体发挥舆论监督作用"提出了新的要求，即"对慈善组织的募捐活动、捐赠款物使用、信息公开等情况进行监督，对违法违规及不良现象和行为进行曝光，探索建立信用评价联动体系，促使慈善组织增强运作规范性，提升社会公信力"②。这就表明，媒体对慈善组织的监督要真正发挥作用，关键是要探索建立信用评价联动体系，这样才能建立起慈善组织不敢不规范运作、不能不规范动作、不想不规范运作的监督机制。

二、媒体慈善报道中的知识引导

现代慈善与传统慈善的现状差别在于现代慈善更为强调科学性、专业化和可持续性，尤其是随着慈善成为一门科学和慈善专门人才的培养，现代慈善呈现出较强的专业性特征，这对社会公众认知慈善造成一定的障碍，毕竟绝大多数社会公众不是专门从事慈善的业内人士。由于我国的学校教育体系中缺乏慈善教育的相关课程，公众要认识和了解慈善，只能从学校外寻找途径。大众媒体作为公众最容易接触到的途径，成为传播慈善知识的不可替代的工具。从国外媒体对慈善知识的传播和引导来看，报纸、电视和互联网发挥着重要的作用。从我国的情况来看，大众媒体对慈善知识的介绍和评论越来越多，但是起步较晚，影响较小。

媒体对慈善知识的引导主要体现在媒体的报道中对涉及慈善知识的内容进行阐明和分析。如"公益创投""社会企业家""志愿储蓄银行"等概念都涉及慈善专门知识，一般的社会公众看到这些词汇难以真正理解，这就要求媒体在使用此类词汇时要进行必要的说明，帮助公众准确理解这些词表达的确切含义。除了对慈善专业术语进行必要的知识引导外，媒体对慈善知识的引导最主要地体现在对现代慈善观念的引导上。

---

① 石国亮：《开展公益慈善批评应秉持建设性心态》，载《中国社会报》2014年12月24日第5版。

② 《民政部 国家互联网信息办公室 国家新闻出版广电总局关于积极发挥新闻媒体作用做好慈善事业宣传工作的通知》（民发〔2015〕139号），2015年7月20日。

媒体要通过对国外经验的介绍、国内典型慈善人物和事件的报道，向社会公众传播正确的现代慈善观念，在此基础上逐步引导人们掌握一定的慈善知识。社会公众接触慈善知识是为了更好地建立对慈善的正确认知，以便投入慈善实践，因此，媒体对社会公众的慈善知识引导不是要挖掘深奥的慈善知识，而是要使用日常话语将慈善知识表达出来，使人们能够听懂、看懂，并在此基础上做出判断。这不但要求媒体人自己真正理解慈善，而且要求媒体人要有较好的文字功底，使用"接地气"的话语来传播慈善知识。

三、慈善教育中的媒体参与

媒体不但是慈善的传播者、监督者，也是慈善的践行者。媒体直接从事慈善是对社会公众最好的慈善教育。媒体直接参与慈善是随着企业社会责任的推广而展开的，最初往往是采取与慈善组织联合举办慈善活动的形式。

媒体参与慈善教育的第一种形式是通过媒体宣传慈善观念和慈善知识。如我国知名的环保组织自然之友在1996年创办了会员刊物《自然之友通讯》，向会员宣传环境知识、慈善活动等内容，产生了一定的影响力，也促进了其他公益类刊物的面市，如《中国发展简报》于1997年创刊，《公益时报》于2001年创刊，《NPO纵横》于2005年创刊（2009年更名《社会企业家》）。这些以公益慈善为主题的刊物在社会上营造了传播慈善的氛围，也为后来出现的网络公益频道、网络慈善平台宣传等奠定了社会基础。

媒体参与慈善教育的第二种形式是媒体举办公益慈善活动，这种慈善活动形式多样，既包括举办公益评选和竞赛、组织慈善募捐，也包括媒体成立慈善基金会、自身进行慈善捐赠等形式。如《南方都市报》从2004年开始启动了以"责任中国"为主题的公益品牌系列活动，活动包括全国公益广告大赛、公益有奖征文等固定化的常规活动，还包括与慈善组织联合开展的各种公益项目、举办慈善拍卖等。此外，《南方都市报》还和其他媒体联合开展年度公益盛典评选，评选出年度公益人物、公益行动、公益组织、公益思想、"责任中国"年度致敬大奖等奖项。《深圳特区报》成立"特报公益慈善基金"，推出"公益金百万行"活动，通过媒体搭建公益参与平台，从2012年首次设立开始，到2014年第三届活动为止,"公益金百万行"累计接受善款 1134 万①。《南方周末》与民政部携手合作举办中国公益微电影节,开启了公益项目创新。这些公益活动和相关的公益评选,能够在全社会形成一种舆论氛围,形成人人关心慈善的局面,从而实现慈善教育。

媒体参与慈善教育的第三种形式是新媒体催生的网络慈善。如电商平台淘宝网不但设立了公益平台,以公益捐赠、公益义卖、公益拍卖、公益众筹等形式鼓励人们参与慈善,还启动了公益宝贝计划,凡加入公益宝贝计划的产品,每卖出一件,商家就会拿出一定比例捐赠给慈善组织,这使得人们的消费行为也产生了公益性。在淘宝的公益平台,每个社会成员都可以根据自己的喜好选择给出多少公益捐赠,比如即使是 2 块钱的公益捐赠,也可以进行。这有助于改变社会公众的慈善认知,使公众认识到慈善是人人可为的事业,并不是只有大额的捐赠才是慈善。目前已经形成了三大网络捐赠平台,分别是腾讯公益、蚂蚁金服公益平台、淘宝公益。这些网络平台提供的公益慈善参与,实际上是引导人们在日常生活中培养公益慈善意识和形成公益慈善习惯的重要渠道。通过日常的小额慈善捐赠等形式,可以使人们形成参与慈善、支持慈善的行为习惯,从而促进慈善观念的转变和慈善行为的可持续发展。

媒体参与慈善教育的第四种形式是近年来出现的公益电视节目。公益电视节目始于 2011 年浙江卫视推出的《快乐蓝天下·中国梦想秀》,这档以明星参与助推平民圆梦的节目带有很强的娱乐性,也正是娱乐与慈善的结合使人们在享受娱乐的同时感受慈善的力量。为了实现圆梦的诺言,浙江卫视与中国社会福利基金会共同成立了"梦想助力基金",吸引了大批的企业家和爱心人士的捐款。此外,湖南卫视推出《帮助微力量》,观众在观看节目的同时可以进行认捐。中央电视台综合频道推出《梦想合唱团》,以当红明星和家乡人组合成合唱团的形式寻求唱歌梦想的实现,每个合唱团可以获得不同额度的梦想基金用于支持家乡的建设和发展。这类将慈善与娱乐相结合的电视节目,通过娱乐化的运作提升了人们的观赏兴趣,又通过具有感召力的故事或情节吸引人们在观看的同时参与慈善,从而达到了在娱乐中提升慈善意识、在慈善中体验娱乐的目的。

---

① 甘霖:《以慈善践行媒体责任》,载《深圳特区报》2014 年 12 月 14 日第 A05 版。

随着慈善事业在我国的发展，媒体参与慈善教育的方式也在不断创新，尤其是新媒体的出现使"微公益"成为时尚，媒体参与慈善教育的途径和方式将更为多元、更具吸引力。

第三节　慈善教育的网络化与微慈善的兴起

互联网技术的发展推动了媒体的发展，也促进了慈善教育的网络化发展。慈善不仅借助互联网广为传播，而且以互联网为平台开展的慈善募捐、慈善拍卖、慈善义卖等也层出不穷。移动互联网技术的进步不仅促进了慈善观念的传播，还使微公益、微慈善成为可能。通过移动终端（如手机、平板电脑等），人们可以方便地了解慈善信息、支持慈善行为、参与慈善活动。互联网的发展为慈善教育的推广拓展了空间，它将在未来慈善事业的发展中发挥更大的作用，对推动人人慈善贡献力量。

一、网络社会的崛起

互联网的出现是信息技术革命的结果，它最初被应用到军事策略、大型科学组织和科技产业中。电脑的普及和发展使得互联网技术呈现日新月异的发展并在全球普及开来。如今，互联网已经成为人们日常生活的一部分，并给人们的生产、生活带来了深远的影响。早在新千年到来之前，美国著名传播学研究者卡斯特（Manuel Castells）就提出了"网络社会"的概念，他认为：信息时代的支配性功能与过程日益通过互联网组织起来，由此形成新的社会形态，网络化逻辑的扩散实质地改变着生产、经验、权力与文化过程中的操作和结果。新信息技术范式为网络渗透到整个社会结构提供了物质基础，而在网络中的现身或缺席以及美国网络相对于其他网络的动态关系，将构成社会中支配与变迁的关键根源，从而形塑了网络社会（network society）[①]。

与以往的社会形态不同，网络社会有自身的独特性。首先，网络社会是一个全球社会，互联网建立的目的就是实现全球的信息共享。通过互联网，世界各地的信息和资源能够得到传播和交流，比如中国网民可以浏览国外的网站，国外的网民也可以浏览中国的网站。这使信息的交

[①] 〔美〕卡斯特：《网络社会的崛起》，夏铸九等译，社会科学文献出版社2001年版，第569页。

流打破了时间和空间的限制,只要是能够联网,人们就可以方便快捷地查询自己需要的信息。借助互联网,时空的概念被压缩。诚如美国未来学家尼葛洛庞帝(Nicholas Negroponte)所言,后信息时代将消除地理的限制,就好像"超文本"挣脱了印刷篇幅的限制一样。数字化的生活将越来越不需要依赖特定的时间和地点,现在甚至连传递"地点"都开始有了实现的可能①。尽管网络社会从其存在形式上来看是一个虚拟社会,但是它催生了一种新的存在方式,并且改变着社会关系结构②。也就是说,这种虚拟的网络社会对人们的现实社会产生了显著的影响,并且在若干领域带来了革命性的变化。比如,网络社会改变了人们的交往方式,通过网络世界各地的人能够实现相互联系,全球经济更加一体化。

互联网在我国的发展速度相当快。根据中国互联网络信息中心发布的数据,"截至2017年12月,我国网民规模达7.72亿"③,网络的发展不仅改变着人们的交往方式,也改变着人们的生产和生活方式。如每年11月11日,作为网民狂欢的购物节对网民生活影响巨大,也给互联网企业、电商提供了无数商机。移动互联网的发展及随之产生的微博、微信等新媒体则使网络的影响更为无处不在、无时不有。毋庸置疑,我国已经进入真正的网络社会时代。

二、慈善教育的网络化

网络社会的出现及由此产生的网络对现实社会的真实影响,使利用网络进行慈善教育、慈善宣传、慈善监督和慈善参与成为可能。不论慈善教育的正式教学和非正式教学形式,网络都为它们提供了空间和场域。

在正式教学方面,网络慈善教育主要是指通过专门的网络慈善培训课程,向受众传播慈善理念、慈善知识和慈善技巧等。目前我国的成人教育已经实现了网络化,但是在慈善教育领域出现的此类专门网站或者课程还比较少,如恩友财务为社会组织提供专门的财务培训④。一些网

---

① 〔美〕尼葛洛庞帝:《数字化生存》,胡泳、范海燕译,海南出版社1997年版,第194页。

② 童星、罗军:《网络社会及其对经典社会学理论的挑战》,载《南京大学学报(哲学·人文科学·社会科学版)》2001年第5期。

③ 《第41次〈中国互联网络发展状况统计报告〉》,见http://www.cnnic.net.cn/hlwfzyj/hlwxzbg/hlwtjbg/201803/t20180305_70249.htm。

④ 见http://www.nfriend.org/。

站提供了相应的培训课件或相关图书资料供受众下载使用，如中国公益慈善网建有"资料中心"，提供学术文章、培训课件、慈善百科、案例汇编等的下载①，方便了慈善教育。从国外的情况来看，存在较为系统地推广慈善教育的网站，如学会给予，该网站上有为从幼儿园到12年级的学生、老师、家长、社会工作者、宗教团体等提供的慈善教育资源②；再比如慈善圆桌（Philanthropy Roundtable），也有专门针对幼儿园到12年级的学生的慈善教育内容③。与之相比，我国目前尚未出现这样的专门针对学生的慈善教育资源网站，不过，随着我国慈善事业的发展和人们对慈善教育的重视，未来我国也会逐渐建立起此类慈善教育模式。

在非正式教学方面，网络的慈善教育功能应用得更为广泛。首先，网络作为信息传播工具，可以实现对慈善信息的有效传播，网络信息传播的特点在于其速度，借助"朋友圈"等人际交流的模式实现慈善信息的几何级数传播，从而实现慈善信息的高效传播。网络慈善信息传播比现实中的信息传播更具有批判性，传统媒体对慈善信息的传播以正面的宣传为主，但是网络的慈善信息则在传播正面信息时也重视对负面信息的报道和传播，而在网络传播的过程中，负面信息往往比正面信息传播得更快，更有影响力。这自然对慈善组织形成压力，从而客观上促进了慈善组织自身的能力建设和公信力建设，也推动了政府加大对慈善组织的监管力度。因此，网络对慈善信息的传播不仅对社会公众起到慈善教育的作用，也间接地对慈善组织和政府起到了慈善教育作用。

其次，网络已经成为人们实践慈善行为的有效途径，推动了人人慈善的出现。网络社会出现之前，人们的慈善参与更多的是面对面的参与，或者是单位组织的慈善参与，在这种情况下个人往往承受较大的外部压力，比如单位动员的慈善不得不参加，因此使慈善成为"被动慈善"。网络慈善的发展使人们成为主动参与者，一方面网络具有一定的匿名性，人们进行网络慈善参与可以选择匿名的方式，这使人们感受到的慈善社会压力大大降低；另一方面，在网络条件下，是否进行慈善、捐赠多少都取决于个人，个人可以根据自身的经济实力决定捐赠额度的大小，不必在乎周围人的眼光——甚至根本没有周围人在场。比如，在网络公益

---

① 见 http：//www.charity.gov.cn/fsm/sites/newmain/index2.jsp。
② 见 http：//learningtogive.org/。
③ 见 http：//www.philanthropyroundtable.org/。

平台上，个人可以捐赠 5 块钱，也可以捐赠 5000 块钱，完全取决于个人的喜好；个人也可以决定是匿名捐赠还是实名捐赠。这有助于实现慈善的自愿原则，从而实现慈善的平民化参与①。此外，网络慈善参与的优点还在于，人们可以实现足不出户参与慈善，如进行慈善竞拍、捐赠慈善项目等，从而有利于推动人们形成常态化的慈善习惯。腾讯公益正是利用了网络慈善的这些特点，于 2015 年发起了"99 公益日"，致力于推动实现"人人可公益"，3 天内收到 205 万人次的 1.279 亿元的捐赠②。事实上，单笔捐赠平均仅为 62 元，正是这样的小额捐赠，在社会上宣扬了"人人可慈善"的理念，逐渐开始扭转人们的慈善观念，推动人们践行慈善。但是，网络慈善要实现"善治"，就必须加强管理，做到公开、透明，经得起检验，这不但需要公益平台自身加强建设，也需要政府出台相应的政策予以规范和约束③，否则会伤害到网民的公益慈善参与热情，甚至危及我国公益慈善事业的健康发展。《慈善法》出台后，对网络募捐做了要求，民政部也认定了慈善募捐平台，但是如何更为具体地对网络慈善进行管理，尚存在较大法律空白④，迫切需要"构建政府主导、民政牵头、部门配合、平台参与、社会力量协同、自律与他律结合的综合监管体系"⑤。

三、"微时代"与微慈善

在大规模工业化的时代，以标准化流水线生产为主要模式的福特制甚嚣尘上，成为企业竞相使用的生产模式。如果说福特主义表现的是规模、伟岸、恢宏，那么在今天随着人们需求的个性化和多元化，规模化已经不再为人们所推崇，取而代之的是"微"。微博的出现使微时代更为清晰可见，然而它的深层的根源是后福特主义文化逻辑在中国城市社会中的深度拓展⑥。移动互联网的迅猛发展进一步推动了"微时代"的

---

① 汪丹：《我国网络慈善事业的可持续发展研究》，载《社会工作》2014 年第 6 期。
② 张松：《腾讯发起"99 公益日""互联网＋"破解行业痛点》，载《经济参考报》2015 年 9 月 11 日第 6 版。
③ 袁同成、沈宫阁：《新媒体与"善治"的可能》，载《甘肃社会科学》2014 年第 3 期。
④ 金锦萍：《〈慈善法〉实施后网络募捐的法律规制》，载《复旦学报（社会科学版）》2017 年第 4 期。
⑤ 黄春蕾：《协同治理视角下我国网络募捐监管体系研究》，载《东岳论坛》2017 年第 10 期。
⑥ 盖琪：《后福特主义时代的话语表达机制》，载《探索与争鸣》2014 年第 7 期。

发展，反过来"微时代"的推进又进一步促进了移动互联网的发展。随着这股微浪潮的推动，手机和电脑已经成为人们身体器官的延伸，成为人们进行区隔的因素。微时代的典型特征可以被概括为三个：微小化、信息化和网络化①。微小化既指人们在微时代使用的机器——手机和电脑相比于之前的大型电器更为微小，也指信息传播的内容和篇幅的缩小。比如在微博中只允许一次写140个汉字，因此内容必须短小精悍，不能鸿篇巨制。在微时代一切都被以信息化的方式呈现出来，所有的东西都可以经过编码、压缩、解码等过程被转换为信息。微时代离不开网络，这不仅是年轻人的生活状态，而且是绝大多数网民的生活状态。著名作家王蒙尽管已经80岁高龄，但是一进酒店就问WiFi密码，用他自己的话说"10天用了流量的50%"②。一斑窥豹，由此可见人们对网络的依赖程度。

仅从微博和微信用户的数量来看，微时代的力量也不容小觑，据统计，截至2016年6月，我国微博用户的使用数量为2.42亿人③；而根据2018年腾讯公司发布的第一季度业绩报告，截至2018年第一季度末"微信和WeChat的合并月活跃账户数达到10.40亿"④。微博和微信拥有的用户量使其迅速地成为被关注的焦点，也使其担负起了重要的慈善使命。借助微博的力量，"免费午餐"项目得以推广，并且影响到国家政策；微博"打拐"则利用民间力量为公安部门破获了多起拐卖儿童案件。一时间"微公益""微慈善"成为热门话题。微时代的传播特征决定了利用微博、微信等开展慈善不但是可行的，往往还能够产生惊人的效果。

微慈善的优点在于借助网络的力量，它能够较好地实现公开性和透明化运作。慈善组织遭人诟病的一个很重要的原因是资金的使用方式不恰当，微慈善更为注重人们的平等参与和及时互动，从而降低了人们对

---

① 汪民安：《机器身体——微时代的物质根基和文化逻辑》，载《探索与争鸣》2014年第7期。

② 《80岁老作家王蒙一进酒店就问WiFi密码》，见http://www.wifigx.com/show-499.html。

③ 《中国互联网络发展状况统计报告》，见http://www.cnnic.net.cn/hlwfzyj/hlwxzbg/hlwtjbg/201608/P020160803367337470363.pdf。

④ 《腾讯公布2018年第一季度业绩》，见https://www.tencent.com/zh-cn/articles/8003491526469767.pdf。

资金使用情况的质疑。借助微支付平台，如支付宝支付平台、微信支付平台等手段，微慈善中的慈善捐赠更为便捷。2017年腾讯公益平台发布"小朋友画廊"项目，动员人们捐赠1块钱，支持"用艺术点亮人生"，腾讯设计了非常便捷的扫描支付方式，在5个小时募集到的资金超过1500万元。① 扫描支付的便捷性、只需付1元的小额性，都促使了这项募捐的成功。一项对微公益的调查发现，人们高度认同微公益的便捷、可追踪捐赠、透明。②

微慈善的兴起一方面为慈善事业的发展开辟了新的路径，另一方面也为慈善教育开拓了新方法。民政部门开始建立新的方式来进行慈善教育，例如民政部民间组织管理局设立的微信公共平台"社会组织动态"，每天定时推送与慈善相关的资讯、政策、慈善动态、舆情报告、理论研究成果等，很好地宣传了公益慈善的理念、知识和政策。一些慈善组织已经认识到微公益的力量，纷纷开始建立微博平台、微信公共号等开展慈善的宣传、进行慈善募捐、推动慈善项目。如公益慈善论坛（微信号：loongzone 2006）这一微信公共号秉持"学公益慈善知识，行专业高效之善"的理念，通过发送微信文章、资讯等方式向人们传播慈善公益知识和讯息，起到了良好的慈善教育作用。

第四节　新媒体时代的优秀慈善文化产品

在"善经济"时代，促进慈善的发展是媒体义不容辞的责任，网络社会的崛起和微公益的出现丰富和发展了媒体开展慈善宣传的途径和方式。媒体应该灵活运用网络社会带来的新媒体传播的特点，综合使用传统媒体传播途径和微时代的传播工具进行慈善教育，充分发挥各自的优势，促进人们慈善意识的提升，履行自身的社会责任，促进人人慈善的实现。具体而言，媒体要适应新媒体时代受众的心理需求和接受偏好，根据慈善教育的内容向公众提供相应的产品和服务，通过与专业力量和市场力量的合作提供优秀的慈善文化产品。

---

① 贺义荣：《新媒体环境下公益传播的策略分析——以微信朋友圈"小朋友画廊"传播为例》，载《传播》2017年第12期。

② 张银峰、侯佳伟：《中国微公益发展现状及其趋势分析》，载《中国青年研究》2014年第10期。

一、新媒体时代公众的接受偏好

进入 21 世纪以来，以互联网为中心，通过手机、电脑、数字电视等新媒体，一次史无前例的新媒体革命来临，人类社会进入了新媒体时代。与以往相比，新媒体时代具有以下鲜明的特征：媒体的多元化，随着网络的发展和移动终端的创新，手机、平板电脑、电子书、数字电视等成为新的媒介形式；阅读的碎片化，生活节奏的加快，以及移动终端的发展，使人们的阅读越来越呈现碎片化，借助手机人们可以在等候或乘坐公共交通工具的间隙里阅读网上信息，这种片段式的、跳跃式的阅读成为年轻一代获取知识和信息的重要途径；信息传播的分众化，人们需求的多元化和新媒体的多元化不谋而合，使得新媒体时代的传播根据受众的不同寻求进行的分众传播越来越普遍。①

受众研究一直是传播学研究的重要内容，但是起初的受众分析是为了对受众进行控制，而随着媒介的发展和受众自主性的增强，对受众的分析正沿着从受众控制到受众自治的方向不断前进。英国传播学家麦奎尔（Denis McQuail）曾经指出，"受众研究能够反映受众的声音，也能够为他们的利益说话"②。受众研究往往呼吁媒体从业人员要承担起对受众的责任。受众分析首先要明确的是在市场经济条件下，受众是"具有已知社会经济特征的、媒介服务和产品的实际与潜在消费者的集合体"③，这意味着将受众作为市场消费者来看待的受众分析必须对受众的接受偏好进行分析，才能有的放矢地提供服务。

在新媒体时代，受众分析要综合进行传统的结构性受众研究、行为性受众研究和社会文化性受众研究。在新媒体时代来临之前，结构性受众分析因为受众的分布分散，考虑到受众分析的时间和成本，往往只能进行抽样调查；而在新媒体时代，互联网的连接使大数据分析成为可能，基于手机用户的调查，往往能够得到受众的真实的个人信息。结构性受众分析了解的是受众的构成特点：规模、媒介接触、到达率等问题。行为性受众研究往往通过对受众满意度的调查来分析受众的媒介选择、使

---

① 曹挹芬、曾长秋：《新媒体时代促进社会主义核心价值观民众认同的探讨》，载《中南大学学报（社会科学版）》2014 年第 6 期。
② 〔英〕麦奎尔：《受众分析》，刘燕南等译，中国人民大学出版社 2006 年版，第 22 页。
③ 〔英〕麦奎尔：《受众分析》，刘燕南等译，中国人民大学出版社 2006 年版，第 9 页。

用、意见和态度。在新媒体时代,行为性受众研究更为便捷,一方面通过网络的使用情况可以直接了解到人们的媒介选择和使用,另一方面通过网络尤其是移动互联网调查人们的意见和态度更为方便和可及。社会文化性受众分析是将受众看作传播的主动接受者,通过分析媒介对受众日常生活的介入程度来分析受众特点。①

与传统传播时代不同的是,新媒体时代的受众出现了细分和分化。这就要求媒体要根据细分的受众要求进行分众传播,而不是大众传播。分众传播是针对一定数量并且具有一定共同特质的受众进行的具有强针对性的分流传播活动。②楼宇电视被认为是典型的分众传播方式,在大型写字楼的电梯间通常有楼宇电视,24小时不间断进行广告宣传,有时候也会夹杂一些综艺娱乐节目等内容,这种传统的分众传播形式因其过于明显的营销方式往往被人们所反感。在新媒体时代,要合理使用分众传播方式,就要增强受众的能动性,使受众能够有所选择,而不是被动地接受分众传播。分众传播首先要确定分众的基础信息,性别、年龄、职业、成长背景、受教育程度、知识结构等因素都影响着受众的需求,也是进行分众传播的基础。③要根据不同受众的需求巧妙地将新媒体嵌入传统的分众传媒中④,在增强互动性、实用性的同时,满足受众的需求。

二、慈善教育从"内容供应"向"产品供应"的转变

开展慈善教育作为媒体的一项社会责任,在新媒体时代必须以新媒体为依托采取分众传播的形式展开。但是从传播的效果来看,要达到最理想的传播效果,分众传播就应该注重对慈善产品的发掘和创造,而不仅仅是将慈善观念、慈善知识、慈善信息等内容传递给受众。

我国进行思想政治教育和道德教育的一贯做法是进行思想灌输,将思想政治教育和道德教育的内容逐条地传递给人们,这种做法虽然能够使人们一目了然地获取教育的内容,但是这种教育方式的"刻板性"会导致人们难以将这些教育内容铭记于心。实施产品供应就是要改变传统

---

① 康彬:《新媒体时代的受众研究》,载《新闻知识》2011年第10期。
② 陈卫星:《传播的观念》,人民出版社2004年版,第12页。
③ 张帆:《新媒体时代的电视受众和受众满足》,载《贵州社会科学》2014年第7期。
④ 刘贺:《论分众传播中的新媒体植入运用》,载《东南传播》2011年第11期。

的内容供应模式,通过提供相关的产品将内容嵌入产品之中。具体而言,通过媒体进行慈善教育,不是要单纯向社会公众宣传慈善的理念、慈善的知识,而是要将慈善的理念和慈善知识通过慈善产品的形式呈现出来,比如以微电影的形式传递慈善观念、以动漫的形式呈现慈善知识、以游戏的形式弘扬慈善文化等。在分众传播的情况下,应该根据不同受众的接受偏好设计不同的慈善产品,比如,针对青少年应该注意提供以动漫、图片、影视、游戏等为主的慈善产品,尽量减少文字的阅读;针对白领青年则应该提供具有一定专业性和科学性的慈善产品,比如推广 APP 应用时增加科学性的内容等。

以慈善产品供应带动慈善观念传播使人们能够通过慈善产品这一载体更为具体地感受到慈善观念、慈善文化,从而产生直观的体验,摆脱固化的、甚至是教条式的说教,在满足人们多元化需求的同时,将慈善观念、慈善知识潜移默化地传递给人们,从而形成慈善观念的内化,使人们逐渐接受和建立现代慈善观念。慈善产品的创新和发展,也是推动我国文化创新、繁荣社会主义文化的重要方式。创新是推动文化发展的不竭动力,将慈善文化融入慈善产品的设计和研发中既是一种慈善的创新,也是一种文化的创新,从而能够推动我国文化市场的发展。

当前我国社会中已经出现了一些慈善产品,比如"爱心包裹"项目发展出的"善行者"徒步公益活动,就是通过招募公众参与 50 公里、100 公里徒步越野活动为"爱心包裹"项目募款,这种体验式的慈善产品在社会上反响强烈,广受好评。但是整体而言,慈善产品的研发尚处于起步阶段,与人们的需求存在较大的脱节,因此,应该大力加强对慈善产品的供给。

三、与专业力量和市场力量合作生产优秀慈善文化产品

慈善产品作为一个传递着慈善文化的公共物品,它的生产和传播过程需要媒体联合专业力量和市场力量共同来完成。尽管媒体具备专业化的传播手段和传播能力,但是就对慈善的把握和认知而言,媒体并不是内行。面对慈善的专业化发展趋势和不断涌现的慈善专业词汇、专业知识,媒体难以准确把握,即使能够准确理解并进行传播也往往需要花费巨大的成本。因此,在生产慈善文化产品方面,媒体应该寻找与专业力量的合作。通常而言,这些专业力量是从事慈善组织工作的专业人士和

进行慈善研究的专家学者。媒体对慈善文化产品的呈现形式有自己的优势，而这些专业人士在慈善文化产品所要呈现的内容上有自己的优势，媒体与专业力量的合作能够使两者各自发挥自身的专长，生产出既嵌入了慈善文化又具有创新性和吸引力的慈善产品。媒体对慈善专业知识的需求和慈善专业人士传播慈善知识的意向是不谋而合的关系，两者的合作能够实现互利共赢。

依靠媒体和专业人士的力量生产出的符合不同受众需求的慈善产品，要转换为慈善教育的载体，还必须借助市场的力量进行传播。同时，慈善产品设计和研发阶段对专业力量的需求也往往意味着大量的资金投入，这也必须借助市场的力量来实现。此外，市场力量参与慈善产品的生产和制作，也是企业履行其社会责任、提升企业社会形象的重要举措。因此，媒体与市场力量的合作既能满足媒体的需求，又能提升企业的形象，还能利用市场的力量扩大慈善产品的影响力，一举三得。

当前我国正处于慈善文化产品研发的初始阶段，在这个阶段如果能够通过媒体、专业力量和市场力量的合作生产出为不同受众接受和认可的慈善产品，那么经由这些慈善产品，慈善的观念和知识将传递给受众，从而实现慈善教育的目的。相反，如果在这个阶段忽视了其中一方的力量，则可能会导致慈善产品的失败，不但不能达到慈善教育的目的，反而可能会侵害到慈善本身。因此，从慈善长远发展的角度来看，在进行慈善产品研发和生产的阶段，媒体、专业力量和市场力量必须通力合作，尽最大努力推出优秀的慈善文化产品。

一个不容忽视的现实是，进行慈善文化产品的研发和生产在我国属于慈善教育的创举，这就意味着它缺乏可资借鉴的经验。因此，媒体还应该利用自身的优势，加强与境外媒体、慈善组织的联系，通过借鉴他们的发展经验，结合我国优秀的慈善文化传统和实际情况进行慈善文化产品的研发。比如风靡全球的"冰桶挑战"进入我国后产生的慈善效果就是个鲜明的例子。这项起源于美国的、旨在呼吁人们关注肌肉萎缩性侧索硬化症（amyotrophic lateral sclerosis，简写为ALS，也被称为"渐冻人症"）的活动传入我国后，得到社会名人的积极响应，在提升人们对肌肉萎缩性侧索硬化症认知的同时也达到了为患者筹款的目的。更为关键的是，这场运动转变了我国居民对慈善的传统认知。在"冰桶挑战"中接受挑战的名人向社会公众传递了一种对他人的同情心和博爱心，借助名人自身的光环效应,这种同情心和博爱心产生的社会影响可能远远大于它所带来的人们对肌肉萎缩性侧索硬化症的关注。① 因此,媒体应该重视对境外的慈善产品成功经验的学习,生产适合我国国情的优秀慈善文化产品。

---

① 石国亮:《"冰桶挑战"挑战了谁》,载《中国社会组织》2014年第18期。

主要参考文献

《马克思恩格斯选集》第1—4卷，人民出版社2012年版。
《马克思恩格斯文集》第1—10卷，人民出版社2009年版。
《毛泽东选集》第1—4卷，人民出版社1991年版。
《邓小平文选》第1—2卷，人民出版社1994年版。
《邓小平文选》第3卷，人民出版社1993年版。
《江泽民文选》第1—3卷，人民出版社2006年版。
中共中央宣传部编：《毛泽东邓小平江泽民论社会主义道德建设》，学习出版社2001年版。
胡锦涛：《论构建社会主义和谐社会》，中央文献出版社2013年版。
习近平：《之江新语》，浙江人民出版社2007年版。
习近平：《习近平谈治国理政》，外文出版社2014年版。
习近平：《习近平谈治国理政》（第2卷），外文出版社2017年版。
周秋光：《熊希龄与慈善教育事业》，湖南教育出版社1991年版。
厉以宁：《股份制与现代市场经济》，江苏人民出版社1994年版。
缪建东：《家庭教育社会学》，南京师范大学出版社1999年版。
梁其姿：《施善与教化——明清的慈善组织》，河北教育出版社2001年版。
王道俊、郭文安主编：《主体教育论》，人民教育出版社2005年版。
马云鹏主编：《课程与教学论》，中央广播电视大学出版社2005年版。
季羡林：《季羡林谈人生》，当代中国出版社2006年版。
袁贵仁：《价值观的理论与实践——价值观若干问题的思考》，北京师范大学出版社2006年版。
周秋光、曾桂林：《中国慈善简史》，人民出版社2006年版。

王俊秋：《中国慈善与救济》，中国社会科学出版社 2008 年版。

孟令君：《中国慈善工作概论》，北京大学出版社 2008 年版。

费孝通：《乡土中国》，北京出版社 2009 年版。

陆士桢、李启民主编：《中国青少年公益认知与行为蓝皮书》，团结出版社 2009 年版。

杨团、葛道顺主编：《中国慈善发展报告 2009》，社会科学文献出版社 2009 年版。

莫文秀、邹平、宋立英：《中华慈善事业——思想、实践与演进》，人民出版社 2010 年版。

郑功成等：《当代中国慈善事业》，人民出版社 2010 年版。

武晓峰：《伦理视域中的当代中国慈善》，中国财政经济出版社 2010 年版。

彭柏林、卢先明、李彬等：《当代中国公益伦理》，人民出版社 2010 年版。

刘国华编：《慈善教育普及读本——慈善是一种文化》，上海教育出版社 2011 年版。

王卫平、黄鸿山、曾桂林：《中国慈善史纲》，中国劳动社会保障出版社 2011 年版。

廖鸿、石国亮、朱晓红：《国外非营利组织管理创新与启示》，中国言实出版社 2011 年版。

彭小兵主编：《公益慈善事业管理》，南京大学出版社 2012 年版。

郑恩同、邱开金、何秉欣：《温州慈善的教育范式》，浙江大学出版社 2012 年版。

张康之、石国亮：《国外社区治理自治与合作》，中国言实出版社 2012 年版。

陕西省慈善协会编：《慈善文化与慈善事业论文集》，2012 年 8 月 20 日。

王振耀主编：《现代慈善与社会服务——2012 年度中国公益事业发展报告》，社会科学文献出版社 2013 年版。

阮建芳编著：《慈善与公益》，同心出版社 2013 年版。

余日昌编著：《中华传统美德丛书（慈善卷）》，南京大学出版社 2013 年版。

卢德之：《论慈善事业——卢德之资本精神与现代慈善演讲实录》，人民出版社 2013 年版。

王秀丽：《微行大益——社会化媒体时代的公益变革与实践》，北京大学出版社 2013 年版。

王卫明：《慈善传播——历史、理论与实务》，社会科学文献出版社 2014 年版。

陈东利：《中国公民慈善意识培育》，上海大学出版社 2014 年版。

石国亮：《慈善组织公信力研究》，人民日报出版社 2014 年版。

北京青少年发展基金会、中国青少年研究会编：《北京市青少年慈善需求研究报告》，中国青年出版社 2014 年版。

邓国胜主编：《公益慈善概论》，山东人民出版社 2015 年版。

顾骏：《责任与权利——中国慈善文化的再造》，见上海市慈善基金会、上海慈善事业发展研究中心编：《慈善——创新与发展》，上海社会科学院出版社 2009 年版。

姜琳琳：《以教育促进慈善事业的发展》，见宋宝安主编：《社会稳定与社会管理机制研究》，中国社会科学出版社 2011 年版。

朱小蔓：《育德是教育的灵魂 动情是德育的关键》，载《教育研究》2000 年第 4 期。

周秋光、曾桂林：《儒家文化中的慈善思想》，载《道德与文明》2005 年第 1 期。

蒋勤禹：《慈善意识论》，载《天府新论》2006 年第 2 期。

魏涛：《媒体慈善——新闻竞争的新利器》，载《新闻战线》2006 年第 4 期。

朱小蔓、冯秀军：《中国公民教育观发展脉络探析》，载《教育研究》2006 年第 12 期。

肖国飞、任春晓：《论慈善文化的道德意蕴》，载《中州学刊》2007 年第 1 期。

郑功成：《中国慈善事业的发展与需要努力的方向》，载《学海》2007 年第 3 期。

宋林飞：《第三次分配是构建和谐社会的重要途径》，载《学海》2007 年第 3 期。

张传燧、赵荷花：《教育到底应如何面对生活》，载《教育研究》

2007 年第 8 期。

孟兰芬：《倡导平民慈善的意义及其实现途径》，载《吉首大学学报（社会科学版）》2007 年第 4 期。

郑碧强：《佛教慈善思想的内涵》，载《中国宗教》2007 年第 6 期。

王守杰：《论慈善事业从传统恩赐向现代公益的转型》，载《河南师范大学学报（哲学社会科学版）》2010 年第 1 期。

彭红：《从传统施恩向现代慈善转型的文化研究》，载《学习月刊》2010 年第 6 期。

成伯清：《社会建设的情感维度——从社群主义的观点看》，载《南京社会科学》2011 年第 1 期。

谢庆奎、郑姝荣：《现代化过程中普遍信任的增进与公益 NGO 的角色》，载《云南行政学院学报》2011 年第 5 期。

王振耀：《现代慈善的十大理念》，载《当代社科视野》2011 年第 6 期。

刘建英：《陶行知与杜威生活教育思想之比较》，载《中国德育》2011 年第 8 期。

周中之：《慈善伦理教育——德育新的生长点》，载《思想理论教育》2011 年第 17 期。

林志刚：《中国佛教慈善理论体系刍议》，载《世界宗教文化》2012 年第 5 期。

夏明月、彭柏林：《论儒家的公益慈善伦理思想》，载《伦理学研究》2012 年第 3 期。

毕向阳等：《单位动员的效力与局限——对我国城市居民"希望工程"捐献行为的社会学分析》，载《社会学研究》2012 年第 6 期。

毕素华：《论基督教的慈善观》，载《南京社会科学》2012 年第 12 期。

王淑玉、张萌园：《美国青少年公益慈善意识的培养及其借鉴意义》，载《当代教育科学》2012 年第 23 期。

郭祖炎：《建立在责任及权利基础上的中国慈善文化》，载《人民论坛》2013 年第 11 期。

石国亮：《论慈善与道德的关系及其他》，载《浙江社会科学》2014 年第 2 期。

石国亮：《慈善组织公信力的影响因素分析》，载《中国行政管理》2014 年第 5 期。

石国亮等：《明星慈善对青少年影响的深层透视》，载《中国青年研究》2014 年第 4 期。

石国亮：《我国居民的慈善意识及其影响因素——基于全国五大城市的调查分析》，载《理论探讨》2014 年第 2 期。

周怡、胡安宁：《有信仰的资本》，载《社会学研究》2014 年第 1 期。

张银峰、侯佳伟：《中国微公益发展现状及其趋势分析》，载《中国青年研究》2014 年第 10 期。

石国亮：《我国居民对慈善组织的认知——基于与政府、企业的比较分析》，载《四川师范大学学报（人文社会科学版）》2014 年第 5 期。

石国亮：《"冰桶挑战"挑战了谁》，载《中国社会组织》2014 年第 18 期。

《国务院关于促进慈善事业健康发展的指导意见》，载《中华人民共和国国务院公报》2015 年第 1 期。

石国亮：《慈善文化进学校——意义、挑战与路线图》，载《长白学刊》2015 年第 2 期。

石国亮：《倡导和培育内在驱动的利他导向的慈善动机——兼论"慈善不问动机"的片面性》，载《理论与改革》2015 年第 2 期。

石国亮：《慈善文化进社区——意义、挑战与路线图》，载《社会科学研究》2015 年第 5 期。

雷永胜：《先富起来的人也要先善起来》，载《中国慈善家》2015 年第 6 期。

石国亮：《在政策评估基础上设计社会组织税收政策的改革方案》，载《中国民政》2015 年第 11 期。

章伟升：《王名：〈慈善法〉应规制公权力审慎地进入慈善》，载《中国慈善家》2015 年第 7 期。

《北京市人民政府关于加快推进"慈善北京"建设 促进慈善事业健康发展的意见》，载《北京市人民政府公报》2015 年第 19 期。

《2017 年社会服务发展统计公报》，见 http：//www.mca.gov.cn/article/sj/tjgb/2017/201708021607.pdf。

李喜霞：《论民国时期的慈善公民教养观及其实践》，载《宁夏社会科学》2017年第1期。

金锦萍：《〈慈善法〉实施后网络募捐的法律规制》，载《复旦学报（社会科学版）》2017年第4期。

黄春蕾：《协同治理视角下我国网络募捐监管体系研究》，载《东岳论坛》2017年第10期。

贺义荣：《新媒体环境下公益传播的策略分析——以微信朋友圈"小朋友画廊"传播为例》，载《传播》2017年第12期。

潘乾：《传统慈善文化的教育实践逻辑》，载《东北师大学报（哲学社会科学版）》2018年第3期。

朱英：《近代商人与慈善义演》，载《史学月刊》2018年第6期。

〔美〕米德：《文化与承诺：一项有关代沟问题的研究》，周晓虹、周怡译，河北人民出版社1987年版。

〔美〕马斯洛：《动机与人格》，许金声、程朝翔译，华夏出版社1987年版。

〔法〕托克维尔：《论美国的民主》（上卷），董果良译，商务印书馆1988年版。

〔美〕巴伯：《信任——信任的逻辑与局限》，牟斌、李红、范瑞平译，福建人民出版社1989年版。

〔美〕泰勒：《课程与教学的基本原理》，施良方译，人民教育出版社1994年版。

〔英〕斯密：《道德情操论》，蒋自强等译，商务印书馆1997年版。

〔美〕尼葛洛庞帝：《数字化生存》，胡泳、范海燕译，海南出版社1997年版。

〔美〕瑞泽尔：《社会的麦当劳化》，顾建光译，上海译文出版社1999年版。

联合国教科文组织编：《教育——财富蕴藏其中》，联合国教科文组织总部中文科译，教育科学出版社1999年版。

〔美〕柯尔伯格：《道德教育的哲学》，魏贤超等译，浙江教育出版社2000年版。

〔法〕涂尔干：《社会分工论》，渠东译，生活·读书·新知三联书店2000年版。

〔美〕卡斯特：《网络社会的崛起》，夏铸九等译，社会科学文献出版社2001年版。

〔美〕班杜拉：《思想和行动的社会基础——社会认知论》，林颖等译，华东师范大学出版社2001年版。

〔英〕斯宾塞：《社会学研究》，张宏晖、胡江波译，华夏出版社2001年版。

〔英〕威尔逊：《道德教育新论》，将一之译，浙江教育出版社2003年版。

〔美〕杜威：《道德教育原理》，王承绪等译，浙江教育出版社2003年版。

〔德〕鲍曼：《共同体——在一个不确定的世界中寻找安全》，欧阳景根译，江苏人民出版社2003年版。

〔古希腊〕亚里士多德：《尼各马可伦理学》，廖申白译注，商务印书馆2003年版。

〔德〕贝克：《风险社会》，何博闻译，译林出版社2004年版。

〔美〕马文·奥拉斯基：《美国同情心的悲剧》，《美国政要热读》编译委员会译，文津出版社2004年版。

〔德〕贝克：《风险社会》，何博闻译，译林出版社2004年版。

〔美〕新闻自由委员会：《一个自由而负责的新闻界》，展江、王征、王涛译，中国人民大学出版社2004年版。

北京新华信商业风险管理有限责任公司译校：《非营利组织管理》，中国人民大学出版社2004年版。

〔日〕夫马进：《中国善会善堂史研究》，伍跃、杨文信、张雪锋译，商务印书馆2005年版。

〔美〕杜威：《学校与社会——明日之学校》，赵祥麟、任钟印、吴志宏译，人民教育出版社2005年版。

〔德〕霍耐特：《为承认而斗争》，胡继华译，上海人民出版社2005年版。

〔德〕康德：《论教育学》，赵鹏、何兆武译，上海人民出版社2005年版。

〔英〕休谟：《人性论》（中册），冯强译，远方出版社2006年版。

〔英〕麦奎尔：《受众分析》，刘燕南、李颖、杨振荣译，中国人民大学出版社 2006 年版。

〔美〕西伯特、彼得森、施拉姆：《传媒的四种理论》，戴鑫译，中国人民大学 2007 年版。

〔法〕塔尔德：《模仿律》，何道宽译，中国人民大学出版社 2008 年版。

〔美〕布鲁克斯：《谁会真正关心慈善——保守主义令人称奇的富于同情心的真相》，王青山译，社会科学文献出版社 2008 年版。

〔美〕卡耐基：《财富的良心》，于占英译，金城出版社 2009 年版。

〔美〕斯普林：《美国学校——教育传统与变革》，史静寰等译，人民教育出版社 2010 年版。

〔德〕滕尼斯：《共同体与社会——纯粹社会学的基本概念》，林荣远译，北京大学出版社 2010 年版。

〔美〕罗伯特·帕特南：《独自打保龄——美国社区的衰落与复兴》，刘波等译，北京大学出版社 2011 年版。

〔美〕比索普：《慈善资本主义——富人在如何拯救世界》，丁开杰等译，社会科学文献出版社 2011 年版。

杨道波等译校：《国外慈善法译汇》，中国政法大学出版社 2011 年版。

〔美〕佩顿、穆迪：《慈善的意义与使命》，郭烁译，中国劳动社会保障出版社 2013 年版。

〔美〕费朗金：《策略性施予的本质——捐赠者与募捐者实用指南》，谭宏凯译，中国劳动社会保障出版社 2013 年版。

〔美〕韩德林：《行善的艺术——晚明中国的慈善事业》，江苏人民出版社 2015 年版。

〔美〕拉希姆·卡纳尼：《慈善是一门学问》，高文兴译，载《公益时报》2012 年 3 月 20 日第 14 版。

Faris, Ellsworth. The Primary Group: Essence and Accident. *American Journal of Sociology*, 1932, 38 (1): 41-50.

Lasswell, Harold D. The Structure and Function of Communication in Society. In L. Bryson (ed.). *The Communication of Ideas: Religion and Civilization Series*. New York: Harper & Row, 1948, pp. 37-51.

Gallie, Walter Bryce. Essentially Contested Concepts. *Proceedings of the*

Aristotelian Society, 1956, 56: 167 - 198.

Bowerman, Charles E., and John W. Kinch. Changes in Family and Peer Orientation of Children between the Fourth and Tenth Grades. *Social Forces*, 1959, 37 (3): 206 - 211.

Evan, William M. Peer-Group Interaction and Organizational Socialization: A Study of Employee Turnover. *American Sociological Review*, 1963, 28 (3): 436 - 440.

Hartup, Willard W., Jane A. Glazer, and Rosalind Charlesworth. Peer Reinforcement and Sociometric Status. *Child Development*, 1967, 38 (4): 1017 - 1024.

Goodlad, John I. Curriculum: State of the Field. *Review of Educational Research*, 1969, 39 (3): 367 - 375.

Apple, Michael W. The Hidden Curriculum and the Nature of Conflict. *Interchange*, 1971, 2 (4): 27 - 40.

Lefebvre, Henri. *Everyday Life in the Modern World*. Translated by Sacha Rabinovitch, Harper & Row, Publisher, Inc., 1971, p. 21.

Muehleman, J. T., Charles Bruker, and Clara M. Ingram. The Generosity Shift. *Journal of Personality and Social Psychology*, 1976, 34 (3): 344 - 351.

Coleman, John C. Friendship and the Peer Group in Adolescence. In Adelson, Joseph. *Handbook of Adolescent Psychology*. Wiley, 1980, pp. 408 - 431.

Malone, Thomas. Toward a Theory of Intrinsically Motivating Instruction. *Cognitive Science*, 1981, 4: 333 - 369.

Bird, Frederick B. A Comparative Study of the Work of Charity in Christianity and Judaism. *The Journal of Religious Ethnics*, 1982, 10 (1): 144 - 169.

Moreland, Richard L., and John M. Levine. Socialization in Small Groups: Temporal Changes in Individual-Group Relations. *Advances in Experimental Social Psychology*, 1982, 15: 137 - 192.

Amos, O. M. Empirical Analysis of Motives Underlying Individual Contributions to Charity. *Atlantic Economic Journal*, 1982, 10 (4): 45 - 52.

Cooley, Charles Horton. *Social Organization*. Transaction Publishers, 1983,

p. 23.

Bourdieu, Pierre. The Forms of Capital. In Richardson, John G. (ed.). *Handbook of Theory and Research for the Sociology of Education*. Greenwood Publishing Group, 1986, pp. 83 – 95.

Stodolsky, Susan S. *The Subject Matters: Classroom Activity in Math and Social Studies*. University of Chicago Press, 1988, p. 8.

Pratte, Richard. *The Civic Imperative: Examining the Need for Civic Education*. Teachers College Press, 1988, p. 58.

Andreoni, James. Giving with Impure Altruism: Applications to Charity and Ricardian Equivalence. *The Journal of Political Economy*, 1989, 97 (6): 1447 – 1458.

Eisenberg, Nancy, and Paul Henry Mussen. *The Roots of Prosocial Behavior in Children*. Cambridge University Press, 1989.

Andreoni, J. Giving with Impure Altruism: Applications to Charity and Ricardian Equivalence. *Journal of Political Economy*, 1989, 97: 1447 – 1458.

Entman, Robert M. How the Media Affect What People Think: An Information Processing Approach. *The Journal of Politics*, 1989, 51 (2): 347 – 370.

Lipman, Samuel. Morality and Philanthropy. *Society*, 1990, 27 (6): 4 – 6.

Piliavin, Jane Allyn, and Hong-Wen Charng. Altruism: A Review of Recent Theory and Research. *Annual Review of Sociology*, 1990, 16: 27 – 65.

Corsaro, William A. Interpretive Reproduction in the "Scuola Materna". *European Journal of Psychology of Education*, 1993, 8 (4): 357 – 374.

McGuire, Anne M. Helping Behaviors in the Natural Environment: Dimensions and Correlates of Helping. *Personality and Social Psychology Bulletin*, 1994, 20 (1): 45 – 56.

Shrivastava, Paul. Ecocentric Management for a Risk Society. *Academy of Management Review*, 1995, 20 (1): 118 – 137.

Janoski, Thomas, and John Wilson. Pathways to Voluntarism: Family Socialization and Status Transmission Models. *Social Forces*, 1995, 74 (1): 271 – 292.

Harris, Judith Rich. Where Is the Child's Environment? A Group

Socialization Theory of Development. *Psychological Review*, 1995, 102 (3): 458 - 489.

Gebauer, Gunter, and Christoph Wulf. *Mimesis: Culture, Art, Society*. University of California Press, 1995, p. 22.

Deacon, David, Natalie Fenton, and Beth Walker. Communicating Philanthropy: The Media and the Voluntary Sector in Britain. *Voluntas: International Journal of Voluntary and Nonprofit Organizations*, 1995, 6 (2): 119 - 139.

Schervish, Paul G., and John J. Havens. Money and Magnanimity: New Findings on the Distribution of Income, Wealth, and Philanthropy. *Nonprofit Management and Leadership*, 1998, 8 (4): 421 - 434.

Gadamer, Hans-Georg. Education Is Self-Education. *Journal of Philosophy of Education*, 2001, 35 (4): 529 - 538.

Carman, Joanne G. Community Foundations: A Growing Resource for Community Development. *Nonprofit Management and Leadership*, 2001, 12 (1): 7 - 24.

Wolff, François-Charles. Private Intergenerational Contact in France and the Demonstration Effect. *Applied Economics*, 2001, 33, (2): 143 - 153.

Heyes, Cecilia. Causes and Consequences of Imitation. *Trends in Cognitive Sciences*, 2001, 5 (6): 253 - 261.

McCullough, Michael E., et al. Is Gratitude a Moral Affect? *Psychological Bulletin*, 2001, 127 (2): 249 - 266.

Frea, William D., Cynthia L. Arnold, and Glenda L. Vittimberga. A Demonstration of the Effects of Augmentative Communication on the Extreme Aggressive Behavior of a Child with Autism within an Integrated Preschool Setting. *Journal of Positive Behavior Interventions*, 2001, 3 (4): 194 - 198.

Uslaner, Eric M. *The Moral Foundations of Trust*. Cambridge University Press, 2002, p. 1.

Clark, Jeremy. Recognizing Large Donations to Public Goods: An Experimental Test. *Managerial and Decision Economics*, 2002, 23 (1): 33 - 44.

Bekkers, René. Trust, Accreditation, and Philanthropy in the Netherlands. *Nonprofit and Voluntary Sector Quarterly*, 2003, 32 (4): 596 - 615.

Batson, C. Daniel, and Adam A. Powell. Altruism and Prosocial Behavior. In Irving B. Weiner (ed.). *Handbook of psychology.* John Wiley & Sons, Inc., 2003, p. 463.

Bobbitt, Franklin. Scientific Method in Curriculum-Making. In Flinders, David J., and Stephen J. Thornton (eds.). The Curriculum Studies Reader. *Psychology Press*, 2004.

Wu, Shih-Ying, Jr-Tsung Huang, and An-Pang Kao. An Analysis of the Peer Effects in Charitable Giving: The Case of Taiwan. *Journal of Family and Economic Issues*, 2004, 25 (4): 483 – 505.

Crow, Graham, and Catherine Maclean. Families and Local Communities. In Jacqueline Scott, Judith Treas, Martin Richards (eds.). *The Blackwell Companion to the Sociology of Families.* Blackwell Publishing Ltd., 2004, pp. 69 – 83.

Fisher, David. The Demonstration Effect Revisited. *Annals of Tourism Research*, 2004, 31, (2): 428 – 446.

Cohen, Mark R. Introduction: Poverty and Charity in the Past Times. *The Journal of Interdisciplinary History*, 2005, 35 (3): 347 – 360.

Choi, Sejung Marina, Wei-Na Lee, and Hee-Jung Kim. Lessons from the Rich and Famous: A Cross-Cultural Comparison of Celebrity Endorsement in Advertising. *Journal of Advertising*, 2005, 34 (2): 85 – 98.

Ainley, Mary. Connecting with Learning: Motivation, Affect and Cognition in Interest Processes. *Educational Psychology Review*, 2006, 18 (4): 391 – 405.

Gittell, R. & Tebaldi, E. Charitable Giving: Factors Influencing Giving in U. S. States. *Nonprofit and Voluntary Sector Quarterly*, 2006, 35 (4): 721 – 736.

Adloff, Frank, and Steffen Mau. Giving Social Ties, Reciprocity in Modern Society. *European Journal of Sociology*, 2006, 47 (1): 93 – 123.

Houston, David J. "Walking the Walk" of Public Service Motivation: Public Employees and Charitable Gifts of Time, Blood, and Money. *Journal of Public Administration Research and Theory*, 2006, 16 (1): 67 – 86.

Keele, Luke. Social Capital and the Dynamics of Trust in Government.

American Journal of Political Science, 2007, 51 (2): 241 -254.

Haugh, Helen. Community-Led Social Venture Creation. *Entrepreneurship Theory and Practice*, 2007, 31 (2): 161 -182.

Sargeant, Adrian, and Lucy Woodliffe. Gift Giving: An Interdisciplinary Review. *International Journal of Nonprofit and Voluntary Sector Marketing*, 2007, 12 (4): 275 -307.

Frumkin, Peter. *Strategic Giving: The Art and Science of Philanthropy*. University of Chicago Press, 2008, p. 3.

Bortree, D. S., and R. D. Waters. Admiring the Organization: A Study of the Relational Quality Outcomes of the Nonprofit Organization-Volunteer Relationship. *Public Relations Journal*, 2008, 2 (3): 1 -17.

James, Russell N. Charitable Estate Planning and Subsequent Wealth Accumulation: Why Percentage Gifts May Be Worth More Than We Thought. *International Journal of Educational Advancement*, 2010, 10 (1): 24 -32.

Sarre, Sophie, and Roger Tarling. The Volunteering Activities of Children Aged 8 -15. *Voluntary Sector Review*, 2010, 1 (3): 293 -307.

Tan Chee-Beng. Shantang: Charitable Temples in China, Singapore, and Malaysia. *Asian Ethnology*, 2012, 71 (1): 75 -107.

Reinstein, D. & Riener, G. Reputation and Influence in Charitable Giving: An Experiment. *Theory and Decision*, 2012, 72 (2): 221 -243.

Hsin, Yilin & Kuang, Talo. Tax Incentives and Charitable Contributions: The Evidence from Censored Quantile Regression. *Pacific Economic Review*, 2012, 17 (4): 535 -558.

Lehner, Othmar M. Crowdfunding Social Ventures: A Model and Research Agenda. *Venture Capital*, 2013, 15 (4): 289 -311.

Bell, Katherine M. Raising Africa?: Celebrity and the Rhetoric of the White Saviour. *PORTAL Journal of Multidisciplinary International Studies*, 2013, 10 (1): 1 -24.

Tonin, Mirco & Vlassopoulos, Michael. An Experimental Investigation of Intrinsic Motivations for Giving. *Theory and Decision*, 2014, 76 (1): 47 -67.

Bennett, Lucy. "If We Stick Together We Can Do Anything": Lady Gaga

Fandom, Philanthropy and Activism through Social Media. *Celebrity Studies*, 2014, 5 (1 - 2): 138 - 152.

National Standards for Civics and Government, http://www.civiced.org/standards.

Giving USA 2014 Report Highlights. http://www.givingusareports.org/.

Giving USA 2015 Report Highlights. http://www.givingusareports.org/.

Giving USA 2017 Infographic. https://givingusa.org/tag/giving-usa - 2017/.

Giving USA 2017 Report Highlights. https://store.givingusa.org/a/downloads/-/404e17061ba0f393/f3c601335f8a8f17.

Alexander, David. Celebrity Culture, Entertainment Values and…Disaster. In Krüger, F., Bankoff, G., Cannon, T., Orlowski, B. & Schipper, E. L. F. (eds.). *Cultures and Disasters: Understanding Cultural Framings in Disaster Risk Reduction.* Routledge, 2015, p. 179.

后　记

本书是我主持的国家社科基金后期资助项目"慈善教育论纲"的最终成果。

近年来我的阅读、思考和研究，如果说有一点收获的话，则是将研究方向锁定在社会组织与公益慈善。对公益慈善关注的时间越长久，我就越感觉到，我的生命里不能没有公益慈善。如果没有的话，我是寂寞的。套用现在流行的一个词来说，关注公益慈善已经是我学习工作生活中的"新常态"。

从现实来看，慈善教育的关注度和热度远不如慈善组织公信力等话题。在与比尔及梅琳达·盖茨基金会的高级项目官员裴彬女士交流时我曾经问她，为什么盖茨基金会不支持慈善教育研究。她给我的回答是："慈善教育是一个长远的事情，当前最重要的还是慈善组织的发展问题。"我在《慈善组织公信力研究》一书的后记中说，"郭美美事件"等慈善丑闻，造成慈善组织公信力危机，迫使每一个关注慈善的人不得不放下手中计划好要做的事，去认真对待它。当时所说的手中计划要做的事，正是慈善教育研究。这是因为，慈善教育是慈善事业发展中带有基础性和根本性的问题。完成了《慈善组织公信力研究》那项插队的临时任务后，我开始集中全部的精力专攻慈善教育。

我在对慈善组织公信力研究的过程中发现，当前慈善组织公信力不高的因素是多方面的，其中有一个方面就是公众慈善常识的缺乏，且存在诸多误解。慈善组织要提高公信力，也必须提高公众对慈善的认知，只有具备慈善常识的人才能对慈善组织进行更好的监督。从这个意义上说，对慈善组织公信力的研究，使我对慈善教育的认识往前进了一步。

慈善事业要健康发展，必须依赖以善促善的健康社会心理。根据唯物史观的基本原理，思想是行为的先导。只有通过慈善教育，提高公众的慈善意识，才能促使更多的慈善行为，才能适应慈善现代转型的客观要求。2014年11月24日，新中国历史上第一个以中央政府的名义下发的有关慈善的文件《国务院关于促进慈善事业健康发展的指导意见》，鲜明提出了"慈善文化进机关、进企业、进学校、进社区、进乡村"的"五进"战略，目的就是奠定慈善事业健康发展的文化基础。2016年3月16日第十二届全国人民代表大会第四次会议通过的《中华人民共和国慈善法》第八十八条明确规定："国家采取措施弘扬慈善文化，培育公民慈善意识。"

慈善是改变人的内心、价值观和信仰的力量，慈善事业的发展需要有文化根基。《易经》中说："刚柔交错，天文也；文明以止，人文也。观乎天文，以察时变，观乎人文，以化成天下。"这句话的意思是说，阳刚阴柔，刚柔交错，这是天文，也即自然；文明而有节制有限度，这是人文，也即文化。观察天文来考察四时的变化，观察人文用来感化天下人。不难看出，儒家提出的"人文"说的是社会人伦，最后达到感化天下的目的。这种文化观非常独特，它与慈善的本质内涵相当契合。全国政协委员、清华大学公益慈善研究院院长王名教授在接受《中国慈善家》记者采访时说："慈善文化有一个本原性的特征，它关乎人的精神层面的需求，我们视它为信仰性、灵性的需求。我们发现凡是真正做慈善的人，或有清晰的宗教信仰，或有类似于信仰的高尚追求。"

研究慈善文化，慈善教育是不可逾越的课题。要让人人慈善等现代慈善理念成为整个社会的行为准则，这是需要去倡导、推动和教育的一个过程。阅读现有的相关研究成果发现，大多是把慈善教育作为一种慈善行为来看待的。事实上如本书所述，作为一种慈善行为的慈善教育是慈善教育的最初形态。慈善现代转型背景下的慈善教育，已经发展成为一门教育学科。这正如美国两位专门从事慈善理论和实践研究的专家在《慈善的意义与使命》一书中所指出的，直到近年来，慈善才成为一门教育学科。具体来说，慈善教育已经发展成为慈善专业教育、慈善职业教育和慈善普及教育。在慈善教育的三种类型中，慈善普及教育带有更基础、更广泛的意义，这也是本书为什么从这个意义上来研究慈善教育的原因所在。

顺便说一下本书的书名。所谓"论纲"，简单地说就是论述的提纲或总纲。慈善教育论纲，顾名思义，就是慈善教育的提纲或总纲。从当前学界对慈善教育的零星研究现状来看，拙著确实是想完成这个任务。其实，最初设想的书名是《当代中国慈善教育研究》。但是当我完成书稿沉淀一段时间后发现，拙著对慈善教育的研究，虽也涉及慈善教育的实践，但是重点阐明的是慈善教育的基本原理。至于对实践的关注，侧重于当下中国的慈善教育实践，但同样充分考虑了发达国家慈善教育的实践。而且，本书中提出的一些设想和建议，也还只是初步的方案，带有投石问路、抛砖引玉的味道。因此，将书名改成《慈善教育论纲》更合适。

本书的写作，得到了民政部社会组织管理局副局长廖鸿的大力支持。全国人大常委、中国人民大学郑功成教授，清华大学公益慈善研究院副院长邓国胜教授，北京师范大学社会公益研究中心主任陶传进教授，华北电力大学朱晓红教授，中国青少年研究中心邓希泉研究员，南京大学苏媛媛博士，给本书的写作提供了宝贵的意义和建议。北京市社团办、上海市社团局、天津市社团局、广东省社会组织管理局、深圳市社会组织管理局、浙江省社会组织管理局、宁波市社会组织管理局、湖北省社会组织管理局、安徽省社会组织管理局、四川省社会组织管理局、重庆市社会组织管理局、陕西省社会组织管理局，为项目的调研提供了诸多帮助。广泛的实地调研，使我的研究获得了丰富的一手素材，研究进展更加顺利。在此，一并致以最衷心的感谢。还要感谢首都师范大学选修"公益慈善概论"通识课程的小伙伴们，他们选择这门课程的热情增强了我对慈善教育的信心，他们在课堂上与我的交流给了我诸多启发。特别感谢中央编译出版社李小燕编辑，她为本书的出版做了非常精细的工作。我的博士生胡忠英帮助校对了书稿，尽管是自己的学生，也得说声谢谢。

特别感谢也特别愧对我的宝贝儿子石晓明。由于成天忙于阅读、研究和写作，我很少有时间陪他。有时我想抽空陪他玩时，他却说"爸爸，你去工作吧"。而当我写作疲倦时，他会说，"爸爸，你看起来很累的样子，爸爸辛苦了"。说这些话的时候他刚满三岁，但是如此体贴又如此心疼，怎能不让我这个惭愧且自豪的爸爸在后记中写上一笔呢？

慈善教育是一个宏大的崭新课题，需要理论和实践的双重探索。撰写这样一本书，是一项富有挑战性的研究任务。呈现在读者朋友面前的这本小书充其量只是个初级阶段的慈善教育论纲，它肯定存在着诸多不足，需要不断去充实完善。敬请学者同仁和读者朋友们批评指正，以便在修订拙著时把各方面的意见吸收进来。当然，我自己也会根据拙著提出的研究设想，一步一个脚印往前走。考虑现实的迫切性，首先要开展的研究任务是慈善文化"五进"战略的意义、挑战和路线图。同时，我期待有更多的从事慈善及相关研究的专家学者和实务工作者来关注慈善教育，共同为慈善教育和慈善事业的发展献计献策。

作　者
2020 年 9 月 13 日